感性分配的政治

吕峰 著 上海社会科学院出版社

POLITICS OF DISTRIBUTION OF THE SENSIBLE
On Jacques Rancière's Aesthetics

朗西埃美学
思想研究

本书系国家社科基金重大项目"人类命运共同体视域下的21世纪西方激进左翼文论批判研究"(20&ZD290)阶段性成果

目 录

绪 论 ·· 1
 第一节　朗西埃政治美学思想研究的意义 ························· 5
 第二节　如何研究朗西埃 ··· 16

第一章　知识与权力的再批判——朗西埃学术思想渊源············ 20
 第一节　法国知识分子的"介入"传统与朗西埃·················· 21
 第二节　阿尔及利亚独立战争中的"黑脚"后裔·················· 24
 第三节　从优秀学生到"弑师逆徒"——对阿尔都塞"课
    程"的批判·· 28
 第四节　追随师者的背影——对福柯"知识与权力"批判
    的深化·· 42
 第五节　摘下"哲人王"的桂冠——对柏拉图"知识权力"
    初始话语的批判·· 58

第二章　政治的回归与美学的凸显——朗西埃政治美学的内涵
·· 66
 第一节　何谓政治与政治的回归······································· 67
 第二节　感性的分配——美学的凸显································ 81
 第三节　三种政治类型与三种艺术体制···························· 111

第三章　艺术的政治 …… 134
第一节　观众的政治 …… 134
第二节　批判艺术的政治 …… 141
第三节　图像的政治 …… 157

第四章　电影的政治 …… 174
第一节　朗西埃的电影理论产生的历史语境 …… 174
第二节　寓言的终结与电影政治的出场 …… 179
第三节　电影政治的语言——以戈达尔为例 …… 186

第五章　文学的政治 …… 193
第一节　文学的谱系 …… 193
第二节　文学的政治之一——文学性 …… 199
第三节　文学的政治之二——哑言 …… 206
第四节　文学的政治之三——民主与平等 …… 215

结　语 …… 221

参考文献 …… 228

后　记 …… 254

绪 论

雅克·朗西埃（Jacques Rancière，1940— ）是当代法国著名哲学家、美学家、左翼思想家，曾任巴黎第八大学哲学系主任、巴黎第八大学哲学荣誉教授。在二十世纪法国思想家的群像序列中，他的身影和法国二十世纪的思想巨人们重叠在一起。在这醒目的肖像群中有柏格森、萨特、梅洛-庞蒂、列维纳斯、列维-斯特劳斯、阿尔都塞、拉康、福柯、德勒兹、利奥塔、鲍德里亚、德里达、布迪厄、利科等。朗西埃是阿尔都塞的学生，同时是福柯、德里达、德勒兹在巴黎第八大学的同事，与这些师友和同事相比，朗西埃的学术思想被世界聆听相对比较晚。作为法国思想的"嫡系"真传，朗西埃与阿兰·巴迪欧、吕克·南希、巴里巴尔构成法国思想的当代回响，他们的理论著述成为当代世界左翼思想的重要资源，与拉克劳、齐泽克、阿甘本等组成当代左派思想家的"矩阵"。

本书以朗西埃独特的政治美学思想为研究对象，并对朗西埃的艺术、电影、文学思想做一梳理。正如朗西埃的同学兼论友哲学家阿兰·巴迪欧所认为的：朗西埃的著作不属于任何一个特殊的学术共同体，其思想的运动贯穿于"历史学与哲学，哲学与政治学，文献与虚构之间"①。巴迪欧此处所指不仅仅是朗西埃研究领域的前后变化,也说出一个事实:对于朗西埃来说,不存在历史、哲学、政治、美学之间的现代学科区分。正是跨学科的思考使得他不会囿于某一学科的常规定论,而是以全新的视角改造着和推进着学科的发展。朗西埃的思想从一开始就是一段越界之旅,他本人非常反对学科之间的分割,认为自己所从事的哲学研究就是一种拆解和破除分类的工作。如果我们轻率地把朗西埃称为"政治理论家"或"美学理论家",肯定会被他拒绝。2009年《视差》杂志发表了研究他的一系列文章,他也写了一篇独特的回应文章,文章中既不介绍自己的观点,也不阐释自己的核心原理和概念,甚至拒绝评论家称他的著作为"理论",他的文章标题也极具迷惑性——《关于朗西埃方法的几个评论》,他用第三人称的视角论述说,"他从来没有试图生产政治的、美学的、文学的、电影的理论以及其他任何理论,他认为市场上已经有太多的这种理论,他不想破坏或是添加任何理论"②,他最后还宣称自己没有"理论"任何事物。这一表述包含的意义是深刻的,此种态度或者言说表明朗西埃对于"理论"话语可能转化为"权力"话语的担忧和警惕,他并不希望研究他的"理论思想"沦为一种纯粹的"知识权力"的生产。但是,现代学科的话语体制要求我们必须把对于朗西埃思想的研究置于一个现代学科的语境中,并且是以理论的方式来解读他,这似乎是个悖论,使我们的研究之路增加了难度。

朗西埃的写作根植于他成长于其中的思想语境以及不断需要直面的时代处境,其思想运动的轨迹有内在的逻辑连贯性,从历史到

---

① Gabriel Rockhill and Philip Watts, eds., *Jacques Rancière: History, Politics, Aesthetics*, Durham: Duke University Press, 2009, p. 30.
② Samuel A. Chambers, *The Lessons of Rancière*, Oxford: Oxford University Press, 2012, p. 4.

哲学，从哲学到政治学，从政治学到文学，进入二十一世纪以来，则集中开拓出关于美学政治、艺术批判、电影等方面的理论话语。这种游移包含着变与不变的辩证法，他自认为他所关注的一直是美学①，但是随着时代语境的变迁，他把美学的观点从工人研究转移到教育哲学、政治和艺术的思考中。毫无疑问，这就要求研究者充分考虑此种变化，既梳理朗西埃本人的学术性情形成的历史语境，也兼顾时代变迁带来的新问题和他给出的新回应。

雅克·朗西埃的政治美学在当代重新唤起了美学学科诞生时的宏大梦想，即人类的自由和解放。朗西埃通过对美学概念之感性学内涵的再思考，重新厘定了政治的含义，为当代的政治回归潮流开辟了新的理论构想。本书以他的政治美学为研究对象，梳理了他对政治和美学这两个重要概念的再概念化，分析了他对于政治学和美学学科所进行的越界连接。通过上述阐述，笔者得以说明这种创造性的理论建构何以具有振聋发聩的力量，并由此可以改写我们对于政治和美学的传统认识。本书认为，朗西埃重新发掘了政治和美学两者之间的内在同一性，并指出这种同一性既是美学的原初本义，也是当代政治的需要。在对其政治美学论述的基础上，本书侧重梳理了他对于艺术政治、电影政治、文学政治的思考。

本书论述采用总分式的结构，重在梳理和介绍，使得晦涩高深的朗氏理论的发展脉络和理论基点具有相对清晰的可见性。

绪论部分介绍朗西埃政治美学的意义和价值，尤其指出它对于当代政治研究以及促进美学发展所具有的重要意义。笔者认为，朗西埃的思考也能够为文化研究提供可加以挪用的新视域和新策略。此部

---

① 此处指的并非是美学学科，而是 Aesthetica，即感性能力。

分最后还介绍了国内外朗西埃研究现状以及研究中存在的一些问题。

借鉴布迪厄的"习性"概念，本书第一章回溯了朗西埃学术性情的发生，包括朗西埃美学政治观形成的历史语境和理论谱系。朗西埃的思想发展与法国二十世纪六十年代的社会运动有密切的关联，其学术思考的动因之一就是对于法国"五月风暴"的反思，这使得他的理论具有很强的实践品格。正是"五月风暴"的洗礼，同时受惠于法国知识分子介入社会事务的传统，朗西埃才深刻反思了阿尔都塞的科学马克思主义，并借鉴汲取了福柯的思想资源尤其是其方法论，对知识和权力展开新的批判思考，批评了肇始于柏拉图直至阿尔都塞和布迪厄的哲人王传统。

朗西埃的政治和美学概念具有其独特的内涵，本书第二章分析了两者内在的同一性基于"感性的分配"这一极具独创性的概念之上。本书认为，在朗西埃看来，美学具有两重含义，即广义上的政治含义和狭义上的美学体制含义。广义上的美学以感性的分配为出发点，要求美学以其许诺的自由与解放在社会实践中挑战既有的统治秩序，从而通过改写感觉秩序的手段而不断趋近于平等目标。而狭义的美学概念，则透过平等观主导的艺术实践以及美学体制的诞生而得以阐明。本书从朗西埃政治美学理论的整体性出发，归纳出三种政治与三种艺术体制的对应关系。这种关联话语形成了朗西埃的批评范式，并且灵活生动地呈现在其文学批评、艺术批评的文本中。而对这一理论范式的研究，在既有的朗西埃研究中没有得到深入的阐释。

本书第三章以朗西埃艺术的政治为研究对象，分别论述了艺术活动中"解放的观众"的概念、艺术类型中"批判艺术"的发展及其当代形态，描述了"批判艺术"在今天的困境，以及其政治维度的诉求与落空。笔者认为,朗西埃高度重视图像的政治潜能,他非常关心在当下图像时代来临的呼声中,如何运用图像句子和图像内在的歧义与现实的感性配置相关联,生产出图像的政治。

本书第四章以电影的政治为主题,梳理了朗西埃的电影理论对于德勒兹电影理论的反拨,使得传统的以巴赞为代表的电影理论在当下的电影研究中得以部分回归。而朗西埃在电影批判中所使用的理论方法,展示了电影的美学体制与再现体制之间的对抗与并存的关系。笔者以朗西埃对戈达尔电影的批评为例,梳理了朗西埃对电影语言理论的创造性使用。

对于文学的思考和感受是朗西埃思想生产的重要来源,本书第五章首先集中讨论了朗西埃对文学的论述,文学被他视为一种体现着平等和民主的新的写作形式,是十九世纪以来形成的书写的美学体制,区别于古典主义时代的亚里士多德的再现诗学体制。其次,该章阐释了文学性的概念在朗西埃政治理论中的重要地位,即朗西埃的政治概念的独特之处就在于它是一种具有文学性的政治,以此区别于一般政治哲学和社会学话语中的政治概念。最后,该章展开阐释了朗西埃对于文学语言作为"哑言"的书写的三种形式。

本书总结部分试图将朗西埃的理论置于当前西方左派的理论发展困境中,把握朗西埃理论的独特性,展示他激进的理论面相下包含着宝贵的实践性和时代性品格。

第一节 朗西埃政治美学思想研究的意义

朗西埃的政治美学是朗西埃思想的重要部分,是他近二十年来思想由政治转向美学的过程中形成的主要成果,朗西埃也被视为在当代文化研究热潮之后美学发展和回归的重要代表①。朗西埃的美学思想被称为政治美学,但它并非是要研究政治实践中政治制度、政治事件、政治人物等所体现的形式之美,而是研究政治和美学内在的同一性,换言之,正是朗西埃对美学和政治创造性的阐释和定义,改变了这两个词汇的既有所指,使得美学内在于政治,同样政治也具有美学的属性。具体而言,朗西埃的美学是指"感性的分配",以平等的逻辑使得可感性的配置发生变化,使"不可见的可见,不可听的可听"。这一美学的阐释,被朗西埃应用到对于政治概念的重新理解之中。笔者认为朗西埃对于政治的理解是他的理论核心部分。朗西埃阐释的独特之处在于,他把我们通常理解的政治做了"政治"(polices)与"治安"(police)的二分,统治、治理、管理、秩序等含义都归于"治安",而他所指的"政治",是以"美学"为中介对于这一切管理、统治、秩序不断消解、抵抗、重配。一般意义上的社会学和哲学在他看来都有参与"治安"的嫌疑,这样他把政治安置于一个学科之外和既有现存状态之外的位置,使得法国差异哲学的传统在当代的政治哲学中得以彰显传承。所以尽管朗西埃思想的核心词汇还有不少,如平等、自由、感性分配、哑言等,但是当我们以政治美学称谓他的美学思想的时候,与之相关联的社会学学科部署才能被打破,政治的非秩序化和非规定性才能体现出来。朗西埃的政治美学不仅仅勾连起美学与政治,而且联系伦理与主体、可说与可行、感性与理性等多个重要层面,将其美学思想称为"政治美学"才能比较准确地描述出他的"越位"之思。

---

① 乔纳森·卡勒:《当今文学理论》,《文艺理论研究》2012年第4期。

一、对于政治美学研究的深化

政治美学（Political Aesthetics）尽管还没有被正式承认为一门学科，但是近十年来研究发展迅速，关注这一领域的学者以不同角度的理论切入做了许多有价值的探索。

以什么样的路径进入政治美学研究领域，这是众多研究者需要面对的选择。在形式与内容的二分法下，要么从政治事务本身抽取出形式的部分，将其视为政治的美学化审视；要么把政治置于伦理学的视野，使其内在地拥有美和善的因素，研究具有善和美特质的政治行动或政治人物。但这都是使"美学"依附于"政治"的选择。关于政治的起点，朗西埃的观点不同于西方主流的罗尔斯的政治观，罗尔斯在《正义论》里认为理解政治的基础是伦理。但是，朗西埃把"政治"重新划定为"歧义""歧感"，它是对既有的感觉秩序同时是统治秩序的打乱，使得政治与美学由于"感性的分配与再分配"而具有了内在的一致性，这对于当代的政治美学研究具有振聋发聩的作用。

当前关于政治美学的研究正在兴起，美国学者 F.R.安克施密特出版的《美学政治学——超越事实与价值的政治哲学》认为，政治不应以伦理为基点，而应以"表征"为出发点，表征不但是议会民主制的核心，而且是一种"美学的裂隙"，由此公民才能"感性"地参与到这种美学之物中，美学就是在被表征和表征物之间产生。正因为如此，合法的政治权利和所有政治的创造性才得以生产。[①] 安克施密特的论述强调了表征过程中的差异和裂隙，这是政治美学得以生产的可能性基础。台湾私立亚洲大学的助理教授林锡铨在《政

---

① F. R. Ankersmit, *Aesthetic Politics: Political Philosophy beyond Fact and Value*, California: Stanford University Press, 1997, p. 31.

治美学》中讨论的是政治实践过程中如何培养出公民的政治美学素质,将政治视为每个公民必备的知识与能力,突出政治所具有的善和美层面,要求公民能够从美学的观点出发,积极理解政治、评判政治、参与政治进而深化民主。台湾长庚大学的王贺白认为"所谓'政治美学',即是设法超越以上正反(正义与非正义)的观察视角,尝试从'远处'遥望人类所曾经走过的政治历程。而之所以称为政治美学,即认为此一政治历程可以探索出其'有意味的形式'(a significant form)"①,他认为这一有意味的"形式"可以和时代政治选择进行不断交互,如同法国大革命把王权的"形式"转变为民主的"形式"。②国内学者骆冬青对政治美学做了比较深入的探索,他思考政治美学的路径依然是把政治和美学做了二分法,然后着眼于二者共同交织的部分,也就是指向政治活动中由于人的情感因素而产生的美,而我们应该认识到这对于既有的权力结构并不能有什么新的说明。骆冬青认为人不仅仅是政治动物,也是情感动物,作为人类的实践领域之一,"在政治的诸多领域中,都体现出审美的精神,甚至在政治统治中也有许多方面和层面是以美学的方式进行的。可以说,政治本身就是审美的一种特殊表现,政治意识形态、政治制度、权力运作、政治家的风格,都在表现出美学的精神。权力总是要成为魅力,权力结构总是要进入情感结构,政治的等级结构深刻地表现为审美的价值结构。所以,对政治本身就应当进行美学的观照"③。这种美学的关照虽然保持了美学自律的原则,但是对于政治本身的思考与批判却缺乏创造性。

---

①② 王贺白:《政治美学化之教学初步实验》,《台湾长庚大学课程信》,2013 年 3 月 2 日,http://www.doc88.com/p-9415281118263html。
③ 徐敏:《政治美学:一个新的学术课题——"回归实事:政治美学与文艺美学"学术研讨会综述》,《南京师范大学文学院学报》2004 年第 1 期。

朗西埃对于政治和美学之间关系的思考与前文所论的政治美学的思考路径有很大的差异，他为政治做了独特的定义，把政治统治、政治管理、政治实践视为"治安"而不是政治，政治恰恰是对这种"治安"的抵抗和消解。他对于美学和政治的思考直接回溯到美学学科诞生的时代，即美学诞生时所具有的"感性认知"的最初含义。1735年，年轻的鲍姆加登在检视沃尔夫体系时发现，理性有逻辑学来研究，意志有伦理学来研究，但是感性活动却缺乏相应的学科来研究，"我们不用怀疑，也可能有一门有效的学科，它能够指导低级的认识能力从感性方面认识事物"[①]。鲍姆加登在早期把 Aesthetica（感性）视为与 Ratio（理性）对立的概念，但是依然属于认知的底层，是对沃尔夫体系中漏洞和缺陷的补充，但是到了1750年时，鲍姆加登已经认识到凭借对具体现象的感知可以达到"感性的真理"，具体包括"敏锐的感受力""丰富的想象""洞察一切的审视力""良好的记忆力""创作的天赋"、鉴赏力、预见力、表述力等内容[②]，这时候感性的认知能力已经具有独立性。其后，康德的三大批判划定了人的能力以及与之对应的三个领域——认识论、伦理学和美学，成为德国美学的基础，朗西埃认为康德拒绝了鲍姆加登给予"美学"的意义，即将感性视为模糊的可知性。对康德而言，将美学视为无区分知识的理论是不可能的。《判断力批判》并不将"美学"视为一种理论；"美学"是作为形容词出现的，它划定了某一类型鉴赏判断而非客体领域。朗西埃本人在使用 Aesthetica 时有两个层次：首先是指与"政治"具有内在一致性的审美，它指的正是鲍姆加登所言的

---

① ［德］鲍姆加登：《诗的感想：关于诗的哲学默想录》，章安祺编订《缪灵珠美学译文集》，中国人民大学出版社1996年版，第123页。
② 阎国忠主编《西方著名美学家评传（中卷）》，安徽教育出版社1991年版，第293—294页。

没有被理性权力所吞噬的感觉领域；其次是指与亚里士多德的"再现体制相对的特殊的艺术体制"。二者既有联系也有区别，由于朗西埃认为"政治首先是对感觉/感受材料的分配"，他区分了"政治"（la politique）和"治安"（la police）的对立和相峙，"我提议将政治（la politique）这个名词，保留给与治安对立的一种极为特定的活动，亦即，借由一个在定义上不存在的假设，也就是无分者之分，来打破界定组成部分与其份额或无分者的感性配置"[①]，在朗西埃看来，政治就是打破既有的"感觉配置"模式，在共同体中让那些无分之分的人，获得声音和表达，而这一时刻的产生就是要求这些无声的人（demon）通过对既有秩序的歧义性解读，看到不曾看到的，听到不曾听到的，说出不曾被理解的，如此正是美学的感觉能力，通过这种平等的"感性"再分配，这些无名者才得以"政治主体化"。朗西埃的美学其实是回到了鲍姆加登创立美学原初，感性的平等性使得感觉超脱出逻各斯的阴影笼罩，使得美学具有了颠覆和消解既有权力结构的可能性。

朗西埃的这一诉求其实也是回归于席勒对于美学的祈望之中，众所周知，康德在《判断力批判》中对审美判断进行论述时，指出审美鉴赏是想象力和知解力这两种官能的自由嬉戏。由于审美判断契机中，在质的层次上是无利害而又是愉悦的，在量的层次上脱离了概念而具有普遍性，是无目的的合目的性，这就为人的审美自由奠定了基础，也对人的"主体性"应该具有的"美的判断"能力提出了要求。而把审美与政治在自由的层次上结合起来的是席勒。出于对法国大革命中出现血腥暴力的反感，席勒希望他所处时代的政

---

① [法]洪席耶：《歧义：政治与哲学》，刘纪蕙等译，麦田出版社2011年版，第63页。

治能够从野蛮走向文明,而美学被认为正是此条通道。在《审美教育书简》中,席勒认为政治与艺术存在隐喻性的对应关系,政治家被视为艺术家,公民就是材料,国家是被创造出来的艺术品①,美育才能解决人的问题进而解决政治问题,因为只有"在美的事物那里,我们感到自由,是因为感性冲动与理性冲动相和谐"②。朗西埃所言的"政治"的本体论维度,正是以绝对的自由为底蕴,以平等为假设,达到解放和民主。"审美"和"政治"在自由的这一终结目标上结合在一起,并且在实践中"政治"始终以改变人的"感知能力"和"感知边界"为发生的前提,这正是属于"审美"的领域。

二、对于当前文化研究开拓新路的启示

朗西埃对于"政治"与"审美"的内在同一性论述,不仅仅对于当代美学的发展具有重要的意义,对于当前炙手可热的文化研究与日常生活审美化研究也具有重要的借鉴和启示作用,它是文化研究新的关照视角。可以说朗西埃政治美学同时拓宽了美学和文化研究两个领域的研究视野。

美学在当代似乎也在走向没落。事实上,美学学科建立之后,美学理论的研究也纷繁多样,在鲍桑葵、比厄斯利的美学史中罗列了诸多美学研究成果③,但是,二十世纪以来,美学学科发展出愈来愈多精致的美学理论,但是在应对复杂的社会发展与政治诉求时,身处象牙塔的美学学科却处于近于失语的状态,美学失去了改造社会的最初雄心,或者故意选择一种偏安一隅的现代主义美学立场,

---

① [德]席勒:《审美教育书简》,冯至、范大灿译,上海人民出版社2003年版,第34页。
② 同上书,第246页。
③ [英]鲍桑葵:《美学史》,张今译,广西师范大学出版社2009年版;[美]门罗·C. 比厄斯利:《西方美学简史》,高建平译,北京大学出版社2006年版。

以此昭示技术社会日渐对人的禁锢和物化状态，保留一线美学救赎的可能性。在一些西方马克思主义学者眼里，美学逐渐成为意识形态的代名词，如伊格尔顿就认为"审美不过是政治之无意识的代名词，它只不过是社会和谐在我们的感觉上记录自己，在我们的感情上留下印记的方式而已。美只是凭借肉体实施的政治秩序，只是政治秩序刺激眼睛、激荡心灵的方式"[①]。依托韦尔斯、列斐伏尔等人的理论，美学把日常生活纳入自身的审视范围中，这种选择也是美学在当代语境中寻求突破的一条途径。

文化研究的兴起恰恰就是对于社会科学日渐学院化因而丧失社会批判力的反拨，其跨学科性具有鲜明的政治批判目的，在这一点上，朗西埃研究的跨学科和反学科倾向与文化研究是一致的。文化研究的理论资源主要有德国法兰克福学派和英国伯明翰文化研究学派，以及葛兰西的"霸权"理论。法兰克福学派研究的对话语境有两个，一是法西斯主义操弄民众带给社会巨大的毁灭性痛苦，二是美国大众文化的兴起对于社会的控制，"社会研究所"成员的理论研究都直接指向社会统治的现状，是对于资本主义的批判。英国伯明翰文化研究学派始终是以阐释文化与权力之间的关系为核心，他们反对经院式的学科内部研究，提倡建立、发展出一门跨/反学科的学科——文化研究，它要求与时代密切相连，注重实践性。以雷蒙·威廉斯为代表的新左派就积极参加社会政治实践，如参加核裁军运动和成人教育运动等，致力于"开拓出一条未来之路"的社会实践。可以说政治诉求和学理基础的两者融合才促生了英国文化研究的理论范式，当代文化研究吸收了法国后结构主义思想，从罗兰·巴特、

[①] ［英］伊格尔顿：《心灵的法则》，《美学意识形态》，王杰等译，广西师范大学出版社1997年版，第26—27页。

雅克·德里达、米歇尔·福柯等"后学"思想家那里汲取养料，研究视野扩展到民族、种族、阶级、女权、环境等愈来愈具体的主题，以此参与对资本主义全球化过程的权力批判。

但是，近年来，文化研究的热浪也逐渐暴露出它的发展弊端，集中表现在三个方面：

一是研究对象的琐碎化和研究方法的细微化。文化研究对象非常广泛，这同样带来了对研究对象愈来愈细微和多样的划分。女权性别、阶级阶层、环保生态、商品消费等都被纳入研究视野之中。但是由于过于分割了研究对象，强调不同文化现象的独特性和差异性，文化研究的视野愈来愈集中于狭小的微观分析，政治的参与和诉求经常会陷入身份政治的泥潭。文化研究的范式长于细腻的学理性剖析，以此揭示权力和资本意识形态的运作与操弄，但是文化研究的揭露也愈来愈陷入对分析细节的迷恋，伊格尔顿就曾语带嘲讽地调侃文化研究："在一批略显狂野的学者身上，对法国哲学的兴趣已经让位于对法式接吻的迷恋。在某些文化圈里手淫的政治远远要比中东政治来得更令人着迷。"[1]

二是文化研究的观念随着时代的发展广泛为人接受的时候，它也逐渐走上了纯学院化的道路，背离了最初与实践密切联动的关系。理查德·罗蒂（Richard Rorty）抱怨"英语系都被文化研究给占领了"[2]，"近三十年来在文学系发生的所有不好的事情都被打上文化研究的标签"[3]。文化研究自二十世纪九十年代传入我国，经过十几年探索和实践后，引起了许多学者的兴趣，它的跨学科性以及对当

---

[1] ［英］伊格尔顿：《理论之后》，商正译，商务印书馆2009年版，第4页。
[2][3] Michael Bérubé, *The Aesthetics of Cultural Studies*, Malden: Blackwell Publishing Ltd., 2004, p. 30.

下大众文化和通俗文化的批判具有很强的时代性。但是,当前也出现了对文化研究的不满和反思:"文化研究似乎陷入了某种困境,不少人都感到它的处境有点尴尬,好像也没看见搞出了什么大的名堂。……硬是把一个原本是实践问题的文化研究,当成了理论问题没完没了地加以讨论,而把必须做的正经事却撂在了一边。"① 也就是说我们把实践话语的外向指涉转变为理论话语的内部循环,这似乎也偏离了文化研究的鼻祖们在着手文化研究时的初衷,法兰克福学派和伯明翰文化研究学派的社会批判视角和现实对话的意图在这里被有意无意地忽略了。

三是文化研究本身存在的问题,文化从伯明翰文化研究学派开始就强调文化的独特性和形塑能力。文化研究早期的利维斯强调精英文化的优越性。理查德·霍加特认为工人文化是一种有机的自主性文化,没有被资产阶级文化所污染。阿多诺则对大众文化进行了深刻的批判,认为大众文化制造了大众虚假的需求,剥夺了大众的反思和感受的能力。表面看来,霍加特和阿多诺对于文化的理解有很大的差异,但是他们共享了一个理论基点,就是文化对于个体的形塑和决定作用。这一理论特征其实也体现在布迪厄身上,他所创造的"习性"概念,形成于社会既有的伦理体系内部,尽管"习性"也具有生产性,但整体看来还是具有决定论的色彩。

朗西埃是反对此种带有文化决定论色彩的理论观点的,通过档案研究,他发现了工人并没有承认自己拥有独特和自主的文化,他们首先质疑的就是自己的工人身份,更多的是渴望获得与他人平等的权利。他也反对布迪厄的社会学理论,认为这是对于伦理秩序的

---

① 盛宁:《走出"文化研究"的困境》,《文艺研究》2011年第7期。

理论化再现，于解放于事无补。朗西埃认为，应该重新启用德国古典美学内在的普遍性和自由属性，使之与今天的解放政治连接在一起，反驳当代一些批判理论家对于康德的批评。例如布迪厄认为康德"对趣味的陈述以一种律令的（imperative）形式写成，更为确切地说，是采用令人生疑的叙事话语（constative utterance），这种话语让作者对实现的条件保持沉默，而实际上它却是一种施事话语"①，这样的角度下，康德的审美判断被视为遮蔽了自身所属的阶级立场，把一定阶级的审美趣味命名为具有普遍属性的"共同感"。伊格尔顿也承认康德所言的审美判断是想象力和知解力之间和谐的"自由游戏"，不过其局限在于"康德的审美判断主体把事实上只是自身力量之令人愉快的协调误解为客体的属性，在机械的世界里塑造出一个理想化的统一的形象"②。但是朗西埃并未如此认为，相反，康德提出的审美判断的无功利性、非概念性以及共同感，正是可以促成政治美学的普遍性前提。朗西埃并没有让美学偏安于自律性的"象牙塔"，美学自律的传统从康德开始直到当代，渐渐隔绝了与政治内在的关联性，他重新回到美学最初的"aisthesis"的层面，即感性的意义，打通美学与政治的内在关联。政治被朗西埃视为对既有感性划分配置的打乱和重新部署，使得在共同体里的无分者（被压迫者或者无声的大众）发出自己的声音，而这一刻发生的时候，正是感性划分出现变化的时刻，由此，美学也是政治，政治也是美学。朗西埃把美学视为大众能够在被压迫和被统治的状态中获得平等和解放的一条必经之路，而不是如布迪厄所言，"美学"只是统治阶级对于

---

① Pierre Bourdieu, *Distinction: A Social Critique of the Judgement of Taste*, trans. by Richard Nice, Cambridge: Harvard University Press, 1984, p. 488.
② ［英］伊格尔顿：《审美意识形态》，王杰等译，广西师范大学出版社 2001 年版，第 79 页。

社会区分的一种手段。朗西埃的政治美学避免了文化研究脱离整体政治承担的许诺,同时跳出了意识形态理论把美学视为一种社会遮蔽和社会不平等划分的手段,恰恰是在这一点上,他认为每一个被压迫的人都需要通过审美或者说政治来确证平等的存在。

由于朗西埃提出政治的发生依赖于"无分者之分",政治就是此"无分者之分"在共同体中的显现,政治之本意就是打破界定共同体的组成部分与其份额或无分的感性配置。他以希腊城邦为共同体的隐喻,指出在城邦里那些被剥夺了讲话能力而沉默存在的平民,一旦他们能够发出声音,讲述自己的要求和判别善恶,这就是一种平等的要求,他们的话语被共同体内部的其他部分听到并视为平等的声音时,政治才能发生。朗西埃的"无分者之分"的提出,解决了一个文化研究对象多元化与强调主体特殊性和差异性的误区问题,对于他来说,所有被剥夺了声音的大众都是潜在的政治主体,"无分者之分"也可以理解为一个空位,对于寻求解放的人民,其涵盖能力很大,工人、黑人、妇女、第三世界的移民等,只要是不能被视为平等者的对象都是无分之人,这样一个解放者的位置可以不断移动和改变,而需要发声的大众也可以在此种共同的诉求中结为同盟。这样,朗西埃的政治美学除了可以与社会斗争的实践紧密联系之外,又在一定程度上解决了文化研究由于身份政治而出现的微观层面的抵抗的局限性问题。

第二节 如何研究朗西埃

一、保持其"理论的书写"到"行动的书写"的品格

朗西埃抛弃阿尔都塞哲学的主要原因是它不能提供"行动"能

力，是一种"秩序的哲学"。在朗西埃看来，阿尔都塞的言说更像是一种"导师"话语，它通过知识的运动获得权力的哲学，对于"五月风暴"中的学生运动没有促进作用。如果朗西埃并不承认自己也是一个"理论"生产者，那么我们不禁要问朗西埃会希望他的读者如何面对他的理论著述。齐泽克认为朗西埃只是"在教我们如何抵抗"：作为一名"五月风暴"之子，朗西埃的写作论述都指向一种把"哑言"（mute speech）① 转化为实践行动的期望。朗西埃期望自己作品被阅读或被理解的方式，或许在一篇《谁他妈的是雅克·朗西埃？》（Who the Fuck is Jacques Ranciere?）② 的介绍文章中得到了体现，文章以大众化普及式口吻叙述，说明它设定的读者对象并非是学院的研究者。在这篇浅白易懂的介绍文字中，列出了极具煽动性的标题，如"'去他妈的政治'就是他的政治"，并且配上了形象的图片，有被主流文化排斥的街头黑人青年形象，有蹲在地上被防暴警察猛喷辣椒粉的抗议者。文章中用占领华尔街的例子来回答"他妈的什么是歧义"，简洁明了地指出"歧义就是瓦解警察的政治的过程"。这篇文章如果仅仅被理解为朗西埃书籍的广告的话，是一种误读。文章的简洁又实用的介绍，对于处于抵抗状态的大众而言，提供了有力的理论支持，能够触发出另类思考的效果。对于这些被排斥和被压迫的人的抵抗行为，朗西埃的论述为之提供了简洁有力的合法性辩词。对于朗西埃来说，只有打破"可说"与"可行"的固有配制，才能重新进行"感性的分配"。而对于不平等的抵抗，正如他在《文学的政治》中提到维罗妮卡的"行动的书写"，书写的力量由

---

① 也有翻译为"沉默的语言"或"无声的言语"，但是考虑到朗西埃这一概念来自亚里士多德"人天生是政治的动物"，他认为有些人的声音是具有辨别善恶公正能力的逻各斯语言，而有些人的声音只被视为动物的嘶吼，"哑言"更能形象地表达有声音却意义难明的言说。

② Eugene Wolters, "Who the Fuck is Jacques Ranciere?" Theory and Theorists, 2013.

文学的"哑言"转化为"行动的书写",体现在大地和社会的肌体上。

由此,对于我们来说,如果把朗西埃思想的研究局限于一种理论话语的转述或者是复制刻写,这可能会忽略了朗西埃理论思想的实践性品格。国内对于西方新思想的研究向来有一种理论化的欲望,朗西埃作为一位极具特色的左派思想家,他的思想不能仅仅停留在"智识"的生产上,这并不是他的初衷。他的理论一再说到"感性的分配",其中所包含的潜台词正是"行动的书写"的能力。我们应该认识到,朗西埃的理论话语只有应用到当代社会(当然也包括艺术中),对不平等体制和统治话语进行抵抗和瓦解时,才算完成其课程的"作业"。

二、处理好概念的"历时性"和"结构性"关系

研究朗西埃对于研究者是一个挑战。首先,这需要我们把朗西埃思想形成的"历史之维"转化为"结构之维",对他在不同时期的思考和言说做一种空间化的处理,指出其概念和观点内在的一致性以及论述中的重叠之处。另外,朗西埃先生还在世,他的书写和学术生涯还在延续(近年不断出版的著作表明,他的学术生命力依然处于高峰状态),这就会让研究者迎接朗西埃思想不断生长和变化的挑战,甚至某些时候,他的书写与他本人的生活构成了时而平行时而交织错位的双重文本。朗西埃在自己的写作中对于理论概念的使用,不断使其内涵和外延的边界位移,这也给研究者带来了一定的困扰,更需要研究者从"空间之维"对他的变化做出内在逻辑演变和批判范式的连贯性分析。

其次,对于朗西埃思想的结构性处理,也不能忽视他思想形成和发展的时代背景与理论语境,用历时性视角,考察其思想形成的

内在演变轨迹和逻辑连续性，辨析出他放弃阿尔都塞主义转向工人历史档案研究的内在原因与目的。从工人研究到教育哲学，再到美学的研究，这种转化具有内在逻辑性，直到近期以文学、美学、电影为研究对象，都包含着他对于平等政治的强调，这都需要我们从历时的维度来做考察。朗西埃的思想和言说成长在法国思想的潮流中，成熟于"五月风暴"的洗礼中，从一开始就命定与二十世纪最伟大的哲学家们纠结、缠绕在一起，理解朗西埃就需要我们深入那段风云变化的法国思想史，揭示他与众多思想伟人思想脉络之间的继承与变革关系。

最后，研究朗西埃需要我们辨析他所使用的诸多概念之间的关系，以及核心概念之间对应、共用和功能效果的关系。研究任何思想家的思想脉络都是以其独特的思想概念为坐标，虽然朗西埃在哲学概念的创造上没有德勒兹那样繁复多变，让研究者有时感到仿佛被概念的风暴抛落于一种感觉的狂想当中，但是在概念的创造性、颠覆性和负载能力上，朗西埃也不遑多让。他对"政治"的定义完全颠覆了我们对于"政治"一词的一般理解，由此需要对一系列的概念构成的思想地形图做重新厘定。对于"平等""解放""民主""美学""感性的分配"等概念的理解，需要阐释清楚朗西埃赋予它们的独特内涵，对于这些概念坐标的勘定又需要我们对直接或间接与朗西埃对话的思想家们的相关论述做出梳理，这要求我们不但要理解阿尔都塞、福柯、布迪厄等法国当代思想家，更需要返回到西方思想的源头，在柏拉图、亚里士多德的文本再解读和批判中，标示出朗西埃对于当代政治、民主、美学、艺术、文学、影像的独特论述的内涵。

第一章　知识与权力的再批判——朗西埃学术思想渊源

如果我们把二十世纪风起云涌的法国思想界视为一个在不断革新、创造中嬗变的学术场域，对于某位思想家的考察不妨借用布迪厄的理论分析工具——"习性"，即一位思想家的学术性情是如何产生的，布迪厄在《实践的逻辑》中对于"习性"的说明是："与存在条件的特定阶级相联系的条件作用形成了习性；它是持久的、可变换的一些性情系统。"① 也就是说作为一套感知系统的"习性"将会决定一个人的感知、评判和行动的模式，这种模式既是稳定的又是可变的，"比如一个人的童年经验有可能铭刻在人的内心深处，并在一定程度上支配他的个人行动；另一方面，它是可以置换的"②。这里包含了两层意思：一是一个人在某个领域所获得的"习性"在另一个经验领域可能会产生类似的效果；二是"习性"一旦形成将会保持为某种比较稳定的模式，它的变化需要一系列的条件。尽管有人质疑布迪厄的这一概念分析工具，但是它在理解"学术人"的学术性情与生活境遇的关系时有一定的参考价值，我们所谓的"知人

---

① ［法］布迪厄、［美］华康德：《实践与反思：反思社会学导引》，李猛、李康译，中央编译出版社1998年版，第171页。
② 朱国华：《权力的文化逻辑》，上海三联书店2004年版，第61页。

论世"在社会学的分析框架下依然有效,只不过这种联系更加曲折隐秘。布迪厄本人的底层出身与其一生自视为陌生人反体制的学术冲动,二者之间就有耐人寻味的关联。朗西埃的学术性情是如何产生的?在他的学术思考中的那些主题,如"平等者的声音""政治与治安""感性的分配""平等""主体化"等,是否能在他的生活境遇中找到蛛丝马迹的对应呢?另外,他的前期思想的发展脉络是如何在问题的挑战下不断延伸,保持了内在的连续性,又是在哪些环节上,有了新的突破和新的观点,纠正和拓展了自己思想的"游牧式运动"?

或许我们可以从五个方面追寻朗西埃思想形成的轨迹,即法国知识分子对社会运动与公共领域的参与传统,作为"黑脚"的法国人(法文 pied-noir,欧裔阿尔及利亚人)的阿尔及利亚战争之痛,阿尔都塞门下的"弑师逆徒",作为福柯的隐秘传人,对哲人王政治的哲学传统的批判。

第一节 法国知识分子的"介入"传统与朗西埃

自德雷福斯事件以来,在法国知识界的记忆中,知识分子的光辉事业的首创是爱弥儿·左拉于1898年1月13日在《曙光报》上发表的署名文章《我控诉!》。围绕着德雷福斯上尉的叛国审判,整个法国分裂为两个阵营。左拉作为知识分子用文字介入公共领域所付出的代价不算太严重——一年监禁和三千法郎的罚款,但这也是法国知识分子对于自身参与社会和政治获取话语自信的开端。从这一传统开始,法国知识分子将自己定位为一种理想的化身,任何时候,他们都为真理和正义呼号。人权、自由、正义的法国精神呈现在知识分子的抗争精神中。知识分子的良知被视为人类的良心。这种宏大光辉的设定催生了让·保罗·萨特这样的一群知识分子,他们或作为学院教授或作为自由知识分子走上街头,刊发请愿书,保持着与资产阶级政府永远不合作的姿态,构成知识分子的行动图像。大学里的知识分子群体支持社会的边缘人群与弱势群体,不仅仅是以介入社会的姿态出现,甚至以此为学术的关注点,以学术研究的方式寻找那些与社会运动有关的研究对象,以学术的中立性印证和表达一种更具普遍性的价值关怀和社会批判。

布迪厄以阿尔及利亚社会变迁为自己人类学研究的对象,《阿尔及利亚社会学》发表时正值阿尔及利亚独立战争,布迪厄作为法军军官居然在敌军军营与起义者畅谈甚欢。福柯在推进他惊人的学术思想运动的时候,创建了监狱情况调查委员会小组(简称"监狱调查小组"),发起声援犯人运动,成为法国监狱改革运动的先锋。福柯并不是要用自己的身份来揭示监狱中的非人道,他认为知识分子"不是替犯人说话,而是为他们提供说话的机会,讲出监狱的真实情况"[①]。这与他对于知识的权力谱系研究密不可分。对于那些被话语建构为社会异类的生命,福柯给予了极大的同情和关注。福柯的社会实践与他的权力话语研究无疑具有内在的一致性和关联性。可以说这样的学术本身就有一种实践的品格。阿尔都塞的科学马克思主义与党内的人道主义马克思主义的对立也可以看成对于资产阶级批判的不妥协。

朗西埃于 1960 年以文科生身份进入巴黎高等师范学院(简称"巴黎高师"),与他一起入学的还有艾蒂安·巴里巴尔、克里斯蒂

---

① 刘北成编著《福柯思想肖像》,上海人民出版社 2001 年版,第 246 页。

安·博德洛、伊夫·迪鲁、雷吉斯·德布雷等。二十世纪六十年代的巴黎高师正是思想和学生运动的中心,由于第二次世界大战后迅速恢复的国民经济以及阿尔及利亚战争,法国的社会运动思潮此起彼伏,巴黎知识分子中的思想巨擘在萨特之后有了新的偶像:阿尔都塞。身处法国共产党(简称"法共")内部的阿尔都塞坚持理论的实践策略,他的科学马克思主义,不符合法共内部占优势的人道主义马克思主义思想,却推动了重读马克思的热潮,为学生运动提供了实践动力和理论资源。但是阿尔都塞也认为:"客观地说在党的内部,除了纯粹的理论干预,其他任何的政治干预都是不可能的。"① 这其实也说明他对于身处党内、缺乏实践能动性的抱怨。尽管朗西埃后来与阿尔都塞分道扬镳,在政治运动中被贴上了"毛主义"的标签,但是事实上正如马克·波斯特所说:"阿尔都塞的学生在其教学过程中找到了毛主义的灵感。"正是阿尔都塞对于斯大林主义的官方马克思主义的反思,促使他开展了对于毛泽东思想的课程研究,而且"随着学生不断探索毛主义,阿尔都塞的马克思主义也得到了发展。他和学生的思想彼此辩证地推动,直到彼此产生观念上的冲突"②。

朗西埃在参加"读《资本论》"研讨会时就加入了巴黎高师UML[共产主义青年联盟(马列)]社团,这个社团在1964年的时候就投票决定接受北京的指导,并在1965年社团第一次出版的《马列主义请愿书》中撰写稿子。1968年,朗西埃参加了法国毛派组织"无产阶级左翼"(Gauche prolétairenne)。这个青年左派组织推

---

① 汪民安主编《生产·第六辑:"五月风暴"四十年反思》,广西师范大学出版社2008年版,第180页。
② 同上书,第182页。

崇毛泽东的革命口号:"我们造反有理(on a raison de se révolter)!"那时,他们还借用犹太人的历史创造了一个意味深长的口号,即"我们是德国的犹太人",用以说明自己的被压迫状态是一种"无分者之分"的处境。这是一个在身份(identités)和地位上都可以被抹掉的社会边缘人的角色。如果说朗西埃参加学生运动仅仅是对他所理解的知识和思想之外的政治立场的表达的话,其所有理论阐释都具有一种深深的"行动情结"或者"社会关照"特质。朗西埃在《阿尔都塞的课程》这本书中所批判的,就是阿尔都塞的理论中缺少能够催生政治实践的可能,也就是缺乏政治主体化可能。在朗西埃看来,作为一种"秩序"哲学的阿尔都塞式马克思主义不但不能催生革命的发生,而且在1968年学生运动爆发时,这一理论既无法认清学生运动的重大意义,也没有指导学生运动发展的能力。《十九世纪劳工之夜》揭示了一群在白日劳作,夜晚却想和资产阶级一样过上好生活的劳工是如何成为革命主体的。可以说,在其后的美学著作中,朗西埃提出的"可视、可感、可说",其最终指向的是"可行"。朗西埃后来发展到对于美学的强调,指出审美是感性的重新部署,能够打破原有秩序的诉求,美学不是自治的独立王国,它作为一种历史中出现的感受性体制,最早登上历史舞台的时刻,恰恰是社会变革、社会等级观念大崩溃的时刻,是法国大革命的时刻。

第二节 阿尔及利亚独立战争中的"黑脚"后裔

朗西埃出生于法属阿尔及利亚的省会阿尔及尔,他在两岁的时候随父母迁回了法国。"黑脚"是一种俗称,是指阿尔及利亚独立前的欧裔阿尔及利亚人,他们的祖辈或父辈从欧洲大陆随殖民运动迁居阿尔及利亚。出生于阿尔及尔的朗西埃就是这样的"黑脚"法国人（宗主国的法国人对原住阿尔及利亚、后返回法国的侨民的称呼，这无疑包含着宗主国对殖民地移民后裔的优越感）。当阿尔及利亚战争爆发的时候，朗西埃在法国本土接受完高中教育并于1960年进入了巴黎高师学习。阿尔及利亚独立战争爆发后，法国知识分子和各党派人士分裂为两大阵营。萨特发表了支持独立抵抗运动的声明："殖民主义正在自行毁灭。但它还在空气中散发着臭味……我们唯一能做并且应该去做的，是站在（阿尔及利亚人民）一边进行斗争，把阿尔及利亚人和法国人同时从殖民主义专制中解救出来。"[①] 萨特从反殖民和人道主义的视角来看待这场战争，但是他没有考虑到，像朗西埃家庭这样的欧裔后代在阿尔及利亚有接近一百万人，他们对于阿尔及利亚的独立无疑是非常难以接受的，这意味着他们将失去家园，甚至可能会受到独立解放势力的报复。事实上，1962年埃维昂停战协议签署后，全民投票决定阿尔及利亚独立，短短几个月有九十万的欧裔阿尔及利亚人离开家园涌入法国。原来支持法军的哈基斯人也有九十万偷渡法国，大量留下的哈基斯人遭到血腥镇压。作为阿尔及利亚"黑脚"后裔的朗西埃无疑对这一情况是了解的，他在政治立场上支持阿尔及利亚的独立，但是看到在这场"法国的内与外"的战斗中有众多被剥夺声音的人民。尽管他没有谈过自己的出身对于他的学术研究立场有何影响，但是我们在朗西埃的文本中一再看到，他对于政治这一核心概念的阐释是"让不能发声的人发声"，让"那些未被计算在内的被重新计入"。在《他者的动因》[②]

---

① ［法］让·弗朗索瓦·西里奈利：《知识分子与法兰西激情：20世纪的声明和请愿书》，刘云虹译，江苏人民出版社2001年版，第18页。
② 1995年为"法国—阿尔及利亚——相遇的目光"会议所作，收录在朗西埃的《政治的边缘》，姜宇辉译，上海译文出版社2007年版，第106页。

这篇文章中，朗西埃以自己独特的政治哲学视角将阿尔及利亚战争客观化，阐释了一种以"他者"为动因的政治的可能性，回应了二十世纪六十年代萨特的立场的缺陷。无论是萨特还是布迪厄对阿尔及利亚的论述，在朗西埃看来都是"以同一种宇宙论的范畴进行论证。冲突就在这里被表现为一种语言，一种说出某种历史过程的真理的语言"①，朗西埃对于这种"真理的语言"持怀疑态度："一种建构政治对象和陈述的可能性与一种真理的体系连接在一起，而后者对我们来说已经格格不入。"② 阿尔及利亚战争如果被视为法国共同体内部的纷争的话，就不能仅仅从道德的层面加以谴责，而是要从"被压迫的无声的人民"的角度出发，发掘一种可能的政治。但是从民族解放的角度看，萨特为法农写的《全世界受苦的人》的前提就是一个悖论，因为这种解放始终是殖民地人民自己的斗争，"他们和我们无关，尤其是和我们出于人道主义精神进行的抗争无关"③。朗西埃认为，法国政府镇压阿尔及利亚人在巴黎示威游行的行径，是一种对共同体内部粗暴的"治安"。它"首先是一种干预形式，它规定了可见者和不可见者、可说的和不可说的"④，而"政治的主体化始终隐含着一种'他者的话语'"，是一种不可能的同一化，政治的主体化"在一种去同一化中"产生，无论是无产阶级还是法国的阿尔及利亚裔都需要在这种去同一化的过程中生产出政治。而停留在"人道主义"名义下的捍卫人权的事业，必然会把"'他者的动因'重新导向道德，并被完全转化为对于那些受难者所承担的责任，它最终伴随着那些大国的地缘战略性的治安行动"⑤，朗西埃

---

① ［法］雅克·朗西埃:《政治的边缘》，姜宇辉译，上海译文出版社2007年版，第107页。
②③ 同上书，第109页。
④ 同上书，第111页。
⑤ 同上书，第115页。

的分析无疑是具有深刻的洞察力的。二十一世纪以来，美国和西方发达国家所展开的对于他国的军事行动正是此种治安逻辑的实体化。朗西埃对于阿尔及利亚的影响有特殊的体验，我们不能说此种个人经验能够直接转化为朗西埃学术性情某一部分，但是在阿尔及利亚独立战争中，什么人能够发出声音，能够在舆论对战中陈述自己呢？有法国政府要求的保持统一的声音，有阿尔及利亚解放组织的独立声音，有法国知识分子如萨特持人道主义立场支持后者的声音。但是我们看到，在历史的浪涛奔涌过去后，有一些人的声音却被遮蔽着，他们并没有在此关涉自身的重大历史事件中发出自己的声音。例如法国"黑脚"和留在阿尔及利亚的欧洲裔，他们正是这场历史变动中被摧毁和被损害的人，朗西埃在幼年时随父母从阿尔及利亚迁回法国，其感同身受远非常人所能比。这或许促成了朗西埃在其政治哲学中如此关注那些被排斥和被边缘化的人，被剥夺了发出自己声音权利并且得不到理解或认可的人：例如希腊城邦中无政治权利的氓众（demos），以及十九世纪以来的劳工。事实上，在为那些被权力排斥或被命名为异端者正名的努力方面，福柯以其敏锐的理论论述和勇于实践的行动，更接近成为朗西埃的导师，朗西埃在这一点所采取的立场正是德勒兹给予福柯的赞誉："在我看来，是你第一个教给我们一个基本道理：以别人的名义说话是可耻的。"[①] 在这一点上，朗西埃自己的个体经验和理论立场高度与福柯处于同一个位置。

---

① 刘北成编著《福柯思想肖像》，上海人民出版社2001年版，第246页。

第三节 从优秀学生到"弑师逆徒"——对阿尔都塞"课程"的批判

一、阿尔都塞的优秀学生

长久以来,朗西埃似乎被贴上了"弑师逆徒"的"恶名",朗西埃本人也似乎对此并无"悔改"之意,在谈到阿尔都塞这位导师时并不"为尊者讳"。他在诸多访谈和文章中涉及阿尔都塞时,一以贯之地指出其理论的历史局限性,甚至是以一种指责的口吻强调彼此观点的差异。师徒之间的这一"恩怨",由于历史语境的变化以及被夸大的学术争论而变得愈加暧昧不明,但是朗西埃的学术之路却正是从阿尔都塞这条大道开启。阿尔都塞作为巴黎高师的学衔考试辅导老师,为巴黎高师选拔了众多优秀学生,例如1948年入学、后来名满天下的福柯。朗西埃在1960年入学,同届还有艾蒂安·巴里巴尔、伊夫·迪鲁等人。在进入巴黎高师四年后,朗西埃跟随阿尔都塞研读并参与写作《读〈资本论〉》,参加者还包括巴里巴尔、马舍雷、勒尼奥、迪鲁、米勒等。1965年开始研读《资本论》时,由于时间紧促,参与研讨的学生甚至老师阿尔都塞都没有做好准备,是朗西埃主动要求做首讲,他严谨的导读给阿尔都塞留下了极好的印象:

> 1965年的整个夏天,我们都在《资本论》的文本上下功夫,到开学的时候,是朗西埃答应率先出头,才让我们大大松了一口气,他讲了三次,每次两小时,讲得极其精确和严格,我现在在想,如果没有他的话,一切都是不可能的。你知道在

这类情况下事情会是怎样的。在第一个报告人讲话时,讲的时间又长,又细致,其他人就趁这个机会准备各自的工作。我自己就是这么做的,所以我公开承认在这种情况下我要归功于朗西埃的地方。在朗西埃讲过之后,一切都来得容易了,道路已经打开,并且很宽阔,为我们当时使用的那些范畴打开了思路。①

朗西埃其实可以算是《读〈资本论〉》很重要的撰稿人,因为是他刻苦认真的开端使得"读《资本论》"小组的研讨得以良性进行,而且朗西埃对于关键性理论范畴的阐释开启了其他人的思路。他撰写的被收入书中的部分是《批判的概念与政治经济学批判:从〈1844年手稿〉到〈资本论〉》,这本书出版获得了很大的成功,与同时期出版的《保卫马克思》一起成为阿尔都塞思想的代表作。

朗西埃在这个时期的写作依然遵循阿尔都塞的理论观点,这是因为阿尔都塞的理论论述实质上正处于当时法共政治思想最为激烈交战的前沿。尽管阿尔都塞在当时的思想界举足轻重,但是由于法共内部的思想以苏共为主,阿尔都塞带有结构主义特征的科学马克思主义并不受待见。"阿尔都塞既不是上帝,也不是恺撒,不是古罗马的护民官。不过在很多人眼里,阿尔都塞似乎是马克思主义至高无上的救世主。他的事业有着太多的艰难险阻,那是真正的赌注,等于把马克思置于当代理性的中心,同时又使它脱离了实践,脱离了黑格尔的辩证法,以使之超越以机械经验主义为基础的斯大林教条

---

① [法]路易·阿尔都塞:《来日方长:阿尔都塞自传》,蔡鸿滨译,陈越校,上海人民出版社2013年版,第223页。

主义。"① 通过对马克思文本的"症候性解读（lecture symptommale）"，阿尔都塞提出了"认识论的断裂（notion de rupture epistemologique）"，认为马克思在其早期还深陷于黑格尔的唯心主义哲学，与后期成熟的"科学"的马克思时期存在着认识论的断裂。他认为在 1845 年之后写作《资本论》的马克思才达到了科学的马克思主义认识。此时的马克思抛弃了主体、本质、异化等人本主义的哲学范畴，而立足于对一些概念的全新解释，如社会构成、生产力、生产关系等。阿尔都塞认为多亏了从实践论转向认识论，他才能发现马克思著作中的根本性转变，正是在《资本论》的写作中，马克思才最终与资产阶级意识形态决裂，并与自己以前的著作划清界限，"由此马克思才做出了可与牛顿的《原理》相媲美的科学贡献"②。没有证据证明阿尔都塞的这一理论实践是策略性的，但它的效果很明显，既使阿尔都塞回击了党内人本马克思主义思想（以加罗迪为代表）的围剿，又使得自己与斯大林的经济教条主义相区分。《读〈资本论〉》在马斯佩罗出版社出版后获得了意想不到的效果，"一夜之间，我们暴得大名"③，朗西埃作为重要的著者之一获得了青年哲学家的称号，从朗西埃所撰写的部分来看，他还遵照着阿尔都塞主义的思路，使用症候阅读法力图在青年马克思与后期马克思之间找到裂缝④。唐纳德·雷德（Donald Reid）认为朗西埃的理论写作严格遵循阿尔都塞的意识形态/科学二分法，这也导致后来的一些评论者都用他的这篇

---

① ［法］弗兰索瓦·多斯:《解构主义史》，季广茂译，金城出版社 2011 年版，第 366 页。
② 同上书，第 376 页。
③ 同上书，第 361 页。
④ Oliver Davis, *Jacques Rancière*, Cambridge: Polity Press, 2010, p. 4.

文章来说明阿尔都塞思想的局限性①。阿尔都塞主义其实在此时已经为自己的危机埋下了伏笔,这种"概念哲学"产生于对人本主义和机械反映论的两种马克思主义的对峙中,距离现实的社会生活是比较遥远的。

二、"五月风暴"中的分道扬镳以及理论上的批评

1968 年的五月革命爆发后,朗西埃对于阿尔都塞主义的抛弃态度来得非常迅速,而契机就是"五月风暴"的降临。随着"五月风暴"的洗礼,朗西埃转向了对阿尔都塞的科学马克思主义的反思。朗西埃对阿尔都塞的不满是两方面的:一方面是对于阿尔都塞的双面态度的不满,即阿尔都塞一直身处法共内部,这使得阿尔都塞既可以作为法共的理论导师在社会中获得更大的政治支持;同时,借助这一巨大的社会声望,他又可以在法共内部的矛盾和斗争中获得有利地位。阿尔都塞对自己在"五月风暴"中没有脱离法共做了自辩,认为自己所从事的是理论化实践,这在朗西埃看来是怯懦的托词。另一方面的原因较之深刻,那就是,朗西埃认为阿尔都塞所谓的科学马克思主义对于发生在 1968 年的"五月风暴"既没有预测能力,也没给予理论上的有力支持。学生运动最后导致法国三分之一的劳工罢工,影响巨大,但这不是一场马克思主义经典论述的无产阶级运动。阿尔都塞批评了学生运动,认为这是一场"小资产阶级"运动,与法共僵化的阶级斗争观站在了一起。朗西埃是这场运动的参与者,他在这一运动中敏锐地发掘出了政治主体化的可能性,这

---

① Donald Reid, "Translator's Introduction," in Jacques Rancière, *The Nights of Labor: The Workers' Dream in Nineteenth-Century France*, trans. by John Drury, Philadelphia: Temple University Press, 1989, p. 15.

种可能性由于阿尔都塞理论的纯粹性（purity）而被排斥在考虑之外。很多年后朗西埃在接受弗兰索瓦·多斯的采访时说："作为阐释社会和历史运动的工具，阿尔都塞主义没有制造出任何有趣的事物。……它一直都是观念贫困而非观念充实的表征，而且它窒息了20世纪初以来德国、意大利、英国、美国马克思主义思想中业已存在的东西。所有这些都销声匿迹了，只留下伟大的作者、法共和我们，换言之，一个彻底地域化的概念。"① 朗西埃需要的观念充实的思想是一种能够联通"说"和"做"的思想，对于"五月风暴"，这种思想的激荡能够改变人们对统治秩序的感觉，能够以平等为前提追求解放。事实上，在"五月风暴"爆发后，阿尔都塞学派受到巨大的抨击，《读〈资本论〉》的作者们受到很大的批判压力，皮埃尔·马舍雷回忆，"那时候，反对阿尔都塞的文本开始蔓延起来。我记得，充满敌意的书籍和杂志把书店的橱窗塞得满满的"②。阿尔都塞学派中的弟子们也开始分化，一部分坚持理论立场，支持法共路线；一部分走向激进，受拉康的影响成为激进实践派。在《读〈资本论〉》作者中，雅克·朗西埃是唯一接受这种激进主义而没有采纳拉康思想的人。

阿尔都塞通过对于"五月风暴"的反思，发展出了自己新的理论观点，反思了"理论实践"的局限性，提出了"意识形态国家机器"的观点。比较有代表性的一篇文章是《答约翰·刘易斯》(Reply to John Lewis)③，1972年，英国共产党理论刊物《今日马克思主义》(Marxism Today)的一月和二月号上连续刊载了英国共产

---

① ［法］弗兰索瓦·多斯：《解构主义史》，季广茂译，金城出版社2011年版，第227页。
② 同上书，第163页。
③ Jacques Rancière, *Althusser's Lesson*, trans. by Emiliano Battista, London: Continuum, 2011, p. 19.

党哲学家约翰·刘易斯的文章《阿尔都塞的病例上/下》(The Althusser Case I/II)①。双方的观点集中在关于"人"能否和如何作为历史主体参与到解放斗争中,阿尔都塞给刘易斯文章归纳了三点:"人(Man)创造(make)了历史,人通过'否定之否定'超越了(transcend)既有历史,人能知晓自己干的事。"由此导出了刘易斯的观点其实是"人对于历史的知识来自他是创造它的人"②。阿尔都塞认为刘易斯的"人创造历史"是一种资产阶级意识形态的说法,"创造"其实就是"超越",是柏拉图以来经过经院哲学至黑格尔的一个概念,对于今天正确的表达应该是"人民(mass),被剥削阶级创造了历史"。阿尔都塞不认为"人"创造了历史,而是"阶级斗争是历史的发动机",只有"永远不要忘记阶级斗争"(毛泽东语)③,才能摆脱资产阶级意识形态的"主体"观。刘易斯的理论还是人的"意识"能够把握自己创造的历史这种"意识决定存在"的反唯物主义观,可以说阿尔都塞的理论反击是更具有哲学深度的。

阿尔都塞的这篇回应得到了一部分知识分子的认同,但是"阿尔都塞的自我批评令《读〈资本论〉》的一个作者感到不满"④。1974年,雅克·朗西埃出版了《阿尔都塞的教训》一书,在这部著作中他彻底推翻了这位大师的教诲⑤。其实朗西埃"从1968年开始,他对阿尔都塞的立场持强烈的批判态度。师生之间的分裂在1968—

---

① John Lewis, "The Althusser Case I," *Marxism Today*, No. 1 (1972), pp. 23-28; John Lewis, "The Althusser Case II," *Marxism Today*, No. 2 (1972), pp. 43-48.
② Louis Althusser, "Reply to John Lewis," in *Essays in Self-Criticism*, trans. by Grahame Lock, London: New Leshan Books, 1976, p. 40.
③ Ibid., p. 47,注:这里的毛泽东语录在转译时有所变化,准确的说法是"千万不要忘记阶级斗争"。
④ [法]弗兰索瓦·多斯:《解构主义史》,季广茂译,金城出版社2011年版,第227页。
⑤ 同上书,第226页。

1969年达到高潮，那时樊尚大学（巴黎八大）已经创办，朗西埃在哲学系任教。他对自己过去以忠诚毛主义的名义做出的妥协进行了猛烈的批判，并把'文化大革命'的动力与认识论学院主义的复辟进行了比较，尽管这种认识论学院主义是阿尔都塞式的"①。朗西埃认为阿尔都塞的自辩没有什么新意，这种对于哲学概念的争辩既不参与现实的斗争，也不能客观描述斗争的情势。更为糟糕的是，这种理论化的论述，排斥了行动者的声音，仿佛"五月风暴"并没有发生一样。阿尔都塞的导师话语依然是排斥"政治主体化"行动的权力话语。朗西埃后来在书中为阿尔都塞主义做了宣判："与大量来自往昔的其他观念一道，阿尔都塞主义死在了1968年五月运动的路障上。"②

三、"弑父"关系中的镜像与投射——阿尔都塞的真诚回应

阿尔都塞和朗西埃关系果真如一般人所想象的那样水火不容吗？学术史上一位弟子向老师开火，直接痛下针砭的情形只怕不多。海德格尔对于胡塞尔的态度由于纳粹执政的关系，由亲近至疏远，但是他并没有直接指责胡塞尔的观点。而胡塞尔对海德格尔偏离自己纯粹现象学的学术路径的评价也仅仅是："事实上，他早就背着我做着他自己的勾当。"荣格作为弗洛伊德的"皇储太子"，由于预感到学术观的差异，主动地辞去国际精神分析学会会长的职务，另立门户，开创分析心理学学派。由于师承或友谊的关系，他们并没有因学术观点的差异而公开批评对方。阿尔都塞与福柯也是师生关系，学术上分道扬镳并没有损害两人一生的友谊，福柯从来没有以阿尔

---

① ［法］弗兰索瓦·多斯：《解构主义史》，季广茂译，金城出版社2011年版，第226页。
② Jacques Rancière, *Althusser's Lesson*, trans. by Emiliano Battista, London: Continuum, 2011, p. 10.

都塞为批评对象。1948年,阿尔都塞就成为福柯的中学教师资格会考老师,保持着良好的友谊。在学术上,阿尔都塞指导福柯要用新的方式把哲学应用于历史和心理学研究。在其影响下,1950年福柯还加入了法共。无论学术还是为人,他们都互视为心有戚戚的战友。而在学术上,像朗西埃这样对自己老师针锋相对的弟子恐怕不多。如庸人之想,阿尔都塞对于朗西埃的质疑,究竟是保持愤懑的沉默,还是会愤然反击呢?事实并非如人所想的那样简单。

朗西埃承认阿尔都塞的重要性,他在回忆二十世纪六十年代阿尔都塞的影响时说:"阿尔都塞主义对整整一代人都在主观上产生了积极的效果,因为它使得某些学科彼此间进行了交流。"阿尔都塞在自己的自传《来日方长》中,透露出与朗西埃种种耐人寻味的信息。《来日方长》读来让人唏嘘感慨,一代哲学伟人在谢世之前回顾一生,自我剖析见血见泪,其中切切真情读之让人动容。当我们用阿氏症候阅读法关照时,愈见惊心动魄之处。在《来日方长》中,阿尔都塞回忆了众多法国风云人物,他举重若轻的笔触让读者对于风云激荡的法国思想界的变迁有一览众山小的快感。尽管阿尔都塞的爱徒巴里巴尔认为:"在我看来,它是1985年的精神状态下,依据当时的各种倾向而事后臆构的。它不符合我所保留的记忆,不符合我对各种错综交织的理论倾向和政治期望的记忆。"[①] 但是历史深处所纠结的真相不正是由一个个具体的人来述说的吗?而在这一舞台上,有悲剧英雄般光辉的阿尔都塞的真切自诉,无疑在不可还原的冰冷历史中更具有真实性。或者我们可以忽略一些事件以及细节的遗漏或改写,因为当事人在"物是人非事事休"之后重现往事,其

---

① [法] 路易·阿尔都塞:《保卫马克思》,顾良译,商务印书馆2010年版,第17—18页。

中包含的认识不正是比当下的认知更具有真理性吗?《来日方长》中让阿尔都塞心结难解并驱使他做自我心理剖析的人物不多,只有两位,一位就是他的结发伴侣埃莱娜,另一位或许就是朗西埃了。埃莱娜这位一生给予阿尔都塞精神力量的女人在 1980 年 11 月的一个清晨被阿尔都塞掐死(按照阿尔都塞的回忆是埃莱娜无法忍受阿尔都塞一再治疗的艰苦生活,有自杀的倾向),1985 年,阿尔都塞忍着精神崩溃的折磨开始写要把自己一生和盘托出的"忏悔录",细读后我们会发现,书中描写的人物,不管是萨特还是拉康,都不足以让阿尔都塞将他们作为镜像,以达到精神的自省或情感的愧疚。对于与他论战的学者的批判,阿尔都塞会给予干净利落的回击,几乎可以视为所向披靡,唯有对于埃莱娜和朗西埃,阿尔都塞不惜笔墨地进行回忆、描述、自辩,而且这些文字里似乎包含一种感情上的赞誉或尊敬的态度。即使如大名鼎鼎的拉康要获得这种文字上的尊敬也是困难的,在写拉康出场的文字里,阿尔都塞刻画了拉康由于女儿爱慕者的自杀事件而垂头丧气的肖像,以及自己以"导师"角色飘然出席拉康研讨班时的潇洒。但是在写到朗西埃时,他的行文非常谨慎,尤其写到朗西埃对他"作为哲学家干预政治,作为政治人干预哲学"① 的态度极为不满。在 1974 年朗西埃写出《阿尔都塞的课程》全面批判他时,阿尔都塞的回应似乎充满委屈,他认为朗西埃在书中攻击自己所依据的一篇文章是他在 1964 年写给《新批评》的《学生问题》(Problèmes étudiants)②,这篇文章以居高临下的态度评价了当时的学生运动,阿尔都塞本人对此文并不满意并在后来

---

① [法]路易·阿尔都塞:《来日方长:阿尔都塞自传》,蔡鸿滨译,陈越校,上海人民出版社 2013 年版,第 210 页。
② 法版原文见:Louis Althusser, "Problèmes étudiants," *La Nouvelle Critique*, No. 152 (1964), pp. 80 – 111。

进行了反思，所以在 1965 年并没有将其收入《保卫马克思》一书中。阿尔都塞认为朗西埃的这种批评依据"就好像我并没有把它排除在《保卫马克思》之外；而这一点其实也是我对他所作的唯一严肃的指责"①。阿尔都塞对于朗西埃批判的回应是认真而又温和的，当然也不乏细致的自辩和一丝委屈。阿尔都塞曾借用拉康的无意识理论来讨论朗西埃对自己的指责，而且用了一个章节来说明自己为什么留在法共内部，同时对于朗西埃等人的脱党表达一种尊重。②

阿尔都塞回应朗西埃的批评时说："我很想在一个问题上做些解释，我的朋友雅克·朗西埃曾为此写过一本很尖锐的小书(《阿尔都塞的课程》)。他在书中指责我的，大体上说就是尽管我和党有着明摆着的分歧，但我还留在共产党内，并且还那样敦促甚至鼓励在法国和国外的许多青年知识分子，不要和党决裂，而要留在党内……这种指责，这种态度，可能和朗西埃自己内心的那些'对象'有关，这很有可能，因为我们在交往之初，我和他的个人关系非常密切。不过我不能做属于他内心的那种审查，即使能做的话，我也不愿意做。的确，他通过退党——不是要背叛工人阶级的事业，恰恰相反，是为了寻求它开始的梦想、反抗和规划——通过大众化的方式写出两本杰出的作品来表达工人运动的最初形式，自己很快得出了关于我的'客观矛盾'的结论。实际上，我对此并无异议，我们的立场彼此接近又各不相同，他那一方具有明显的逻辑上的种种优势，可以激励我的写作和干预。"③ 阿尔都塞此处借用了精神分析中主体对于"对象性"的对象（不同于客观真实的外部对象）投射的原理，来

---

① [法]路易·阿尔都塞:《来日方长：阿尔都塞自传》，蔡鸿滨译，陈越校，上海人民出版社 2013 年版，第 247 页。
② 同上书，第 243—258 页。
③ 同上书，第 244 页。

解释此种内在的投射转化为客观的个体行动和作品的现象,实际上是隐晦地指出,朗西埃和自己密切的交往使得朗西埃在精神上视自己为"内在对象"。此种投射具有一种绝对的"主观性",用我们通俗的话来说,阿尔都塞把朗西埃对自己的批评视为一种过度的幻想投射,在感情上是一种"爱之深,恨之切"的表达。而且阿尔都塞并没有视此种投射为负面作用,而是认为自己和朗西埃的立场接近又有所区别,认同了朗西埃在责问阿尔都塞时的立场优先性,并把朗西埃的指责视为可以督促自己写作和介入社会实践的动力。也就是说,阿尔都塞其实完全清楚把自己囿于法共内部的写作和实践的困难处境。我们姑且不论阿尔都塞是否是客观地评价朗西埃对于他的批评,但是,在《来日方长》里除了埃莱娜,对于自己的弟子、同事、朋友等众多人物的描写中,阿尔都塞的文笔是如此青睐朗西埃,写下如此多倾诉与辩解。当一名导师要直面自己指导出来的弟子"炮打司令部"式的反戈一击时,阿尔都塞的回应是真诚的。学者们在论述朗西埃的"弑父"学术行动时,经常忽略了师徒二人其实在理论与实践的道路上有很多一致性,他们的差异性也并没有朗西埃所说的那么巨大。

四、反思阿尔都塞的行动"实践"与话语"实践"之路

阿尔都塞的理论实践之路真的如朗西埃所述"死在五月风暴的道路上"了吗?如果我们从旁观者的角度看,或许不能轻易地认同朗西埃的判决。

首先,朗西埃的造反精神恰恰是阿尔都塞本人教导出来的,二十世纪六十年代初期,法共和毛派的关系犹如当时斯大林逝世后中苏的分裂和对抗,法共在 1956 年组建了学生联盟 UEC,即共产主义学生联合会。但是到了 1963 年后,UEC 与法共的关系日益紧张,

共产主义学生分成了两派:一派学生支持法国共产党的路线,还有一派学生是成分复杂的毛派。后者中以巴黎高师为中心的毛派称为乌尔姆(巴黎高师在乌尔姆街)圈子,阿尔都塞正是这个圈子的精神领袖,并且在3月召开的学生联盟第八次代表大会上表示支持法共,为其在UEC全国委员会及其刊物《光明》中赢得了不少要职。"既在党内保留职位,同时也努力推动党超越其当前的修正主义末路——这正是路易斯·阿尔都塞明里暗里所倡导的策略……他影响了众多的毛派"①,朗西埃是UEC下属的"共青联(马列)"[UJC(M-L)]② 主要成员,其核心即乌尔姆圈子,有许多青年理论家,包括阿尔都塞研讨班的多名学生。③ 正是阿尔都塞把毛泽东思想引进了巴黎高师,促进了毛主义者在三个方面学习和使用毛泽东思想:一是"没有调查就没有发言权"的群众路线。二是毛泽东为他提供了概念上的工具,即毛泽东认为政治和经济的革命不一定能伴随着意识形态革命,意识形态层面的阶级斗争是长期存在的。三是阿尔都塞自己忽略的部分,那就是毛主义强调的实践斗争,而他所推崇的"理论的实践"明显与此有裂隙,一旦社会情境需要有行动的时候,理论的实践明显滞后于毛主义的行动的实践。这一点,在1968年后变得尤为明显。朗西埃正是按照阿尔都塞的教导走上了毛主义提倡的斗争路线,直到最后,当阿尔都塞停驻于彻底的学生运动和社会斗争之前时,朗西埃毫不犹豫地遵照着导师的教诲把阿尔都塞本人抛在了身后,甚至连同其发展出的理论也一并扔掉了。

---

① [法]弗兰索瓦·多斯:《解构主义史》,季广茂译,金城出版社2011年版,第178页。
② 同上书,第245页。
③ 罗丝曾指出,这个小团体包括许多年轻的理论家:朗西埃、米尔纳、巴里巴尔、马舍雷、德布雷等,其核心刊物为《马列主义手册》。参见:Kristin Ross, "Rancière and the Practice of Equality," *Social Text*, No. 29 (1991), p. 64。

其次，客观地看，阿尔都塞的自辩并不是毫无力量。无论在"五月风暴"之前还是之后，阿尔都塞的理论并非仅仅是"纸上谈兵"，风暴之前的许多思想运动的组织斗争都极大得益于阿尔都塞的理论实践，特别是在法共内部的思想斗争，激励了党外思想的迅速激进化和"左"倾化。阿尔都塞指出了由他促进的各种斗争形式，共产主义青年联盟是由他的追随者罗贝尔·林阿尔控制的，其后由他成立的"共青联（马列）"取得了重要的运动成果和影响力。这与阿尔都塞的努力是分不开的。阿尔都塞还认为自己对于法共一些荒谬的路线问题和实践原则是持异议的，是"唯一在党内公开讲这些话（不同意见）"的人，并且由此开辟出两条路线，这使得法共的政策抉择客观有益于左派的斗争。阿尔都塞思想的火种还漂洋过海传播到了拉丁美洲，他的女学生玛尔塔·哈奈克尔回到古巴以后用《读〈资本论〉》编了历史唯物主义教程，出版了一千万册，在拉美革命的斗争中起到了普及思想政治的效果①。而且，1966年，乌尔姆圈子里的人决意脱离 UEC，正是由于阿尔都塞的理论实践和指导符合了毛派对资产阶级的攻击。

最后，阿尔都塞的思想对社会学科与马克思主义思想结合有巨大的促进作用，科学主义马克理论同样可以促进其他理论的马克思化，阿兰·巴迪欧就是在阿尔都塞开创的新思想氛围中由追随萨特转向了阿尔都塞，法国的语言学、人类学、经济学学科，都引进了阿尔都塞的思想，开创了新的研究视野，"马克思主义在这个时候恢复了元气"②。朗西埃在《阿尔都塞的课程》中着力批判的是阿尔

---

① ［法］路易·阿尔都塞：《来日方长：阿尔都塞自传》，蔡鸿滨译，陈越校，上海人民出版社2013年版，第250页。

② ［法］弗兰索瓦·多斯：《解构主义史》，季广茂译，金城出版社2011年版，第385页。

都塞认为知识分子优越,群众却局限于自己的基本工作无法超脱出意识形态国家机器召唤的观点。但是,由于朗西埃基本是以一种民粹主义的立场指责阿尔都塞在这场运动中站错了位置,似乎在学理上显得不足。如奥利弗·戴维斯干脆就认为:"(《阿尔都塞的课程》)连批判都算不上,不过是对'教学关系'过敏而造成的发炎,这是一整代左派活跃分子从五月风暴得到的遗产。"①

阿尔都塞的理论可能没有及时回应"五月风暴",他本人囿于法共党员的身份以及自身判断偏差,未能果断站在学生运动的立场上,这引起了朗西埃的不满。但是,彻底否定阿尔都塞的理论价值也是比较轻率的,缺乏辩证的维度,或者,这仅仅是朗西埃展开理论对话的策略需要。然而对于阿尔都塞来说,朗西埃的指责态度不可能让他心无芥蒂。阿尔都塞说除了一些没有交往而误解自己的人,哪怕是被法共开除或主动退党的人都未对他质疑,"指责我留在党内。朗西埃是唯一一个为此公开指责我的人,我的许多前共产党员或左派朋友,都当着我的面坦率地为他采取的态度表示遗憾"②。但是他又说对于朗西埃的这本书,"我很高兴读到它,因为它基本诚实,极为诚恳,而且有一定的理论和政治高度"③。

阿尔都塞的心情是比较复杂的,如果我们借用他的辩词,是朗西埃过多投注于他的"对象性"想象的话,他自己又何尝没有把朗西埃的批判视为内在"对象"对自我的审问呢?否则,他没有必要一次次地罗列自己的"理论实践",以表明他并非无所作为。或许这种移情在阿尔都塞的潜意识里早就埋下了一根长长的线,就在他的

---

① Oliver Davis, *Jacques Rancière*, Cambridge: Polity Press, 2010, p. 14.
② [法]路易·阿尔都塞:《来日方长:阿尔都塞自传》,蔡鸿滨译,陈越校,上海人民出版社2013年版,第252页。
③ 同上书,第253页。

青春期时，尽管雅克（Jacques）是法国常见的名字，他却向往这个名字，在他对少年时代的回忆中，雅克这个名字让他纠结和热爱。"在我青春期，我和外祖父母住在拉罗什米莱，那时我想改名叫雅克，这是我的教子，那个性感的苏菊·帕斯科尔的儿子的名字。这可能过于玩弄能指的音素了——但雅克（Jacques）里的 J 就是喷射（精液的喷射），深沉的 a 和我父亲的名字夏尔（Charles）里的一样，ques 很显然就是 queue（法语，尾巴、阴茎），而雅克（Jacques）就像雅克雷（Jacquerie），这是农民秘密起义的名称，我当时是从外祖父那里知道有这次起义的。"① 阿尔都塞的这个叫雅克（Jacques）的教子只在《来日方长》此处匆匆一提，而在《来日方长》的后文中，一个叫雅克·朗西埃的弟子向他投来了"弑父"之矛，让他爱恨难名。雅克·朗西埃这个名字里也包含着精液的喷射和农民秘密起义的音素，对于作为遗腹子的阿尔都塞，一个被死人名字（已逝父亲）夺走了母爱的少年，"雅克"是他获取爱和力量的象征，在他心中，朗西埃何尝不是他的"教子"呢？坚定的政治选择和无情的批判，勇于把最底层的人民视为战斗的主导者，这"教子"形象中包含的不正是阿尔都塞向往的爱和力量吗？

第四节　追随师者的背影——对福柯"知识与权力"批判的深化

一、从阿尔都塞到福柯

正如前文所述，朗西埃的学术生涯是从阿尔都塞的科学马克

---

① ［法］路易·阿尔都塞：《来日方长：阿尔都塞自传》，蔡鸿滨译，陈越校，上海人民出版社 2013 年版，第 59 页。

思主义开始。但是在1968年席卷法国的"五月风暴"中，阿尔都塞对于学生运动的批评以及保留在法共内部的立场使得朗西埃极为不满，他从实践的视角重新审视阿尔都塞理论的合法性。从1969年开始，朗西埃就认为"阿尔都塞代表着一种远离着学生和其他社会运动的马克思主义教授的权力"①，并且撰写了批评文章。1974年，朗西埃发表《阿尔都塞的课程》，对老师阿尔都塞做了彻底的清算。

朗西埃在五月革命之后的学术思想和学术路径有什么样的改变，又从何处汲取了学术养料？除了从五月革命的实践角度批判恩师阿尔都塞之外，他又从哪里得到了学术启发和治学路径，开启了自己独树一帜的学术言说呢？朗西埃在抛弃了阿尔都塞的科学的马克思主义之后，首先开始反思的是"知识分子和大众之间的不平等关系"，这来自他对于阿尔都塞的批判："阿尔都塞认为工人阶级没有能力看清楚自己所处的形势，只能依靠受过唯物主义熏陶的党的知识分子来戳破意识形态的假象，他们的自然表达是没有内在价值的。"② 这里朗西埃关注的是知识分子和工人阶级之间的不平等问题，换言之就是"知识与权力"之间复杂的运作。

朗西埃本人没有说过自己的关键性概念以及学术方法论来自何处，但是作为他的朋友、战友、同事以及理论辩友的巴迪欧却"旁观者清"，指出了朗西埃的治学之路的核心精神另有师承。巴迪欧也是"五月风暴"中乌尔姆圈子的主将、阿尔都塞门下的弟子，在

---

① Jacques Rancière and Peter Hallward, "Politics and Aesthetics an Interview," *Angelaki: Journal of the Theoretical Humanities*, Vol. 8, No. 2 (2003), p. 195.

② Jean Philippe Deranty, "Introduction: A Journey in Equality," in Jean-Philippe Deranty ed., *Jacques Rancière: Key Concepts*, Durham: Acumen Publishing Ltd., 2010, p. 4.

1968年的学生运动中成为和朗西埃一道造反的毛主义者①。巴迪欧明确指出朗西埃的思想主题依然是福柯所全力考察的"知识与权力的关系",虽然"知识就是权力,伴随着的是知识的权威"这一学术观点在二十世纪六十年代之后已经被普及化,但是巴迪欧指出:"如果有一个人把这些概念的布置发展得比福柯本人更为深远,可以肯定的是,没有任何人比得上朗西埃。"②尽管巴迪欧没有展开论述朗西埃是如何发展福柯的思想的,以及在方法论上是如何受福柯启发的,但是,我们可以从朗西埃的学术发展脉络中比较清晰地看到福柯的身影。

1968年底,福柯受命组建巴黎第八大学哲学系,他到当时风雨飘摇的索邦大学招募了一批"阿尔都塞—拉康"派,其中就包括朗西埃和巴迪欧等阿尔都塞的弟子。③福柯在此时已经成为巴黎的学术明星,巴黎高师的学生不只阅读他的著作,还开设了关于福柯思想的研讨班。朗西埃就参加了1962—1963年的结构主义思想研讨班,研讨斯特劳斯、孟德斯鸠和福柯。1972年,福柯成立监狱调查小组时,朗西埃夫妇都是小组的联络员。朗西埃夫人曾经做过福柯的秘书,朗西埃本人对于福柯的研究方法以及思想非常熟悉。福柯对于"知识与权力"的研究有一个从"考古学"向"系谱学"的过

---

① 巴迪欧最为得意的行动之一就是在德勒兹的课堂上造反,在他的《朗西埃的课程:五月风暴之后的知识与权力》中,巴迪欧用玩笑式的语言指出朗西埃思想中始终的"异议"立场。对于同朗西埃的论争,巴迪欧说:"例如,如果我一旦宣称我们在一系列重要问题上的观点是一致的,他(朗西埃)将如何回应?他是否宁愿马上改变在这些问题上的想法,从而把我甩在身后?"参见: Gabriel Rockhill and Philip Watts, eds., *Jacques Rancière: History, Politics, Aesthetics*, Durham: Duke University Press, 2009, p. 30。
② Gabriel Rockhill and Philip Watts, eds., *Jacques Rancière: History, Politics, Aesthetics*, Durham: Duke University Press, 2009, p. 30.
③ [法]多斯:《从结构到解构:法国20世纪思想主潮》,季广茂译,中央编译出版社2004年版,第192、200页。

渡，这也对朗西埃自己的学术方法论具有重要启迪，而福柯的"知识型""权力""话语实践"等概念也在朗西埃的文本中得到发展、转化和改写。

二、朗西埃对福柯思想的继承与发展

（一）对福柯"考古学"中"档案"研究方法的借鉴

朗西埃首先在方法论方面借鉴福柯的是"考古学"中的"档案"研究方法。所谓"考古学"是一种话语分析方法，福柯通过对话语生成规则的分析，揭示了代表"合法真理"的官方和专家的严肃言语行为不过是一种权力话语的自我组织而已，以期剥去"真理"和"科学"的唯名论面纱，揭示其参与建立和维护的权力统治本相。而这正是朗西埃想要清算阿尔都塞理论的绝佳理论武器。对于朗西埃来说，所谓知识分子的真理话语，对于工人阶级的斗争来说空洞无物，"阿尔都塞认为工人阶级没有能力看清楚自己所处的形势，只能依靠受过唯物主义熏陶的党的知识分子来戳破意识形态的假象，他们的自然表达是没有内在价值的"[①]。

1964年，福柯出版了《疯癫与非理性——古典时代的疯癫史》（简称《疯癫史》）[②]，他的本意是写一部关于疯人的著作，却发现由于疯癫在不同时代都处于被压抑和被抹除的状态，疯癫声音处于一种沉默状态，无法被听到，研究它必须采用一种档案学的方法，搜集有关理性与非理性之间不断纠结转化的痕迹。只有这样才能使"疯癫"这种没有自己语言的东西得以表达。只有在尘封的文献中，

[①] Jean Philippe Deranty, "Introduction: A Journey in Equality," in Jean‑Philippe Deranty ed., *Jacques Rancière: Key Concepts*, Durham: Acumen Publishing Ltd., 2010, p. 4.

[②] 1965年，英译节本改名为《疯癫与文明——理性时代的疯癫史》，是福柯于1961年参加国家博士答辩的论文。

才能揭示疯癫不是自然现象，而是一种文明产物。而福柯在这里使用的"考古学"已经不是通常意义上历史学中的文明发掘与时间性研究，而是一种更深入和深层的研究①，这种研究必须通过两种关联的方式才能够达到。福柯认为，传统史学对于历史现象和历史文献的研究都浮于表面，不能达到历史内部的深层知识结构。后来在《词与物——人文科学考古学》（简称《词与物》）中，福柯将其命名为"知识型"，它不是一种能够被明确言说的知识，而是使得知识、信仰、习俗得以显现的内部塑形力量，对于"知识型"的探索就是一场"关于沉默的考古学"的艰难之旅，需要聆听世界的絮语，需要听到事物的"哑言"（mute speech，朗西埃语）。这就需要强调"档案"的重要性，"我们必须获得某一时期的所有档案。从严格意义讲，考古学就是研究这种档案的科学"②。福柯在《疯癫史》中引用了大量的档案资料和历史文献。这本书于 1968 年"五月风暴"之后在西方名噪一时，与福柯的其他经典著作如《词与物》成为左派学生和知识分子的重要读物以及人文学科中的必读书目。

朗西埃作为福柯的学生和后来的同事，受到福柯著作的极大影响。"五月风暴"之后的朗西埃开始反思阿尔都塞的理论缺陷。1969年，他写了一篇关于阿尔都塞意识形态理论的文章，认为在阿尔都塞对意识形态/科学的二元区分中，无论是在意识形态还是科学中，都不可能产生工人的斗争活动。没有理由使人相信，知识分子以"导师"形象发出的指示优于工人自发的斗争。如何从工人的历史研究中发掘工人自己的话语，以此来重新反思知识分子为工人阶级预

---

① Michel Foucault, *Politics, Philosophy, Culture: Interviews and Other Writings 1977 - 1984*, ed. by Lawrence Kritzman, New York: Routledge, 1990, p. 31.
② 转引自 Barry Cooper, *Michel Foucault: An Introduction to the Study of His Thought*, New York and Toronto: Edwin Press, 1981, pp. 34 - 35。

设的文化和思想形态？朗西埃使用的正是福柯所用的"档案"研究法。这种研究方法不再重视既成的史学编撰结果，而是重新面对最初的"历史档案"。

这样的研究使被某些经典作家一再扭曲压抑的工人自己的声音得以重现。如果说福柯的《疯癫与文明——理性时代的疯癫史》使用档案和文献考察的是被理性和知识所排斥和压抑的那些未被表征的领域，朗西埃用的是十九世纪的工人日记、文献、档案，来发掘工人阶级的另类声音。而这种声音在经典作家（阿尔都塞等）的理论文本中被"僭越"式地使用和想象。但是朗西埃通过自己独创的"档案"研究法，有了意想不到的发现，引起了他思考的转折，直接启发了后来他的思想核心概念——"感觉的分配"。整个二十世纪七十年代都是朗西埃的工人"档案"学研究时期，一直到1981年，朗西埃出版了《十九世纪劳工之夜》，此书汇集了他对工人运动研究与"档案"研究的成果。

（二）对福柯式"工人话语"研究主题的深化

在研究主题及研究视角的确定上，朗西埃也受惠于福柯的教诲。二十世纪以来，西方左派学者把对工人阶级的独特性研究视为重点，如伯明翰学派对于工人阶级的文化研究。但是话语研究的方式是福柯"知识考古学"思想的发展，也是福柯本人的研究计划之一。福柯对于话语机制的研究使他认识到，工人话语如同疯癫、死亡话语一样被权力所塑形，而应用考古学的方法，可以再现工人话语被知识和权力所淹没的记忆和经验。1973年4月，《解放报》发表了福柯的系列访谈录。福柯谈到了自己的写作计划："我想撰写关于工人阶级记忆的编年史，即自19世纪以来的斗争片段。……工人自己的头脑中装着基本的经验、重大斗争的成果：人民战线、抵抗运动。

但是，报纸、书籍和工会只保留适合他们自己的东西。"① 而所谓"知识分子"却用一种理论话语的编制，使得这种经验和记忆被掩盖。朗西埃在"五月风暴"的实践中感受到了这种理论家和实践之间的裂缝，他对于导师阿尔都塞的不满来自"五月风暴"的实践经验，即导师型的知识分子与学生和工人不平等的权力关系。在探索"知识与权力"的道路上，福柯是思想者中的先行者。早在 1972 年，福柯就与德勒兹讨论了"知识分子与权力"。福柯认为知识分子有两个面相：一方面，自伏尔泰与左拉以来一直到萨特，法国知识分子一直充当着"社会良心"与"被压迫阶级的代言人"的角色，以作家的身份传播着普遍价值观，因此被称为"公共知识分子"；另一方面，福柯指出了一种变化，这种普遍知识分子逐渐被"专业知识分子"（specific intellectual）所取代。社会的权力压抑结构与知识有密切的联动性，知识分子有可能是权力与知识所塑造出来的承担者，成为权力结构的一部分。福柯认为"五月风暴"之后，"知识分子发现，群众不再需要通过他来获得知识。他们知道得清清楚楚。毫无幻想。他们远比他知道的多，而且他们完全有能力表达自己的想法……工人不需要知识分子告诉他们应该做什么。……可以说，知识分子的知识相对于工人的知识而言一直是片面的。我们所知道的法国社会史相对于工人阶级所拥有的浩繁经验而言完全是片面的"②。

受福柯的启发和影响，朗西埃把自己接下来的研究主题设定为"十九世纪的工人"档案，让沉默的"工人话语"得以再现。朗西埃最初的设定是寻找出一种未受污染的工人阶级文化和思想，以此来

---

① 刘北成编著《福柯思想肖像》，上海人民出版社 2001 年版，第 257 页。
② 同上书，第 256—257 页。

甄别那些"革命导师"所做的代表工人阶级自身话语的论述。但是"档案"研究却给朗西埃另一个真相——不存在这样一种统一的、纯粹的工人阶级文化或工人意识,存在的是一种奇怪的、混杂的文化形态。"我的出发点是寻找原初的革命宣言,但是我找到的却是这样一种文本,它用精致的语言要求工人应该被视为平等者,以及需要用工人自己的语言来回应他们的要求。"① 十九世纪的工人们并没有像革命导师们设定的那样,成为"打碎一个旧世界,创造一个新世界"的历史主体,而是有着自己的思想、欲求,期望成为与知识分子和其他阶层平等的劳动者。他们也思考哲学,书写论文,创作诗歌,平等是他们在辛苦劳作之后的希望。在档案研究中,朗西埃尽量让这些曾经湮没无闻的书信、日记"说话",他不为那些具体的工人代言,也不对原始档案做过多的阐释。"在很多情况下,我们倾向于将政治宣言诠释为集体实践或阶级性的精神气质,而实际上这些政治宣言是高度个体化的。我们过分重视工人的集体性,却对它的分支视而不见;我们太看重工人文化了,却对工人文化与其他文化的对峙没有给予足够的重视。"② 朗西埃其实在这里对马克思主义理论做了独特的阐释。如果无产阶级的阶级意识并不能从无产阶级劳作生活的日常实践中产生,或许就不存在一种统一的无产阶级意识。那么,我们一直期待的无产阶级革命宣言也将会重新受到质疑,某些经典作家笔下所想象的无产阶级会仅仅成为理论叙事的一种形象塑造,那么工人阶级的革命将另有隐情:或许这种革命不再是社会

---

① Jacques Rancière, "Preface to the Hindi Translation of Nights of Labor," http://hydrarchy.blogspot.com/2009/01/ranciere-2-newpreface-to-hindi.html, Accessed on March 2, 2010.
② Jacques Rancière, "The Myth of the Artisan: Critical Reflections on a Category of Social History," International Labor and Working-Class History, No. 24 (Fall 1983), p. 10; Jacques Rancière, "A Reply," International Labor and Working-Class History, No. 25 (Spring 1984), pp. 42-46.

结构反转式的革命斗争,而是由个体以对平等前提的不断验证走向自由。

(三)"平等"诉求与"感性的再分配"——"档案"研究的成果

朗西埃的"档案"研究是具有颠覆性的,事实上这也不是他在展开研究前的理论预设。福柯式的"档案"研究解释了被湮没和扭曲的历史声音需要我们重新去发现和聆听。工人们的诉求并不需要代言,他们要求平等地享有政治的讨论权利、艺术的享受、哲学的思考等。"这些工人挑战他们经济上的从属地位,以及被一种'政治商讨的普遍语言'所排斥在外的状态。"[①] "同时,工人们投入复杂的美学形式的创造和欣赏中。他们组织阅读,创作诗歌,评论彼此的作品,并且形成了一种普遍的美学观。对于朗西埃来说,这种兴趣证明了美学追求只限于有闲阶级这种观点的荒谬性。"[②] 但是,工人阶级的抗争首先是对劳作与休息的时空布置的改造和再利用:只有打破既有工具性生存时空模式,才能获得平等和解放。为了重塑一个时空场域,工人必须废除对于生活时间最常见的划分法则。依照这种划分,劳动者只能是白天辛劳,晚上休息,这种根本性的反转涉及对人时空感觉限制的重新布置。它指涉着一个非认同(dis-identification)的过程,属于另外一种言说、观看等不同的关系。[③]

朗西埃在"档案"的使用上遵循着福柯的原则,即让原来无声

[①] Jacques Rancière, "From Politics to Aesthetics?" *Paragraph*, Vol. 28, No. 1 (2005), p. 13.
[②] Gabriel Rockhill and Philip Watts, eds., *Jacques Rancière: History, Politics, Aesthetics*, Durham: Duke University Press, 2009, p. 32.
[③] Jacques Rancière, "From Politics to Aesthetics?" *Paragraph*, Vol. 28, No. 1 (2005), p. 14.

的人和物说话,而不是替他们发言,让被排斥在外的不能够看到的事物重新回到历史的阳光中。这使得朗西埃在描述和书写这些十九世纪的无产者时,遵照着福柯"替他人说话是可耻的"精神。朗西埃不把工人阶级的声音视为一种想当然的、具有统一性的、可以被应用为理论建构材料的东西。朗西埃在《没有上演的革命》一文中解构了马克思在《共产党宣言》中对于历史主体的观点,他让十九世纪的一位"贫民哲学家"加布里埃尔·高尼(Gabriel Gauny)说话。这位工人在难以忍受的劳作中进行思考,他有一种能够从疲惫的劳作中把自己解放出来的招数。"只要铺地板的工作没有完工,他就相信这是自己的家,他热爱房间的布置。如果窗户向着花园打开,或者眺望如画美景,他就会将手中的活计停一会儿,任由自己的想象向着广阔的风景翱翔。他比周遭房产的拥有者更加享受着这一切。"[1] 这一段经常在朗西埃的其他作品中被提到,高尼的例子在他看来涉及一个关于政治与审美的同一性问题。所谓审美不仅仅是一种无功利的精神活动,优先于物质劳动,而且并不是如布迪厄所言是一种阶级"区隔"的趣味,恰恰相反,高尼的审美把自己从繁重的劳动空间和时间中解放出来,获得了一种感觉的再生产,达到了普遍的平等性。他的例子颠覆了工人的天然属性就是"劳作"的这样一种感觉分配,朗西埃不认为这是一种劳作间隙的休憩与调整。高尼对于感觉体制的重塑不仅仅是一种美学的效果,在朗西埃的视野里,这正是一种政治行为,出于对平等的追求,无产阶级的街头战斗也正是立基于其上,为了获得一种被平等而视的权利。这两者其实有内在的一致性。

---

[1] Gabriel Gauny, "Le travail à la tâche," in *Le philosophe plébéien*, Paris: Presses Universitaires de Vincennes, 1985, pp. 45–46.

朗西埃从高尼的例子中获得了一种关于感性重新配置的启发，此种新感性的生发来自工人对自身处境的所感、所说、所行之间关系的重新安排。朗西埃的这一具有灵感般的思路并非天降，而是福柯在《疯癫与文明——理性时代的疯癫史》《词与物》之中一再提到的"知识型"与权力的特性。"知识型"可理解为某一时代决定话语范式和思想范畴的认识论以及结构型式。"知识型"的"内在机制"不仅仅是一套知识、法律、习俗的话语。对于个体来说，"知识型"塑造的是对于个体感觉的形塑，它决定了个体感觉的边界，划定了可感/不可感、可说/不可说、可行/不可行的边界。"知识型"内部最为核心的部分，正是在每个时代、每个人身上铭刻出对事物感知的标识，即"感性分配"（distribution of the sensible）的场域。感性分配蕴含着普遍的知觉规范，是"知觉、可见性形式和可知性模式之间的特定关系，使我们能将特定产品视为艺术"[①]。

因此，每个时代都只能看其所能看、说其所能说之物，这是德勒兹对福柯历史观最重要的总结。"每个时代的知识就是其看与说之间所组成的独特关系，然而，两者的关系并不如表面上那么显而易见。"[②] 看与说的对应其实并非顺理成章地构成一种普通而和谐的关系。在属于某一特定时代的知识形成之前、之时、之后，这两者都存在着永恒的紧张、隔离、冲突与斗争。"人们不述说他们所看，看不见他们所说，而属于一个时代的知识就形成于看与说的这种高度贲张中。"[③] 朗西埃创造性地借用了这一模型，将之应用到阶级斗争

[①] Jacques Rancière, *The Politics of Aesthetics: The Distribution of the Sensible*, trans. by Gabriel Rockhill, London and New York: Continuum, 2004, p. 28.
[②] [法]吉尔·德勒兹：《德勒兹论福柯》，杨凯麟译，江苏教育出版社2006年版，第49—51页。
[③] 同上书，第66—72页。

的场域中。工人阶级正是被一种阶级秩序所支配和管理，它要求工人有一种天然"劳动"属性，工人的感觉被特定的时间、空间所框定。而某些经典作家作品设定工人能够生发出独特的无产阶级意识，赋予工人的劳动以神圣性。从朗西埃视角看，这恰恰是另外一种对工人话语的支配。工人需要从各种知识的支配话语中解放出来，需要一种打破此种权力结构的能力。正如德勒兹所言，在看与说的关系中，工人改变了被固定在"工人阶级"位置上的看与说的能力。他们能够在劳作的场所看到美丽的图画，而不仅仅是生产工具。工人能够在夜晚说出不属于自己的语言，它本来属于哲学家的思考，属于文学家和艺术家的诗歌与表演。夜晚时间本来是工人用来休息恢复体力以备第二天劳作的时间，不管是理论家还是资产阶级对于工人的叙述话语实质还是一种知识和权力的话语，所谓"天生劳作的命""劳工神圣""无产阶级意识"都是一种权力话语。"不相应地建构一种知识领域就不可能产生权力关系，不同时预设和建构一种权力关系就不会有任何知识。"[1] 但是工人却用审美打破了权力结构的身份部署，这种美学始终发生在感觉秩序被打破之时，也是朗西埃后来认为的政治发生之契机。

（四）对福柯概念的发展

朗西埃在两方面继承又改写了福柯的思想，一是对"主体化"概念的改写。在《词与物》中福柯强调的是不同时代的"知识型"的断裂以及由此产生的相关效应，是所看和所说之间的变迁关系。在《规训与惩罚》中，福柯把"知识型"发展为一种权力机制，即一种通过规训的权力表达，这种规训塑造了个体，正是权力的主要

---

[1] ［法］福柯：《规训与惩罚》，刘北成、杨远婴译，生活·读书·新知三联书店2007年版，第29页。

表现形式。个体既是权力行使的对象，又是权力行使的工具。① "主体"在福柯看来既是权力实施的效果，又是权力实施的中介，在这个意义上说，福柯对于"主体"这一概念是比较谨慎的，"我们必须摒弃构成性主体，并废除主体本身，也就是说，要通过分析来说明主体在历史框架中的构成过程"②，而朗西埃却把"主体"视为"主体化"的积极结果。正是通过对于感性的重新布置，工人改变了原来被固定的权力位置，"主体化"就是政治性的积极后果。二是福柯的"知识型"和权力的概念都强调了一种"塑形"的特征，而朗西埃的"政治及感性分配"的概念更强调打破这种"塑形"和"定位"的知识与话语，在权力的裂缝处生长出新的差异声音。"知识型"决定了人们提出事物的前提和界限，而权力的概念虽然在福柯前后期有所变化，但是权力在塑造整个社会的规训结构、惩罚体制方面，代表的是一系列的话语和话语主体的组织和运作。朗西埃的"感性的分配"与"政治"却始终强调，统治秩序被改写的时刻，是打破"警治"的时刻，它始终发生在某一边界地带。"当被视为无知无觉的某些社会因素向占支配地位的政治秩序发起挑战时，民主政治就发生了。"③ 这些被视为"无知无觉"的社会成员不仅仅包括福柯所研究的"疯人""犯人"，也包括朗西埃视野中的工人阶级和被政治共同体所排斥的所有沉默的人。他们基于"对于平等的假设"的证

---

① 在福柯的理论中，"知识型"是一种必然的、无意识的和无名的思想形式，它是一种先天的知识，在一特定时期界定经验总体性的一个知识领域，限定出现在该领域中的客体的存在方式，向人们的日常知觉提供理论力量，并定义人们借以能提出有关事物的话语的种种条件。参见莫伟民：《主体的命运——福柯哲学思想研究》，上海三联书店1996年版，第89页。
② [美] 贝斯特、[美] 凯尔纳：《后现代理论：批判性的质疑》，张志斌译，中央编译出版社1999年版，第66页。
③ Jean - Phillippe Deranty, ed., *Jacques Rancière: Key Concepts*, Durham: Acumen Publishing Ltd., 2010, p. 96.

实，以感性重新配置的方式，使得"感知和意义之间的支配性配置才能被那些不仅仅要求存在，还要求被实实在在地感知到的社会分子、团体和个体所打破。因而感性分配是一个脆弱的分割线（dividing line），它为政治共同体及其异见共同体（dissensus）创造了感知条件"①。如果说感性的秩序就是福柯所言"无处不在的权力"的话，朗西埃的"政治"在微观的层次上改写了如何抵抗"权力"，或者说如何突破既有"权力"的体制，生产出更为积极的"权力"。朗西埃突破了福柯早期的结构主义阴影，开创出一条更为彻底的解构和解放之路。

事实上，福柯本人也对《词与物》中静态的结构主义特征不满意，尽管他强调"知识型"之间的断裂，但是对"知识型"之间是如何断裂的却语焉不详。福柯在一次谈论中说，《词与物》论述的"是我最没有兴趣的问题……疯癫、死亡、性欲，这些是最吸引我的论题，反之，我一直把《词与物》看作一份循规蹈矩的作业"②。福柯所感兴趣的论题如疯癫、死亡、性欲正是被知识和权力所扭曲、遮蔽、排斥的话语，而知识和权力的中介环节正是知识分子自身。对于朗西埃来说，工人话语也会被知识和权力所扭曲、利用。但是这并不是朗西埃研究的重点，如何改写这一被权力所定型的话语，才是他所关注的重点，《哲学家及其贫困》就是对于这种思想的反思，而这一点需要从知识分子的自我批判以及对自身与工人关系的批判和反思中开启。

---

① Jean-Phillippe Deranty, ed., *Jacques Rancière: Key Concepts*, Durham: Acumen Publishing Ltd., 2010, p. 96.
② James Miller, *The Passion of Michel Foucault*, New York: Simon&Schuster, 1993, p. 5.

三、"身体"话语与知识话语的结合——福柯的榜样

"身体"话语就是把自身的行动置于社会语境和社会秩序中,抵抗权力编制的知识话语系统和社会规训系统,在"说"和"做"之间构建出一条抵抗和自我反思的链接。福柯从二十世纪六十年代开始,对萨特式的知识分子进行反思,特别是他自1968年以来,对"知识分子话语"产生了警惕,"知识分子发现,群众不再需要通过他来获得知识。他们知道得清清楚楚。毫无幻想。他们远比他知道的多,而且他们完全有能力表达自己的想法"[①]。福柯愈来愈视知识分子为知识与权力衍生的分散部分,"知识分子的角色不再是走在前头或站在一边,以表达集体被压制的真理,而应该是投入反对各种权力的斗争,因为那些权力形式把他变成'知识''真理''意识''话语'领域的对象与工具"。[②] 对于知识分子所从事的研究与理论话语,福柯也是非常谨慎。他认为在理论与理性之外,感性经验在未来的斗争和选择中具有重要的作用。"对理论的需求依然是我们接受体制的一部分。因为所谓理论,就是提出替代性体制。而一切取而代之,实际上都是加强了类似的权力组织……很可能,在20世纪,真正的社会化将出自体验。"[③] 于是福柯在1968年之后,积极地参与到非话语实践斗争中去。1971年初,在德菲尔和左派的联系下,福柯开始组建监狱调查小组,引起社会对监狱情况的注意,协会的宗旨就是搜集和公布监狱的情况。巴黎第八大学许多教师加入监狱调查小组,福柯的挚友德勒兹还有朗西埃夫妇都参与到这个小

---

① 刘北成编著《福柯思想肖像》,上海人民出版社2001年版,第256页。
② Foucault, "Truth and Power," in *Language*, *Counter-Memory*, *Practice: Selected Essays and Interviews*, New York: Cornell University Press, 1980, pp. 205-217.
③ Foucault, "Revolutionary Action: Until Now," in *Language*, *Counter-Memory*, *Practice: Selected Essays and Interviews*, New York: Cornell University Press, 1980, p. 231.

组之中。福柯认为小组的功能不是替犯人讲话，而是为他们提供说话的机会，讲出监狱的真实情况。福柯的实践斗争其实对于朗西埃的影响是非常大的，因为作为知识分子的福柯把这种斗争的"所感""所说""所做"连接在一起。这种行为并不是真理的判断句，而是身体的政治书写，也是私人性与公共性的统一，这正是朗西埃所期望的知识分子的言说方式，而不是阿尔都塞式的纯理论书写。理论作为知识的集中代表，会切断身体性和私人性与公共性政治之间的转化和联系。"五月事件令人信服地表明，知识具有双重压迫作用，一方面是对它所排斥的人的压迫；另一方面从模式和标准的角度看，是对被强迫接受这种知识的人的压迫。"[1] 福柯在监狱调查小组的定期通报中发现了一个犯人自杀的案例，他在阅读这个年轻犯人的日记后，认为出现了"一种新的政治反思模式，即抹去公共与私人、性关系与社会关系、集体要求与个人生活方式之间的传统划分"[2]。福柯在此处所强调的是身体的政治反思，此种政治的反思模式可以把未被规训的身体作为起点，反抗治安规训。可以说整个二十世纪七十年代，福柯都在身体书写和文本书写之间穿梭，二者之间存在一种微妙的联系，他积极致力于各种社会运动：在愿书上签名，声援抗议游行，抗议政治犯的死刑判决等。

　　福柯关于知识与权力的思想以及社会实践行动，极大影响了朗西埃从"五月风暴"后的阿尔都塞主义脱离出来后的思考方向，尽管他本人没有详细地谈到自己对于福柯思想的改写脉络，但是他对福柯的一些评论其实秉承了福柯本人的立场——由知识的话语促成

---

[1] Foucault, "Revolutionary Action: Until Now," in *Language, Counter-Memory, Practice: Selected Essays and Interviews*, New York: Cornell University Press, 1980, p. 231.

[2] 刘北成编著《福柯思想肖像》，上海人民出版社 2001 年版，第 260 页。

"身体"的书写。《米歇尔·福柯的困难的遗产》收于朗西埃的文集《共识时代编年录》中，在此文中，朗西埃认为福柯最为重要的创造就是"做哲学"（doing philosophy）的方法，这种方法不同于现象学和马克思主义，"现象学许诺我们，最终的抽象过程后，我们可以达到事物的'本身'和'生活世界'，同时有些人做着对未来社会预言的美梦，也就是马克思主义许诺给工人的那一个，福柯的实践与两者保持最大的距离。他并不给予生活诺言，而是全身心地投入其中，做出政治的决断。这种生活中充斥的是犯人们的呻吟和被规训的苦难身体"[①]。在朗西埃看来，福柯可贵的品质就是他并不告诉我们如何对待这种生活以及有关这种生活的知识，而是用行动的书写再次改写"知识与权力"的部署。朗西埃不接受萨特式的存在主义，也拒绝了阿尔都塞的纯而又纯的"科学的马克思主义"。如何把在实践中获得的感性延伸到自己的哲学思考和理论阐释中，对于这个问题，可以说福柯的理论与行动为他指明了方向。在"知识与权力"思考的方向上，朗西埃从十八世纪的工人阶级转向了对西方哲学和政治最初的"知识话语"起源，即对柏拉图和亚里士多德的"真理"话语的批判，进而返回到当代。

第五节 摘下"哲人王"的桂冠——对柏拉图"知识权力"初始话语的批判

朗西埃在对阿尔都塞的批判和福柯思想的借鉴中，开始对"知识话语"和"权力话语"之间的共谋关系做系谱学式的批判与考察。

---

① Jacques Rancière, *Chronicles of Consensual Times*, trans. by Steven Corcoran, London: Continuum, 2010, p. 125.

"朗西埃指出了包括萨特的存在主义、皮埃尔·布迪厄的社会学理论话语是如何贬斥其他话语以使得自身与辩论、诗歌、手工艺人的越界思想、美学等话语区分出来,通过这种形式,可感物被阐释、分配以及再分配"①,这种话语的区分是构成知识和权力不平等的起点,对这一点的分析需要回溯到西方思想的原初之时。

当朗西埃把对"知识与权力"的批判目光转向西方的思想长河时,直面撞上的正是"哲人王"柏拉图,"柏拉图的《理想国》在朗西埃的政治反思中是一个常见的标靶"②,这是因为对于朗西埃所提出的平等和正义而言,柏拉图是最早以正义的名义组建了不平等的城邦秩序的哲人,朗西埃的批判所指其实正是当代社会以正义和平等名义建构出的共同体中的不平等关系。柏拉图的政治正义思想对西方的政治思想产生了极大的影响,从西方思想的源头柏拉图和亚里士多德开始批判,正是一条非常有效的切入当代的思想路径。

柏拉图在《理想国》中通过苏格拉底之口设计了一个自认为集真、善、美于一体的政体,最终可以达到公正的"理想国"社会。柏拉图把"理想国"中的统治者设定为拥有良好智慧美德的哲学家,通过这种设计,他想为危机重重的希腊城邦政治指出一条出路。《理想国》中的政治理念也构成了柏拉图政治哲学体系的核心,担当这一伟大拯救使命的正是柏拉图理想中的"哲人王",哲学家能把握永恒的真理,普通人只能被表象迷惑:"哲学家既然是能把握永恒不变事物的人,而那些做不到这一点给千差万别事物的多样性搞得迷失了方向的人就不是哲学家,那么两种人我们应该让哪一类当城邦的

---

① Joseph Tanke, *Jacques Rancière: An Introduction*, London: Continuum, 2011, p. 28.
② Yves Citton, "The Ignorant Schoolmaster: Knowledge and Authority," in Jean‐Philippe Deranty ed., *Jacques Rancière: Key Concepts*, Durham: Acumen Publishing Ltd., 2010, p. 25.

领袖呢?"①"哲人王"当之无愧地成为城邦的领袖。柏拉图为理想国规定的一条律令是"公正就是一个人只能做一件自己的事（to do one's own business and not to be a busybody is justice）"②。朗西埃指出柏拉图的这个表达在一开始就划分出一种不平等，因为柏拉图没有为自己或者说没有为"理想国"中的"哲人王"规定出唯一从事的职业，对于公正的意义，仿佛只有"哲人王"才能明了其本质。在朗西埃看来，这完全是一种盲目的论断，这种话语是"哲人王"把自己的工作从其他人的工作中区分出去，拥有了一种赋予事物本质的能力，能看到常人所不能看到之"真理"。

柏拉图的"哲人王"之所以能够获得"逻各斯"的代言权，是因为柏拉图对于实践工作的分配基于一种所谓最自然的理念："每个人都应该执行一个最适合他自然禀赋的社会功能。"③ 这种自然本性与城邦共同体位置的分配之间的联系在朗西埃看来完全是一个谎言，这种"哲人王"话语的实质是把自己的实践从普通人的实践中分离出来。"'正当'就是理论从其他实践中的剥离"，"这完全是为了哲学家自己的而不是城邦的利益，他必须假设在'闲暇'的秩序和'奴隶劳动'的秩序之间，存在一个彻底的分离"④，柏拉图其实颠倒了拥有"闲暇"的因果关系，正是因为哲学家不事生产，却能够拥有足够的生活物品，才有可能考虑关于"逻各斯"的问题，而不是因为他们天生被"逻各斯"所宠爱才能拥有"闲暇"。"闲暇"对于劳动者是多余的，甚至是危险的。劳动者的"闲暇"会导致城邦

---

① [古希腊]柏拉图:《理想国》，郭斌和、张竹明译，商务印书馆1986年版，第228页。
② 同上书，第156页。
③ 同上书，第155页。
④ Jacques Rancière, *The Philosopher and His Poor*, ed. and trans. by Andrew Parker, trans. by Corinne Oster, John Drury, Durham: Duke University Press, 2004, p.33.

运作的失序。朗西埃举了农民在雨天无法工作的例子，"闲暇"会给农民带来"多余"的思考或行动。朗西埃认为"古希腊语的'闲暇'（skholè①）一词，它赋予学校以名字，它首先意味着那些拥有闲暇时间的人的境况，他们作为拥有闲暇者都是平等的，并且他们可以把这种社会的特权投入到学习研究这种高尚的愉悦之中"②。在词源学上，法文的 école（学校）、英文的 school 都是源于古希腊语的"σχολή"（闲暇），这其实就是闲暇/劳作、知识/无知、知识分子/大众的最早划分。这也是朗西埃在《十九世纪劳工之夜》中揭露的工人阶级与知识分子以及艺术家之间的不平等。当后者在夜晚自由思想和创造时，工人完成了一天的劳作，只能为了第二天一样繁重的工作而休息，但是一旦像高尼那样的工人学会了在工作中体验审美感觉，在夜晚进行诗歌创作，"平等"就产生了。这种"平等"正是"感性分配"秩序的重新布置，也是城邦共同体中"政治"的发生。

"哲人王"的高贵面纱下的真实身份，不是血统贵族也不是财富聚集者，而是城邦"感性分配"的仲裁者，按照柏拉图的说法，即划定什么是可见、什么是可感的管理者，工匠和农民只能见其所见，而哲学家却可以洞悉事物的本质和理念。柏拉图为不同的人分配了不同的感觉，例如他认为男人（城邦卫士）的感觉属性应该是刚强和高贵，不能被奴隶所玷污。但朗西埃指出柏拉图的"男人"指的

---

① skholè 的古希腊文是 σχολή，它在古希腊语中既指"闲暇、空闲的时间"，也指"学园、学校"。朗西埃说"它赋予学校以名字"即此意，可参见：罗念生、水建馥编《古希腊语汉语词典》，商务印书馆 2004 年版，第 864 页。
② [法]雅克·朗西埃：《政治的边缘》，姜宇辉译，上海译文出版社 2007 年版，第 45 页。朗西埃在讨论布迪厄的《继承人》一书时使用了"闲暇"一词的希腊语词源来进行解释，而 skholè 被看作布迪厄的术语，他在《帕斯卡尔式的沉思》中详细地阐述了闲暇与沉思之间的关系。关于布迪厄的用法可参见 [法]布尔迪厄：《帕斯卡尔式的沉思》，刘晖译，生活·读书·新知三联书店 2009 年版，第 1、53、264 页以及 Jen Webb, Tony Schirato and Geoff Danaher, *Understanding Bourdieu*, London: Routledge, 2002, p. 15。

就是一个有待占据的空位,"当财产秩序和话语秩序相一致时,男人这个通用名称是指一个人应该在但是还未在的位置"①。对于像黄金般的哲人王,柏拉图预留出了最好的位置,"通过讨论劳动者,以及对他们所做的规定和划分,对于哲学家自身产生一个结果,那就是他们享有了'游戏、撒谎、表现'的权力"②。柏拉图在《理想国》中曾用航海的例子来说明哲学家的能力:"船上有一个船长,他身高力大,超过船上所有船员,但是眼睛不怎么好使,耳朵有点聋,他的航海知识也不太高明。"那么这样的人为什么可以做船长?苏格拉底告诉阿得曼托斯,船员可以精通自己做的工作,但是"真正的航海家必须注意年、季节、星辰、天空、风云以及所有与航海有关的事情,如果他要成为船只的真正当权者的话。并且不管别人赞成不赞成,这样的人是一定会成为航海家的"③。柏拉图借苏格拉底的论述其实包含着极大的问题,那就是一个眼睛、耳朵、航海实践能力极弱的人是如何在工作中注意季节、星空和天气的。难道普通船员终其一生也只是司职航海而不会注意天气和季节?柏拉图给出的答案是这样的:船长是在城邦的教育中得到这种能力的。按照朗西埃的逻辑,这个例子中的船长其实并不懂什么季节、天空、星辰,他不过是能够通过谈论这些事物而获得对于其他船员的支配地位,也就是把话语的实践凌驾于行动的实践,并且粗暴地为自己的权力做了判决。这种话语如果"能够在其自治的内部循环,只有通过对自

---

① Jacques Rancière, *The Philosopher and His Poor*, ed. and trans. by Andrew Parker, trans. by Corinne Oster, John Drury, Durham: Duke University Press, 2004, p. 48.
② Ibid., p. 17.
③ [古希腊]柏拉图:《理想国》,王扬译注,华夏出版社2012年版,第233页。

然和高贵所作的武断的叙述"①。

哲学家通过叙述完成了"感性的配置"。问题不在于这种"感觉配置"的不平等,问题的核心是"哲人王"的"叙述"本身是一种独有的模仿权力。正如苏格拉底对阿得曼托斯所言:"我想你应该知道所有的诗歌和神话都是对于或者过去或者现在或者将来的事情的叙述……叙述可能是简单陈述,可能是模仿,或者又可能是两者的结合。"这个叙述里包含着模仿,模仿是一把双刃剑,好的模仿可以建立符合理性的城邦秩序,坏的模仿会败坏人的天性与身份的协调,会使城邦的秩序紊乱。柏拉图其实对诗人荷马颇有微词。荷马作为诗人不仅叙述简单的故事情节,而且模仿了神的言行。诗人"隐藏了他所说的话的来源,不对自己说的话负责任,并且把自己的声音掩藏在悲剧演员和史诗角色的声音背后"②。当荷马模仿出神的悲哀、大喜以及彼此的欺骗行径时,苏格拉底认为这是非常忤逆的。"任何诗人说这种话诽谤诸神我们全都将生气",应该删去。柏拉图需要的是与城邦秩序和等级相适应的模仿,这种模仿权的最佳拥有者是"哲学家和受到启示的诗人,他们决定了被神性笼罩的高等本性",他们的言语可以转化为城邦的秩序。其他人最好不要拥有模仿,"我们的卫士……不应该做其他的事,也不应该模仿;假如要模仿,让他们从幼儿时期就开始模仿和他们的本质相称的东西,勇猛、明智、虔诚、自由,以及所有与此相似的品德"③。对于手艺人,苏格拉底说,"手艺人是没有权力撒谎的",或者说他们的模仿只能是

---

① Jacques Rancière, *The Philosopher and His Poor*, ed. and trans. by Andrew Parker, trans. by Corinne Oster, John Drury, Durham: Duke University Press, 2004, pp. 52-53.
② Jacques Rancière, *Mute Speech: Literature, Critical Theory, and Politics*, trans. by James Swenson, New York: Columbia University Press, 2011, p. 96.
③ [古希腊]柏拉图:《理想国》,王扬译注,华夏出版社2012年版,第98页。

一种欺骗。最为恶劣的是拥有模仿能力，但又只是"坏模仿"的那些人，演说家（orator）以及智者（sophist），也就是坦科所说的"被钱袋子的力量所控制的人"①。在朗西埃看来，柏拉图的这种叙述其实就是以话语的垄断来获取模仿权力的欺骗，"有些人天生就不是哲学家，因为他们天生的缺陷使得他们被囿于手工劳动，而手工劳动又在他们的身体和灵魂上烙下了弱点，最好的证明就是他们企图接近并没有资格参与的哲学"②，这种欺骗建构出了城邦中各阶层的位置以及不平等，同时"哲人王"通过这种"叙述"的能力为各个阶层的人划定出了"感性的分配"，而自己获得了模仿的最大权力。

朗西埃从对柏拉图的批判入手，表面看来似乎有"打死老虎"的嫌疑。事实上，柏拉图的政治思想是此后许许多多"哲人王"理想的一个开端，它的意义在于确立了一条后来行之有效的基本原则：必须要依赖于合理性原则进行政治秩序和社会秩序的规划，摆脱制度安排的盲目性和任意性。朗西埃并不否认柏拉图政治思考这一层面的积极价值，但是他下文的批判无疑击中了柏拉图的要害：

> 柏拉图具有挑衅性的力量在于他的表达是异乎寻常的坦白，而这一点（不平等）恰恰是后来哲学认识论和社会学想要遮蔽起来的，真理的秩序建立在科学的理性上正如同社会的秩序其实是建立在劳动分工上，它们是一致的。社会关系和话语的秩序都建立于同一个虚构，这个虚构把手工艺人驱逐出虚构的王

---

① Joseph Tanke, *Jacques Rancière: An Introduction*, London: Continuum, 2011, p. 30.
② Jacques Rancière, *The Philosopher and His Poor*, ed. and trans. by Andrew Parker, trans. by Corinne Oster, John Drury, Durham: Duke University Press, 2004, p. 35.

国,被拒绝入境的是说谎的艺术,这个谎言在无意识中运作。在哲学秩序和社会秩序的结合点上只有一个谎言在运作,那就是自然本性的高贵谎言。①

在朗西埃看来,这个谎言一直游荡在西方知识分子的话语中,他们通过叙述,为社会中的各阶层划分出"感觉的边界"。他们延续了柏拉图的以知识话语建构出的不平等模式。这种知识分子与大众之间的权力关系成为当代知识分子对自身最激进的反思,朗西埃可以说是举行了一场知识分子祛魅的仪式,它不仅延续了对阿尔都塞的批评,更是把批判延伸到了西方当代社会最前沿,把模仿和虚构的权力还给无名的大众,即它的另一个名称——民主。

---

① Jacques Rancière, *The Philosopher and His Poor*, ed. and trans. by Andrew Parker, trans. by Corinne Oster, John Drury, Durham: Duke University Press, 2004, p. 52.

第二章 政治的回归与美学的凸显——朗西埃政治美学的内涵

自弗兰西斯·福山提出"历史的终结"以来,许多学者就开始重启一条不同于东西方意识形态对抗时期的"政治回归"之路。二十世纪九十年代以来的全球冲突和纷乱证明了福山"历史的终结"之判词恰恰是自身被"终结"的判词。福山所言的"自由、民主"成为普遍价值后,伴随而来的是多元时代各种共同体相互冲突和争斗的混乱状态。正如尚塔尔·墨菲所言,"不久前,在一片喧嚣声中我们被告知自由民主已经取胜,历史已经终结。可是苏东社会主义的崩溃远没有产生向多元的民主的平稳转变,西方民主主义者惊奇地注视着各种各样的种族、宗教和国家冲突的爆发"[①],"我们正处在一个紧要的关头,自由主义理解政治的无能可能产生非常严重的后果"[②]。可以说无论是哈贝马斯的对话理论、罗尔斯的正义论,还是阿伦特的公共领域与行动的政治理论,都是对于政治回归主题的回应。朗西埃对于政治的重新描述成为这一"政治回归"浪潮中非常独特的声音。九十年代以来朗西埃受到英美学界的关注,正是因为他对于政治做了颠覆性的重新阐释。

---

① [英]尚塔尔·墨菲:《政治的回归》,王恒、臧佩洪译,江苏人民出版社2005年版,第1页。
② 同上书,第4页。

朗西埃的政治观念与美学思想有内在的同一性,但是我们在描述两者的关系时会遇到困难,即描述朗西埃的美学与政治的关系时,无论是政治的美学还是美学的政治,都会偏离他本人所用话语指涉的意义。朗西埃对"政治"和"美学"两个语词所锚定的语义位置都不是我们通常理解的所在。朗西埃所说的"政治"恰恰是我们一般意义上理解的"政治"(统治与治理)之反义,它是对这种统治与治理的打乱和拆解,是对既有秩序的否定和改变。而朗西埃所言"美学"也因为他回溯了鲍姆加登的"感性"意义和康德的"自由内涵",又结合了福柯论述的"知识型"和"权力"的特征,与我们所言的艺术哲学或美学鉴赏等所差甚远。事实是,朗西埃对于这两个词汇的独特定义,使得两者几乎就是同一事物在人文社会科学不同学科分类中的两种称谓,无论是政治的美学还是美学的政治都指向一个操作,即"感性的分配"①(亦可译为"可感性的配置")。

朗西埃用极端的定义使得两个词都偏离既有的位置,这其实是他切入当代政治回归的一种策略和路径,这样并不需要建立一种本体论上的政治理论和美学理论,而是通过两者的直接连接开启对当代政治的反思,重构政治的认知图绘。

第一节 何谓政治与政治的回归

何谓政治?在古希腊政治词汇中,"政治"一词源自"波里"(polis),它在《荷马史诗》中指堡垒或卫城,区别于"乡郊"

---

① 感性的分配(partage du sensible),英语界一般翻译为"partition"或"distribution of the sensible"。

(demos)。希腊人常常把自己的山巅卫城"阿克罗波里"(Acropolis)简称为"波里",而其周边的"市区"称为"阿斯托"(asto)。后世赋予包括卫城、市区、乡郊的土地及其居住的人民在内的综合体以城邦共同体的意义。与政治"politics"相关的是城邦的公民、城邦政体、政体或政府、政治管理、政治学,等等①。在汉语中,"政治"一词最先由日本传入中国。孙中山认为"政就是众人之事,治就是管理,管理众人之事就是政治",这也奠定了我们对政治的一般理解。对于政治的界定可以从社会学、经济学、法学、人类学等角度进行,但是从政治科学中的政治哲学视角出发似乎更有说服力。二十世纪以来,哲学思想的巨大发展让政治哲学发生了重大转变,这种嬗变是在对传统的质疑中完成的。"政治哲学的论述形式和表达方式,已经变为'无边界'和'无地位'的地步,以至于可以说,当代政治哲学和政治本身一样,达到了高度的'不确定',充分地呈现了政治的可能性本质及其高度的'风险性'。"②哲学的充分发展导致的多元存在,使政治呈现出"千人千面"的特点。

朗西埃对于政治的阐释走了一条独特的路线,他简单对社会学"政治"定义做了辨析后就与之划清界限。朗西埃创造性地使用法语中"政治"一词的多义性和使用中的词性的阴阳之分,回溯"政治"最初的哲学含义。同时,他又把自己的"政治"概念作为起点,对当代政治哲学开战,指责当代政治哲学从一开始就遮蔽了"政治"的本真面目。由此我们理解朗西埃的政治意义也需要循着这条路线。

---

① [古希腊]亚里士多德:《政治学》,颜一、秦典华译,中国人民大学出版社 2003 年版,第 133 页。
② [法]高宣扬:《当代政治哲学》,人民出版社 2010 年版,第 15 页。

安德鲁·海伍德（Andrew Heywood）认为从最广泛的意义上讲"政治就是人们为制定、维持和修改社会一般规则而进行的活动……但是对于政治的见解却可以分为很不相同的四种"①：第一，"明确地将政治与政府艺术和国家活动联系在一起。这可能是经典的政治定义"②，它其实由古希腊时期的"polis"发展而来，从现在的角度来看，主要是作为国家层面的活动，人民、组织和社会活动是排除在外的。第二，"明确地将政治视为'公共'的活动，因为与这种活动相联系的是与共同体事务的引导和管理，而不是个人的私事"③，这种观点可以追溯到亚里士多德对于共同体的期望——"善的生活"。第三，"明确地把政治视为一种解决冲突的特殊方法，即通过妥协、安抚谈判而非强制和赤裸裸的权力来解决冲突"，即政治的艺术。第四，"将政治与社会存在在进程中的资源生产、分配和使用相联系"④，这是指权力以其不择手段达到预期的能力。海伍德对于政治（polities）的含义从词源学与惯用法的角度做了梳理，是一个描述性的概念，比较全面地概括出了我们对于"政治"一词的多义性指涉。

对于以上描述的政治内涵，朗西埃自己归纳为三种：第一种指的是"权力的实践"，第二种是"集体意志和利益的体现"，第三种是"集体理念的实施"。⑤ 朗西埃把这些政治之义都视为一般意义下的政治，也就是治理和统治的协调，是意见一致的权力实践，而他的"政治"需要与一般意义上的政治划清界限。

---

① ［英］安德鲁·海伍德:《政治学核心概念》，吴勇译，天津人民出版社 2008 年版，第 39—40 页。
②③ 同上书，第 39 页。
④ 同上书，第 40 页。
⑤ Jacques Rancière, "The Politics of Literature," *Substance*, Vol. 33, No. 1 (2004), p. 10.

朗西埃思想中的"政治"一词是一个核心概念，但是在我们试图理解它的时候却并非易事。首先，朗西埃在使用法语中的政治一词 politique 时对既有的惯用法做了一定修改。其次，在朗西埃的思想发展中这一个词的使用内涵也有变化。再次，在引入英语界的时候要重新界定 polity、political、politics、police 等一系列的词在其内涵上如何与朗西埃所述之意接轨。最后，由于汉语界对于朗西埃思想的陌生，对他作品中概念的翻译也很难做到清晰的厘定。我们将采取两个路径来尽量解决这个问题：第一，还原朗西埃对于这一词汇的直接描述，这样能比较可靠地把握他所指涉的词汇意义；第二，呈现出朗西埃由关键词构建的理论模型，梳理清楚关键词之间的关系。由于朗西埃用他的关键词汇建构出一个思想运作的模型，也就是说，他用"政治""政治的""治安"这些词汇搭建了一个关于"平等""自由"的运作模型，这一模型在他的诸多作品中不断重复出现，甚至构成了他展开论述的基点。我们可以从他构建的这一理论模型的内部关联中，理解他的关键词汇的内涵，这才是比较重要和正确的途径。

在法语中，politique 一词比较常见的用法是作为形容词和阴性名词，作为形容词时，它指的是"与国家的权力机构及权力的实施有关"，可翻译为"政治的，政治上的"[①]。朗西埃用法语词汇的阴阳性做了区分，即"政治"（la politique）和"政治的"（le politique）。政治作阴性名词（la politique）的时候，指的是"政治主张""政策"，甚至是"手腕""权术"，总之偏重于具体的政治活动，"le politique"可以被理解为"政治的"。英语学界以及包括朗西

[①] 《拉鲁斯法汉双解词典》，薛建成等编译，外语教学与研究出版社 2001 年版，第 1487 页。

埃自己的英语论文①都用"the political"来翻译"le politique",而用"politics"来翻译"la politique"。朗西埃自己认为重新思考政治,不仅需要回归最初的政治概念框架,而且要解释观念中的内在含混性,他说:

> 如果"政治的"(le politique)被作为哲学思索的对象,那么就其作为不同的派别为了权力和此种权力的实施所进行的斗争这个通常含义来说,无疑这个中性的形容词显然体现出与名词"政治"(la politique)之间的差异。我们谈论的是"政治的"而不是"政治",这就意味着我们谈论的是法、权力和共同体的原则而不是政府耍弄的花招。……"政治"至少有一个优点,即它揭示的是一种活动。而"政治的"则把共同生活的迫切要求作为对象。②

朗西埃在《政治的边缘》一书中讨论的政治并不是上文引申出的共同体治理的艺术,也不是作为共同生活的民主方式的讨论,其概念所指的政治是"人类行为的一种纷争性(dissensuelle)的形

---

① 朗西埃在他的一篇英语论文《质疑同一性》[1991年参加《十月》(October)杂志在纽约举办的研讨会"The Identity in Question"时的提交论文,此文被翻译为法语之后收入 La Fabrique Editions 1998 年出版的《政治的边缘》的第二次修订版,译自法文第二次修订本的《政治的边缘》中译本(上海译文出版社 2007 年版)在第 139 页提到这是一篇译文,文章题目改为《政治、同一化和主体化》]中就涉及了"la politique"和"le politique"的区分问题,而他自己则用"politics"和"the political"分别来翻译这两个词。参见:Jacques Rancière, "Politics, Identification, and Subjectivization," October, Vol. 61, No. 1 (1992), pp. 58 - 64。

② [法]雅克·朗西埃:《政治的边缘》,姜宇辉译,上海译文出版社 2007 年版,"前言",第 3 页。在中译本《政治的边缘》中,存在着前后翻译的不一致,在《政治、同一化和主体化》一文中,"政治"(la politique)译为政策,"政治的"(le politique)又译为政治。

式……民主既非政体也不是社会生活的方式，它是政治主体得以主体化的模式"①。政治的管理艺术只是一般意义下的政治含义。朗西埃认为应该有另外一个称谓，"我建议将一般意义下的政治，保留以'治安'（police）之名称呼"②，他认为只有以这样的区分与切割方式，才能够"首先试图定义属于政治理性的歧义逻辑"，从而回答一个根本性的问题："政治之名（le nom de politique）有什么特殊性可供思考？"③朗西埃正是通过这一出乎意料的提问，让众多关注政治回归浪潮的读者与他一起开始思考政治之特殊性。

那么，为什么朗西埃要把这些一般意义上的政治称为"治安"呢？这是因为在他看来，这种"政治往往被视为一组达成集体的集结或共识的程序、权力的组织、地方与角色的分配，以及正当化此一分配的体系"④。这是"治安"而非"政治"，这种"治安"所指向的功能恰恰是朗西埃所言"政治"（politics）所要处理和关联的对象，"治安在本质上就是较为隐晦的法律，用来定义成员的有分与无分"⑤，此处"治安"就是对于共同体中的权力分配。"治安首先就是界定行动方式、存在方式与说话方式的身体秩序，并且监督那些身体被指派到某些位置或任务上。"⑥当朗西埃在使用"治安"（police）、"监管"（policing）和"治安秩序"（police order）时，都是指向一种给予共同体中各组成部分的不平等效果，"都是称呼一种等级制度的秩序"⑦。

---

① ［法］雅克·朗西埃：《政治的边缘》，姜宇辉译，上海译文出版社2007年版，第131页。
②③ ［法］洪席耶：《歧义：政治与哲学》，刘纪蕙等译，麦田出版社2011年版，"序"，第15页。
④ 同上书，第60页。
⑤⑥ 同上书，第62页。
⑦ Chambers, Samuel A., *The Lessons of Rancière*, Oxford: Oxford University Press, 2012, p. 42.

由于"治安"很可能被认为与福柯所提及的警察（la basse police）这个词相混淆，朗西埃对两者做了区分。福柯所言的警察是十七、十八世纪出现的一种治理模式——警察体制或者警察体制的社会普遍化，它"仅仅是一种更为一般的秩序中的特殊形式，用来安排身体在共同体中被分配的有形现实"①。福柯认为在一些共同体内的秩序比较脆弱的话，警察会膨胀到负责所有的治安与生活监督，而在现代化国家，这种警察的治安已经转化为医药、福利与文化的社会机制中的一个元素。而治安指的是分配给定共同体中各部分的位置，并不等同于警察。朗西埃反对把警察与国家机器联系在一起，由于国家机器的提法预设了国家与社会的对立，仿佛治安秩序仅仅是由国家机器强加在社会机体上，事实上社会本身也在生产治安秩序。

我们该如何理解朗西埃这一对治安的划定依据呢？他的理论启发来自哪里？朗西埃在指出自己的治安的概念时，并没有提及福柯对于治安的相关论述，我们完全可以这样理解：福柯的思想其实早已内在于朗西埃的理论话语中了。事实上，福柯在更早的文章里提到了治安秩序，而且赋予了它与朗西埃非常接近的内涵。福柯认为："首先，在一定程度上，任何治安秩序（police order）都决定了人类之间的等级关系，'治安（police）涵盖一切'；其次，在一定意义上说，它也建立了'人与物'的关系，治安秩序建构出了事物的秩序。"② 朗西埃其实充分发展了这一思想，治安秩序不仅仅是一种抽象的权力秩序（法律的或者制度的），它是"身体的秩序，它定义了

---

① ［法］洪席耶：《歧义：政治与哲学》，刘纪蕙等译，麦田出版社2011年版，第61页。
② Michel Foucault, "Omnes et Singulatim: Towards a Criticism of 'Political Reason'," in James D. Faubion ed., *Power: The Essential Works of Michel Foucault 1954 - 1984*, Vol. 3, trans. by Robert Hurley, New York: The New Press, 2001, pp. 298 - 325.

做的方式、存在的方式、说和看的方式之间的配置,这些身体通过命名被分配到一个特殊的位置和任务中……这就是一种可见和可说的秩序"①。从人的解放维度看,"治安"是自由和解放的对立面。但是从辩证的角度看,朗西埃似乎把所有现存的秩序都视为"治安",这就把"治安"视为一种常态,以及他理论言说的基础。朗西埃的理论内核围绕着"治安"展开,治安是统治的现存也是统治的内核,它有时是伦理的,有时又是等级的,治安为所有的人划定可感的边界,它不会因为政权的更迭而消失,也不会因为生产方式的变化而消解,只有通过对感性分配的一次次打乱、调整,来挪移它的边界。

朗西埃在树立了一个"治安"的存在后,创造性地提出了"政治"(la politique)概念。这个概念没有实体内涵,是一个完全依附于"治安"的概念。在划定了治安之后,"我提议将政治(la politique)这个名词,保留给与治安对立的一种极为特定的活动,亦即,藉由一个在定义上不存在的假设,也就是无分者之分(part des sans-part),来打破界定组成部分与其份额或无分者的感性配置"②。朗西埃对政治的划定完全依赖于他煞费苦心用理论话语编制出的"治安"的存在,如果对于共同体的理解不是此种不平等的分配模式,那么要打乱"政治"、重新做出配置也就无从谈起,甚至我们无法给予"政治"以社会学的指代名词。朗西埃用一个幽灵般的概念颠覆了以往众多哲学家对于此一概念的内涵性描述,他用了一个轻巧的方式避开了对于批判武器的实体性描述:"我们

---

① Jacques Rancière, *Disagreement: Politics and Philosophy*, trans. by Julie Rose, Minneapolis: University of Minnesota Press, 2004, p. 29.
② [法]洪席耶:《歧义:政治与哲学》,刘纪蕙等译,麦田出版社 2011 年版,第 63 页。

不应该忘记，如果政治实践了一个与治安迥然不同的逻辑，它也无法与后者清楚地切割开来。理由很简单，政治没有自己的对象或议题。政治唯一的原则就是平等。"① 政治没有对象，没有议题，政治之存在只有一个途径，那就是以平等的原则打破、扰乱治安的逻辑。

可以说朗西埃最为精彩的定义就是"政治"了。由于"治安"有其具体的操作以及运作机制，它的社会性非常明显，与之对应，"治安"制度、法律、场所、人员以及运作过程都可以被广泛找到。但是与之对立的"政治"则抽离了具体的对象与议题，使得"政治"可以从任何时间、空间、角度、层次发起对于"治安"的破坏，"一个行动是否是政治，不在于其对象或发生的场所，而是取决于形式。也就是说，对于平等的肯定，会在争议的提出与完全立基与分歧之上的共同体中出现"②。政治是一个纯形式的存在，政治对于治安秩序的扰乱和中断，使不少人想到了福柯的权力抵抗观，朗西埃明确地指出：

  我们必须放弃先前某些宣称两者之间能够顺利结合的概念，而权力（pouvoir）的概念便是其中一个最主要的概念。这个概念曾经引发某些坚定的斗士提出如下的主张，由于权力关系无所不在，因此"一切皆为政治"。至此，权力无所不在的隐晦观点，便得以呼应在每个当下与政治抵抗的英雄观点，或呼应那些对抗政治及其权力的游戏的人所创造出来的肯定空间的有趣观点。权力的观点让人们可以从"一切皆为治安"推演出"一

---

①② ［法］洪席耶：《歧义：政治与哲学》，刘纪蕙等译，麦田出版社 2011 年版，第 65 页。

切皆为政治"的结论。……这样的逻辑很粗糙……一切皆为政治,便没有任何事情会是政治。因此主张治安秩序已从特定的机构与技术中延伸出来,一如福柯已经精彩地指出的,纵然十分重要,但是没有说明任何一件事情仅仅因为权力的关系作用其中便具有政治性也一样重要。一件事情要能够具备政治性,必须让治安逻辑与平等逻辑遭遇,而此遭遇从来就不是事先设定好的。①

我们若把福柯的权力观和朗西埃的"治安"与"政治"观做一简单的对照,就会发现多有重合之处,福柯对于权力的描述有几个特点:第一,权力是一种关系;第二,权力是一种相互交错的网络;第三,权力是无主体的;第四,权力是非中心话的,呈弥散状;第五,权力不一定是压制,也具有生产性。我们看到福柯的权力观既具有治安所拥有的压制、塑形、分配的功能,也具有治安的网络和无中心化,而权力所具有的纯形式,既没有对象也没有议题,却是政治(politics)所具有的特点,而权力最为重要的生产性和微观的抵抗性也正是"政治"的题中应有之义,正如一些西方学者批判福柯"将许多不同种类的事物都称为'权力',并且就这样将其搁置在一边"②。朗西埃"政治"概念的提出非常精彩,它解决了"权力"这一概念具有的含混性问题,同时为抵抗和解放寻找出一条想象的可能性路线。

塞缪尔·钱伯斯(Samuel Chambers)对朗西埃《歧义》中"政治"一词的用法进行归纳,他总结出了三种含义:首先是"偶然性

---

① [法]洪席耶:《歧义:政治与哲学》,刘纪蕙等译,麦田出版社2011年版,第66页。
② 汪民安、陈永国、马海良编《福柯的面孔》,文化艺术出版社2001年版,第141页。

领域（realm of contingency）中的斗争"，其次是"对等级制社会秩序的抗争"，最后是"对平等原则的证明"。① 朗西埃之所以如此期许于"政治"，是因为它本身以平等的原则导向解放，"我们可以将解放的过程称为'政治'（politics）"②。朗西埃对于概念使用脉络并不追求清晰连贯，为了达到他所论述的效果和目的，他不断在关键词之间建立各种联系，甚至不同时期术语内涵的变动一直存在。朗西埃实际上并不在乎自己的术语是否采用了固定的用法，例如，就下定义而言，他认为自己从来都没有像其他政治哲学家那样从存在论角度确定什么是政治，他说的只是"可能是"（it might be）什么。而对于这种术语使用的不稳定性，他认为是"给变动的风景描绘出一张变动的地图"③。或许对于研究者来说，一开始把朗西埃视为哲学家就是一个失误，法国哲学家对于文学的借用使得哲学走向了反哲学的道路，正是带有文学的不确定性，书写才能给予读者感觉的丰富性，朗西埃在这方面的才能毋庸置疑。

在政治、平等、解放这三个概念之间，朗西埃搭建了一个三者关系的构架。这一构架尽管在朗西埃不同时期论述的过程中微有变化，但是在他的一系列关于政治、治安、解放、平等之间的关联性描述中又基本维持了三者关系的连贯性。这个构架指出，政治就是由两种迥然不同的异质性运作的互动、对峙、相遇以及产生的后果

---

① 更确切地说，钱伯斯是提到了朗西埃在《歧义》中的三种具体用法。钱伯斯的话参见：Chambers, Samuel A. , *The Lessons of Rancière*, Oxford: Oxford University Press, 2012, p. 105。这三种用法参见：Jacques Rancière, *Disagreement: Politics and Philosophy*, trans. by Julie Rose, Minneapolis: University of Minnesota Press, 2004, p. 16, 30, 33。
② Jacques Rancière, "Politics, Identification, and Subjectivization," *October*, Vol. 61, No. 1 (1992), p. 59.
③ Jacques Rancière, "A Few Remarks on the Method of Jacques Rancière," *Parallax*, Vol. 15, No. 3 (2009), p. 120.

组成。一种是治安的运作,"在于管理共同体之中的人们的聚集、他们的共识,它建立于对位置与功能进行等级额分配"①。另一种是平等的运作,"它存在于一种实践的游戏之中,这种游戏以任意两个人之间相互平等的预设以及试图对这种平等进行证明的关切为指导原则"②,用平等的运作打破治安的运作这一过程就是解放,"解放的过程就是对于两个能进行言说的生存者之间的平等进行的证明"③。于是,我们可以看到朗西埃所说的政治并不是一种独立完整的运作,或者是一个内涵式的概念,它不仅仅依赖于治安秩序(朗西埃所预设的共同体永远存在的不平等),还依赖于一个假设的前提"平等",此平等"就其被付诸实践来说,是作为普遍性的效果而存在的。它不是一种人们可以诉诸的价值,而是一种需被预设的普遍性,它在每种情形之中被证明和展现"④。总而言之,平等不是普遍价值,而仅仅是一种假设,但是政治和解放的起点建立于此种绝对的假设之上。

如果说一种知识的话语不仅仅是词语的汇集,还需要通过身体与行动得到验证,那么朗西埃的一整套思想和话语的底色就是行动和身体,而不仅仅是理论话语自身内部的运动。朗西埃关于政治、治安、平等、解放等话语都指涉着行动实践。于是,他在赋予这些词新的意义时,必然要求一种实践上的合法性诉求和可操作性验证。我们可以做一分析,朗西埃"政治"概念具有一种依附性特征,它并不是独立完整的自足性存在。"政治"只能依赖于"治安"所涉及的范围、对象、方法等。当朗西埃把共同体里的等级、功能与组织都视为治安的存在时,那么我们很难想象一个没有治安的社会。也

---

①② [法]雅克·朗西埃:《政治的边缘》,姜宇辉译,上海译文出版社2007年版,第53页。
③④ 同上书,第55页。

就是说,由于治安无处不在,所以政治也将无处不在。"无分者之分"这个所指成为一个无法在社会学意义上确定的对象,它四处游走又随时可以被赋形为共同体中所有被排斥者和未被平等对待者。朗西埃经常提到的"无分者之分"最初指的是希腊城邦中的穷人,他们演变成资产阶级革命时代的第三阶级以及当代的无产者,因为没有资格被视为平等者而被看成共同体中的无声的存在,没有参与分享政治的权利。国家、共同体和集体都按照不同的逻辑运转①。在今天的社会纷争中,需要考虑劳动分工制造的不平等,各种被歧视的人都可通过身份政治的视角,参与到不同社会、不同国家共同体想象中,以假设的平等前提来寻找解放之路,如妇女对社会的性别歧视,黑人对白人的种族歧视,他们都可以以人的平等性假设发问。朗西埃自己曾经讲到法国的一个例子。法国最早的女权主义者在要求获得权力时,用了一个暗藏平等假设的发问:"一个法国女性,她是一个法国人吗?"类似的例子还有1832年对法国工人运动家奥古斯特·布朗基的审问。当检察官问到他的职业时,布朗基的回答是"无产者"。检察官认为这不是一个职业,而布朗基则说"这正是我们大多数人的职业,因为他们被剥夺了政治权利"。用朗西埃的观点看,检察官的问话正是"治安"的逻辑,职业是一种划分和固定某些人到某些社会预定位置上的技术,而布朗基的回答则展示了平等运作的逻辑,他属于被压迫而"无分"的人,当这两者相遇时,政治就发生了。如此一来"无分者之分"成为一个空位,可以把众多的社会存在者归并于其名下。

在这里我们必须追问"平等的假设"这一提法的可能性与合法

---

① Jacques Rancière and Peter Hallward, "Politics and Aesthetics an Interview," *Angelaki: Journal of the Theoretical Humanities*, Vol. 8, No. 2 (2003), p. 198.

性之源，它并非是穿越了时空由古希腊社会到达今天的有效性命题，无论是古希腊还是古罗马的社会结构之中都不可能存在"平等的假设"这一理念。古代社会的统治秩序是一种等级性不平等秩序，它建立在宗教、血统、权力、财产的等级划分上。中国"王侯将相，宁有种乎"所表达出的朴素平等政治观最终还是建立在"天命所归"的不平等上。朗西埃所言的平等必然是现代性的确立，来自对以往神圣之物的祛魅和现代主体的诞生，它指的正是现代主体对于个体自由的必然性叙述。我们可以引用乌尔里希·贝克（Ulrich Beck）对于现代性的描述："问题在于什么是现代性，答案不只是资本主义（马克思）、合理化（韦伯）、功能性区分（帕森斯、卢曼），也是政治自由、民权和市民社会的动力学。这一答案的要点在于，道德和正义对于现代社会来说，绝不是外在局部的变量，而是相反。现代性中有一个独立的（同时是古代的也是现代的）意义源头，这就是政治自由。"[1] 但是，朗西埃的平等假设剥离了社会学视野中的平等概念，如权利平等、程序平等、结果平等，它也不是指道格拉斯·雷（Douglas Rae）和罗尔斯（John Rawls）所使用的机会平等概念。这些所谓的"平等"都会被朗西埃斥为治安的技术。通过民主的政体（议会制）达到的平等，在朗西埃看来是"被净化的政治正好重新找到了审议与决定共同利益的适当场所——讨论与立法的议会，解决事务的国家领域，监督此审议与决策是否合于该共同体立基之法的最高司法机构。因此，政治哲学的复返，透过各种权威代表的介入，同时也宣称了政治的不存在"。[2]

对于"平等"，朗西埃用了一个非常有智慧的使用方法，即一般

---

[1]　Ulrich Beck, *World Risk Society*, Cambridge: Blackwell, 1999, p. 10.
[2]　[法]洪席耶：《歧义：政治与哲学》，刘纪蕙等译，麦田出版社2011年版，"序"，第8页。

的政治理论或政治行动都把平等视为行动的目标，但是他却将之颠倒为行动的前提。假设我们把行动目标都设定为对平等的诉求，这可能会囿于实践本身与实践目标的特殊性而陷于一种具体性之中，忘却了普遍性的解放和平等是现代性赐予我们的神圣之物。朗西埃把"平等"视为政治的前提，唯其如此才能把千差万别的主体行动召唤在同一个斗争的旗帜下，又丝毫没有损害斗争的具体性和当下性。平等被设定为一个假设的前提，但是其效果却促生了一个奔向解放的行动过程，这一过程也暗示了它永远不会终结或是达到尽头。朗西埃回答记者关于当代政治的状况时说："政治总是可能的，没理由不可能。但政治快来了吗？显而易见，就现在公共事务的现状来看，我也不乐观，跟你一样悲观。"① 事实上，作为一种假设，朗西埃的政治和平等都是保留和捍卫一种可能性。

总之，朗西埃把平等视为假设，而不是追求的结果，使得平等成为现代语境中抵抗不平等和支配的起点，其实质就是把法国大革命提出的"自由、平等、博爱"宣言转化为在当代泛政治实践中的微观化斗争。

第二节 感性的分配——美学的凸显

一、感性分配的内涵

"从各个方面看，感性的分配是一个限定的术语，它既是政治也是美学的核心，是朗西埃理论工具箱中一个值得研究的特殊概念。"②

---

① Jacques Rancière and Peter Hallward, "Politics and Aesthetics an Interview," *Angelaki: Journal of the Theoretical Humanities*, Vol. 8, No. 2 (2003), p. 198.
② Jean‑Philippe Deranty, ed., *Jacques Rancière: Key Concepts*, Durham: Acumen Publishing Ltd., 2010, p. 95.

朗西埃把政治视为对于治安划定的感性分配秩序的打乱、对峙和重新部署。这里涉及朗西埃话语中的又一个核心概念——感性的分配①（partage du sensible），英语界一般翻译为"partition"或"distribution of the sensible"，法语 partage 包含两层意思，一为"分配""划分"（partition, divide, or separation），二为"分享""共享"（share）②，这使得无论是翻译为英文还是汉语都可能忽略掉朗西埃描述的共同体中对于每个成员感知能力的划定与分享这两层意思。"sensible"意为"可感知性"，包括可见性（被注意到）、可听性（被听见）以及可述性、可行动性，等等。

"感性的分配"中的"感性"容易被理解为人的一种心理能力，"sensible"不仅仅包括主体的感知能力，也包括可感知的对象，以及此种感知方式的支配法则。因此，朗西埃的"感性的分配"，即对可感对象的划分，是指共同体为身体划定的时空感觉，划定感受主体可感的边界，决定了何者可感与不可感、可说与不可说、可行与不可行。

事实上，以可见性为例，被感知是事物被呈现的起点，事物何以被呈现为存在正是权力使然，可见与可述，可见但不可述，可述但不可见，这是福柯论述知识型时一再提到的"可见"与"可述"之间的复杂的知识型构关系。"人们不述说他们所看，看不见他们所说，而属于一个时代的知识就形成于看与说的这种高度贲张中。"③

---

① 也可以翻译为"可感性的配置"，但是为了汉语表达的习惯，本书基本使用"感性的分配"这一译法。
② 相关的论述见：Jean‑Philippe Deranty, ed., *Jacques Rancière: Key Concepts*, Durham: Acumen Publishing Ltd., 2010, p. 95; Joseph Tanke, *Jacques Rancière: An Introduction*, London: Continuum, 2011, pp. 1‑2。
③ [法]吉尔·德勒兹：《德勒兹论福柯》，杨凯麟译，江苏教育出版社2006年版，第72页。

在法文中"权力"是 pouvior，知识是 savior，它们共同的词根是 vior（看），可看与可述之间的错位与连接正是知识与权力的不同形态。朗西埃认为治安不是一种社会功能，而是对社会领域的象征性建构。治安的本质不是对人们的压迫和控制。其本质在于对感性（the sensible）的分配："我所谓的'感性的分配'指的是一种隐含的规则，这一规则通过定义感知模式来规定参与的形式，而且这一感知模式就内嵌于参与的形式之中。对感性的划分就是对世界（de monde）和人（du monde）进行划分，也就是建基于其上的共同体法则（nomoi）的分配本身（nemein）。"① 可以说，朗西埃用一种描述性但是又非常强硬的方式定义了感性分配的内涵，他设定了一个世界和人之间的联系法则，这一法则规定了人对于世界的感知模式，此一模式的单一性就是治安，感知模式的多样性就是政治。这样的定义无疑是犀利的，其中我们明显可以看到福柯对于知识型的描述，即何者可感、何者不可感作为知识型内部法则的限度。

或许我们可以用阿尔都塞的理论与之比较来说明感性分配的内涵，政治与治安正是在"感性的分配"的边界做拉锯战。朗西埃认为治安并不等同于阿尔都塞的"意识形态国家机器"，所以并不具有贬义色彩，他还是在中性的意义上使用它。治安仅仅是一种机制，但是在具体的操作上又不同于阿尔都塞所说的国家机器运作的"询唤"（interpellation）机制。阿尔都塞认为："一切意识形态都是通过主体范畴的作用，把具体个人呼叫或建构成具体主

---

① Jacques Rancière, *Dissensus: On Politics and Aesthetics*, ed. & trans. by Steven Corcoran, London: Continuum, 2010, p. 36. 另外，引文中译可以参见 [法] 雅克·朗西埃：《政治的边缘》，姜宇辉译，上海译文出版社 2007 年版，第 129 页。

体的。"① 阿尔都塞称之为"询唤",并由此推论认为:"一切意识形态的结构,以一种独一无二和绝对的大写的主体之名把个人建构成主体,是反射,亦即是一种镜像结构和双重的反射:这种镜像的复制构成了意识形态,并保证了它的作用。"② 但是朗西埃认为此种"询唤"有两个问题:第一,在实际的过程中,国家机器并不是以意识形态的"询唤"来规训个体,而是用驱赶和取消的方式,对个体的时间和空间做出与之对应的管制;第二,治安也不是像无所不在的意识形态那样,没有给群众留出拒绝"询唤"的空间。感性分配的革命性意义就在于它具有可以被打破、重组、重新分配的可能性。例如,朗西埃举出群众游行的例子:当警察在应对示威游行的人群时,并不是用"质询"和"召唤"的机制,上去说"嘿,叫你呢!(Hey, you there!)",使得游行者成为臣服主体,而是用"这儿没啥好看的,也没啥能干的,全都走开!"③ 的话语方式,剥夺了游行者对于街道空间和行动意义之间新的感觉配置。朗西埃认为"警察在公共空间介入时首先要做的不会是传唤示威者,而是打乱示威游行"④,维持既有的空间秩序的可感性分配。但是政治恰恰就要把这种仅是交通意义上的街道改造为让不可见成为可见的舞台,让被剥夺了发言的人说出平等的话语。"政治就在于把此种流通空间转化为一种主体的呈现空间:人民、工人、市民。它在于对空间,对可以做、可以看和可以命名者进行重新构型。"⑤ 作为可感性分配的"政治活动是任何将一个身体从原先被给定的场所中移

---

① [法]阿尔都塞:《列宁与哲学》,远流出版公司1990年版,第191页。
② 同上书,第197页。
③⑤ [法]雅克·朗西埃:《政治的边缘》,姜宇辉译,上海译文出版社2007年版,第130页。
④ Jacques Rancière, *Dissensus: On Politics and Aesthetics*, ed. & trans. by Steven Corcoran, London: Continuum, 2010, p. 37.

动或改变场所目的的活动。它使原本没有场所、不可见的变成可见的；使那些曾经徒具喧杂噪音的场所，能够具有可被理解的论述；它让原本被视为噪音的，成为被理解的论述"。⑤

二、美学的政治或政治的美学

在做了煞费苦心的界定和论述后，朗西埃把"感性的分配"直接称为美学：

> 因为我认为在今天，有必要重新思考美学的概念，并对此概念的一些仍未给予足够重视的涵义详加解释。美学不是关于艺术或者美的哲学或科学。"美学"是可感性经验的重构。在目前阶段，我将用非常简单的术语来界定可感性的经验：可感性的经验是感知与感知之间，是提供可感性材料的力量（a power that provides a sensible datum）和对此进行理解的力量之间的一种关系。⑥

在朗西埃的语境中，"aesthetic"一词具有两种意义：从广义上来理解，它指的是政治角度的审美，也就是说"政治首先是对感觉/感受材料的分配"。这里的"aesthetic"涉及的内容是可感觉的（the perceptible/sensible）材料，而非我们传统意义上的文学和艺术。从狭义上来理解，"aesthetic"是近代出现的一种艺术体制，它指的是

---

⑤ ［法］洪席耶：《歧义：政治与哲学》，刘纪蕙等译，麦田出版社2011年版，第63页。
⑥ ［法］雅克·朗西埃：《美学异托邦》，汪民安、郭晓彦主编《生产·第八辑：忧郁与哀悼》，江苏人民出版社2012年版，第196页。

"与再现体制相对的特殊的艺术体制"①（the representative regime of art），他称之为艺术的美学体制（the aesthetic regime of art）。可以将前者看成朗西埃对审美古老的"感性"意义的回归，并将其引入政治领域的言说中。广义上的"aesthetic"回归到了"审美"最初的意义上，即鲍姆加登的"感性认知"，并且在康德的美学共同体的基础上，把"美学"视为政治发生的理论起点。而狭义的"aesthetic"则是朗西埃自己所创造的对美学的一种全新的理解，一种识别艺术的体制，但是与传统意义上的美学学科也紧密相关。

朗西埃的美学概念完全不同于我们关于美学的传统定义，也不同于当前美学学科的基本内涵。我们一般把美学学科视为对于艺术的哲学思考，在康德那里，美学被视为一种"鉴赏判断力"，而并没有考虑艺术或是美学的本质或对象的问题。黑格尔将其发展为艺术哲学，当代美学学科尽管莫衷一是，但是基本还是以美学对象、美学经验、美学产品及分类等为学科对象。朗西埃的美学观直接与社会存在的感性宰制系统相联系，其外在表征为共同体对于其内部构成的角色、位置的划定和分配，其内在特征是人的可感性被塑形和打破此种被塑形的可能性。

"感性的分配"总是指向共同体内部的成员，它为这些成员设定好位置，为他们划定出"感性分配"的界限。共同体长治久安依赖于这种感觉边界的稳定性，而且，由此决定了哪些共同体成员的声

---

① 关于朗西埃语境中"aesthetic"的两种含义参见：Jacques Rancière, Solange Guénoun and James H. Kavanagh, "Jacques Rancière: Literature, Politics, Aesthetics: Approaches to Democratic Disagreement," *Substance*, Vol. 29, No. 2 (2000), p. 12. 另外，在朗西埃的著作《美学中的不满》中也有涉及两种含义的问题，他指出"esthétique"一方面指"可见性和可感性的一般体制"，另一方面指"这种体制形式内的阐释话语模型"，这里的表述较为晦涩，但是也可以看出，前者指的是与政治相关的"感性分配"，而后者指的是一种艺术识别体制。参见：Jacques Rancière, *Malaise dans l'esthétique*, Paris: Galilée, 2004, p. 21.

音能被共同体所听见,哪些行动可以被视为有理性的和善的行动。这生产出了虽身处社会之中,却不为社会所见所闻的"无分者之分"(the part of those have no part),即一些人被"感性的分配"体系排除在外,变成"不可感者"(insensible)。在对可感性进行分配、切割的时候,这一分配秩序同时被人的感性接纳为事实而得到"分享"。故而,"可感性的分配"同时意味着纳入(inclusion)和排除(exclusion)。要理解朗西埃的这一创造性概念,我们需要回溯到朗西埃最为着力批判的希腊城邦政治的历史起点,即对柏拉图和亚里士多德的批判。亚里士多德在探讨共同体政治的起点时,首先赋予公民政治能力,提出著名的"人是唯一有语言(logos)的动物"[①],因此要参与到共同体政治中来的前提条件就是必须得懂得语言,但是他又说:"那些要属于他人而且确实属于他人的人,那些能够感知到别人的理性(logos)而自己没有理性的人,天生就是奴隶。"[②] 在亚里士多德看来,奴隶可以听懂别人的话,但是没有自己的声音,他们发出的声音只能代表痛苦或欢乐,如同动物的嘶吼,不能够将其理解为共同体中可以辨识善和道德的语言。于是声音就成为一种能够产生歧义的可感性材料,奴隶的政治要求以及作为平等者的人的诉求,在奴隶主听来就是一些动物的本能嘶吼。而柏拉图在朗西埃看来更是确立了一种用语言生产权力和知识的原型。拥有黄金灵魂的"哲人王",他的感性分配被视为对于"理式"的最好体现,他拥有统治能力是因为拥有可以洞悉一切事物本质的知识。而农夫、瓦匠、纺织工、鞋匠等底层公民只能在真理的表层或者欲望的幻影

---

① [古希腊]亚里士多德:《政治学》,颜一、秦典华译,中国人民大学出版社2003年版,第4页。
② 同上书,第9页。

中行动，他们的感觉停留在虚假和低级的位置上。为什么会有这样的天壤之别？柏拉图给出的理由是他们只是物质生产者，满足别人的需求，他们的工作使得他们没有时间，也没有精力出现在精神活动中，只能在欲望的满足嬉戏中打发流年，他们发出的声音与共同体政治无关。

朗西埃似乎对于这些以是否拥有知识划定出是否平等的哲人有一种策略上与之论战的欲望，同时情感上也极度不满，正如后来他对于阿尔都塞以及布迪厄的看法。尽管朗西埃刻意拉开自己与阿尔都塞的距离，但是还是有学者指出他与阿尔都塞共享一个理论前提，那就是他并没有抛弃激发他与阿尔都塞分裂的理论预设："阿尔都塞教给朗西埃的就是知识的合法性建立在感知的前提条件上，它建立了一种分享的秩序，维持着有知和无知的人之间的不平等，它标明了知识更加深层的一种算计建立在特殊的感知标准上，由此引出了理论关注对象的可感知与不可感知的区分。"[1] 朗西埃其实是在阿尔都塞的知识论基础上做了一个扭转，当阿尔都塞把知识的拥有者视为可以领导工人的知识分子时，朗西埃却拒绝了这条道路，他认为知识和感觉的对应以及相互循环确证，正是不平等的起源，是知识权力获取合法性的原初。朗西埃正是在这个初始环节引入了美学，改变了这种知识权力和感觉分配的唯一模式，指出存在一种可感性的虚拟共同体，在那里，可感性的边界是未定的，人的自由可以通过可感边界的不断挪移而充分释放。这一空间在后来被朗西埃视为"美学异托邦"，这一空间存在的假设保存着政治发生的可能性。

当朗西埃把广义的美学界定为"可感性的分配"，使得其美学超

---

[1] Jean-Philippe Deranty, ed., *Jacques Rancière: Key Concepts*, Durham: Acumen Publishing Ltd., 2010, p. 98.

越了严格的艺术领域（当然包括艺术领域），继而使其成为"政治领域中起作用的概念协应（conceptual coordinates），以及把可见性的模式也囊括进来"①时，美学就成为政治论述领域中与"政治"形影相随的名词，或者说与"政治"成为一体。广义上的美学，作为一种测绘"可见性、可理解性与可能性的制图学"，实际上成为一种"政治的美学"（aesthetic of the political），而政治首先是一种关于可感知/可感受性物质的战斗（a battle about perceptible/sensible material）。朗西埃明确指出他所说的美学的政治是与本雅明的"'大众时代'中'政治美学化'无关的'美学'"。② 本雅明的政治美学化和美学政治化都有具体的所指，政治美学化正是指纳粹借此使其统治神秘化，使其反动的政治行动能够被未经反思的民众接受，比如纳粹利用未来主义的美学风格鼓吹战争。而艺术（美学）政治化特指在机械复制时代，技术的发展改变了原有的艺术生产方式，艺术品的"光晕"消散，艺术品的膜拜价值贬值为展示价值。同时，大众对于艺术生产的参与方式也被彻底改变了，从数量（个别—群体）到质量（接受—评判甚至创作）、态度（静观—消遣）的变化使得艺术最终成为真正的大众艺术，这样新的技术和艺术都可参与到大众政治斗争中去。如果我们寻找两者的相似性的话，朗西埃所说的感性的重新分配与本雅明认为的新技术能够生产新生活的节奏，二者还是有相通之处。朗西埃认为自己的"美学"更接近于福柯式的对康德的解读。"我们可以在康德的意义上来理解美学，但是要通过福柯式的重新审视，美学就是如何呈现自身感知经验的一套先验

---

① Jacques Rancière and Anne Marie Oliver, "Aesthetics against Incarnation," *Critical Inquiry*, Vol. 35, No. 1 (2008), p. 82.
② Jacques Rancière, *The Politics of Aesthetics: The Distribution of the Sensible*, trans. by Gabriel Rockhill, London and New York: Continuum, 2004, p. 12.

形式的系统。关乎时间与空间、可见与不可见还有话语与噪声两两之间的切分，同时将政治场域与政治核心定义为一种经验形式。"① 也就是说，要通过福柯对于知识型和权力的视角考察感性配置模式的先在性，使得何者可感、何者不可感所划定的经验得到审视。

三、美学主体与政治主体的同一

在朗西埃所言的"感性的分配"中，美学主体就是政治主体，或者说美学主体可以生产出政治主体。人的感性"经验形式"中同时包含着朗西埃所说的"政治"和"治安"两种不同的感觉经验。"治安"的经验形式要求我们服从既有的秩序，并且将其内化为福柯所说的自我规训机制。对于此种权力的支配，被规训者被告知不得越雷池一步，但是"政治"的"经验形式"恰恰是从权力的内部生产出对于统治秩序的"歧义"，它以绝对平等的假设为前提，质疑了这种感觉经验，生产出新的感觉边界，我们对于"经验形式"的新体验，就有可能使秩序内的日常行动转化为政治行动。正如朗西埃所言："就政治行动使我们视以前不被承认为政治的事件为政治，使我们听到以前不被计算在内的主体的声音而言，政治行动本身就是一种美学行为。"② 这就是朗西埃所谓的美学的政治（politics of aesthetics）和政治的美学（aesthetics of politics）。朗西埃对此论述说："如果艺术与政治存在一种联系，那么这种联系是作为美学体制核心的歧感造就的。艺术作品之所以能够产生歧感的效果，正是因

---

① Jacques Rancière, *The Politics of Aesthetics: The Distribution of the Sensible*, trans. by Gabriel Rockhill, London and New York: Continuum, 2004, p. 12.
② Jacques Rancière, Todd May, Benjamin Noys and Saul Newman, "Democracy, Anarchism and Radical Politics Today: An Interview with Jacques Rancière," trans. by John Lechte, *Anarchist Studies*, Vol. 16, No. 2 (2008), p. 179.

为它们既不说教,也没有任何目的……艺术和政治各自明确了一种异见形式,一种歧感性的对可感性共同经验的重新配置。如果这里有一种所谓的'政治的美学',那么它存在于通过主体化的政治进程来对共同体的分配进行重组的实践中。相应地,如果有一种'美学的政治',那么它存在于重组感知经验构造的艺术实践及其可见性模式之中。"① 朗西埃在这里实际上已经预设一种政治主体化的进程,它也是美学的主体化。作为被治安秩序所禁锢的工人、贫民等不能发出声音的人,正是通过感性秩序的打乱而成为政治和美学的双重主体。

为了更为形象地说明美学与政治主体的同一性,我们可以引用朗西埃经常援以为例的 1848 年法国革命期间发表在工人报纸上的一个工人加布里埃尔·高尼的文本,他的《十九世纪劳工之夜》细致描绘过这位为富人的豪宅铺地板的木匠工人的日记:

> 只要铺地板的工作没有完工,他就相信这是自己的家,他热爱房间的布置。如果窗户向着花园打开,或者眺望如画美景,他就会将手中的活计停一会儿,任由自己的想象向着广阔的风景翱翔。他比周遭房产的拥有者更加享受着这一切。②

一般意义上我们会把高尼的短暂闲暇与走神解读为劳动中的片刻休憩,朗西埃却别具慧眼地认为高尼的神游窗外包含着政治与美学的双重含义,高尼对窗外美景的欣赏正是康德所言的无功利的审

---

① Jacques Rancière, *Dissensus: On Politics and Aesthetics*, ed. & trans. by Steven Corcoran, London: Continuum, 2010, p. 140.
② Gabriel Gauny, "Le travail à la tâche," in *Le philosophe plébéien*, Paris: Presses Universitaires de Vincennes, 1985, pp. 45-46. 朗西埃原注。

美鉴赏。高尼并没有在那一刻因为花园属于资本家的私产而燃起阶级仇恨,而是通过对于美的感受把自己从劳役的治安秩序中解放出来,在审美的层次上实践了对于物的感觉的平等性,在朗西埃看来这就是政治。当我们质疑这一审美的实践性和有效性时,朗西埃告诉我们,这一文本与几天后巴黎爆发的工人街头武装革命如出一辙,所不同的是,后者把街道和房屋这些日常的居所和交通空间改造成了政治的可见性空间,对于街道和居所的使用与高尼对于花园的使用都是对于原有"感性分配"秩序的打乱。朗西埃认为"这是一种政治的美学在起作用",它创造出来一个可视性的新领域,在这个新领域中生活犹如艺术品,"艺术品就是一种特殊经验的对象。这种特殊经验取消了人类活动的等级,也取消了主体和再现形式的等级。政治的美学包含了一整套工人所作的和工人可以看到什么和想到什么之间新关系;这是一种可感性经验的新构型,其中'消极'的人可以经验到提升集体行动之可能性的'无活动性'形式"[1]。政治的美学使得工人抹平了自身繁重的奴役劳动和精神的审美活动间的距离,也取消了在亚里士多德的再现体系中卑微的人必须要用低等的形象来再现的法则。可以说,政治的主体也是美学的主体,它以平等者的面孔出现。

这里,我们需要追问什么是主体和主体化,在朗西埃看来两者都与政治相联系,主体是主体化的结果,而主体化就是政治化。"换言之:一个主体是一个居间者(in-between),一个处于二者之间(entre-deux)。无产者是这些人'特有'的名字,他们在作为居间者的意义上形成为一个整体:在众多的名字、地位和身份之间;在人

---

[1] 汪民安、郭晓彦主编《生产·第八辑:忧郁与哀悼》,江苏人民出版社2012年版,第205页。

性和非人性之间,在公民身份及其否定之间;在作为手段的人和作为言说和思考的生存者之间。"① 也就是说,主体始终是一个悖论式的位置,社会中的不同职业的被压迫者都可以在其中获得一个共同的名字——"无产者"。"无产者"是朗西埃使用的一种隐喻,它是工人运动家布朗基在检察长审讯时对他职业的回答,它代表的是众多被排斥在治安之外的人,是被剥夺了政治声音的人,而不仅仅是缺少财产的穷人,它是被社会分类体系排斥者的总称。这里朗西埃其实强调了居间者的一个动态和不稳定的属性,那就是他始终是在生成的过程中获得自己的声音,是从被排除者到平等者的过程,也就是说主体只能存在于"主体化"之时。

对于主体,朗西埃认为:"真正的政治在于有这样一种主体存在,该主体因其参与到矛盾之中而得到规定,政治是一种悖论的行动。"② 这种悖论的行动实质上是指个体依赖于一种治安秩序的存在,并对此种治安秩序提出异议,在治安角色与自己的感觉分割中发现裂隙,进而要求另外的感觉分配。这一悖论式核心在于它假设了治安秩序是不平等的但治安又承认平等的前提,如若不然,政治无以发生。也就是说,朗西埃所言的真正政治和政治主体不可能发生在柏拉图的理想城邦中,因为柏拉图的城邦设计并不避讳统治依赖于天生的不平等。在法国大革命之后,在人之生而平等的现代观念深入人心之后,才有可能发生朗西埃所言的政治。对于政治与主体的关系,我们可以从朗西埃对阿尔都塞的异议中得到更好的理解。在阿尔都塞"意识形态国家机器"的理论中,主体被意识形态"询唤"出来(Ideology Interpellates Individuals as Subjects),"意识形态

---

① [法]雅克·朗西埃:《政治的边缘》,姜宇辉译,上海译文出版社2007年版,第57页。
② 同上书,第121页。

的存在如同人们生活中必需的空气和历史的分泌物一样自然而真实"①。阿尔都塞几乎没有为工人或者是大众留下可以生产和抵抗的空间。"很清楚,统一的(强制性的)国家机器整个属于公共范畴,正相反,绝大部分的意识形态国家机器(在它们显然的弥散状态)是私人范畴的部分。教会、政党、工会、家庭、某些学校、多数报纸、文化冒险公司等,是私人性的。"② 可以说意识形态笼罩了所有的生活空间和社会空间,阿尔都塞认为只有马克思主义知识分子才可能突破这种无所不在的意识形态迷雾。朗西埃却坚决反对这种"有知对于无知的"优越性,他认为,通过对已可感秩序的再分配,意识形态在每一个空间都有可能被打破。审美就是穿过这迷雾的通道,它通过对于自身和对象的平等假设,发展出新的感知,政治发生的可能性就存在于被意识形态禁锢的每一个社会空间里。这里的关键在于,人民需要把治安秩序所规定的时间和空间配置模式打破,把这一时间和空间从日常功能中解放出来,使得街道不再是街道,工厂车间不再是生产场所,使这些空间转化为美学和政治斗争的空间。

值得我们注意的是,朗西埃所言的这种美学的政治与日常生活的审美还是有明显的区别。赋予生活空间以美学的风格,是当代资本以生产时间侵入个体的生活时间的一种症候,日常生活的美学化,起于商品也终于商品。朗西埃所关心的是,美学能否打破治安的秩序,让原来不可见的可见,让不可听的可听,也就是说美学化的生活环境中既可能生产出美学的政治,也可能建构出徒有美学装饰的

---

① 孟登迎:《意识形态与主体建构:阿尔都塞意识形态理论》,中国社会科学出版社 2000 年版,第 21 页。
② 同上书,第 20 页。

治安秩序，关键在于，审美主体能否打破设定好的感觉秩序，这才是美学的政治的核心。如果美学奇观般的商场空间和消费者达成了一种内在的默契，只接受潜在的消费者，那么这仅仅是一种治安秩序的运作。但是，如果此空间被既不是消费者也不是潜在消费者的群体所占据的话，商品空间的运作就会被阻止，此时政治就发生了。正如本雅明所描述的巴黎拱廊街里游手好闲的浪荡子，把商品视为美学对象和景观，止步于消费活动，若此类现象发生，这种商品空间的秩序就会被打乱。

美学主体就是政治主体，但是朗西埃所言的主体并不指向特定的阶级或社会阶层，仅仅是社会整体构成的增补，即总是多余或者少于整体的部分，它既是一个虚空的位置，又有可能实体化。"增补"是朗西埃对于政治主体的一个重要的描述概念，涉及朗西埃所说的"民主"。在《政治的十个主题》一文中，朗西埃认为："民主不是一种政治制度，作为对统治逻辑——也即通过支配权参与统治的逻辑——的断裂，民主乃是政治本身的规定，政治本身乃是规定着某些具体主体的关系形式。"① 在统治与被统治的关系中，民主并不是被统治阶层的联合自治，而是指人民（demos），即"作为总称的这种人民当与在一系列对应资格之间建立起的对应关系形式决裂"②。demos一词在古希腊专指无政治权利的贫民，但是在朗西埃借用的时候，它已经不再局限于指称当代的无产阶级或是贫民，而是指向"无分者之分"的一个位置。人民的民主就是指"无分者之

---

① ［法］雅克·朗西埃:《政治的边缘》，姜宇辉译，上海译文出版社2007年版，第121页。另见汪民安、郭晓彦主编《生产·第八辑：忧郁与哀悼》，江苏人民出版社2012年版，第174页。姜宇辉的翻译比较晦涩，本段采用了汪民安、郭晓彦主编的《生产·第八辑：忧郁与哀悼》中的译文。
② 汪民安、郭晓彦主编《生产·第八辑：忧郁与哀悼》，江苏人民出版社2012年版，第175页。

分"对既有的治安秩序的否决和不予承认,对于既有的统治资格的宣告无效。例如,在一个共同体中,年龄、出身、财富、力量或知识等都不足以成为拥有权力的资格。当人民不再是拥有共同利益的社会阶层,也不是社会人口的一部分时,朗西埃的政治主体其实已经接近于后现代关于"主体"的大致描述了——"主体"仅仅是一个缺位的空位。但是朗西埃赋予它一个可以实体化的可能性,而这一实体化只存在于一个稍纵即逝的时刻——美学时刻,通往它的通径就是美学,正是通过美学对于日常时间和空间的中断行动,增补性的人民才呈现为政治的主体。

朗西埃对于古希腊政治哲学进行了反转式的利用,不再把亚里士多德所说的城邦共同体中的贫民、手工艺者视为政治的主体,而仅仅关注他们是否能够发出平等声音。如何理解当代社会的"政治主体"?我们也不能把它理解为一个实存的被统治的阶层。"被命名为民主的共同体的'全部成员'是一种空无,是一个增补性的部分,它将此共同体从社会整体各部分的总和中分离出来。这一开创性的分离将政治奠立为各种增补性主体的行动,即指相对于社会各部分的计算之外的剩余。"① 出于理论和实践的双重要求,朗西埃让解放的主体虚位以待,而不明确指某一社会阶层,因为一旦政治主体指某一阶层或阶级,在他看来,这样的斗争就过于简单。我们可以看到,出于某一阶层的具体利益的政权颠覆与更替并没有完成人类解放的大业,革命有可能换来的是另一种治安秩序的重建。在朗西埃看来,从一种治安秩序走向另一种治安秩序于事无补。但是,一旦有压迫就会有反抗,只要有治安就需要有政治,这才是历史不可能

---

① 汪民安、郭晓彦主编《生产·第八辑:忧郁与哀悼》,江苏人民出版社2012年版,第174页。

终结的真谛。朗西埃要求的政治仅仅是对既有治安秩序的增补，并且把这种增补视为永无休止但却是在稍纵即逝的片刻发生的过程，于是美学主体和政治主体的同一性就被赋予了一种断裂式的片刻间的存在。

四、美学异托邦——政治和艺术的家园

"感性的分配"是构成美学与政治的内在同一性的基石，是朗西埃政治美学的核心，但是需要进一步将其发展为一个更为丰富和具有表现力的概念，以此来处理美学视野中的艺术传统以及美学与伦理共同体之间的关系。朗西埃在不断拓展自己的理论疆域的时候，发展出了一个非常形象的概念——美学异托邦（Aesthetic Heterotopia），它"是感知与感知之间关系的一种特殊形式。这是界定'美学'特殊性的出发点。我将试图表明，在与经验形构的另外一种形式（我界定为'伦理形构'）的对立或者转换关系中，这种'美学'特殊性能够得以确立"[①]。在这个概念中，政治隐藏于美学异托邦之中，治安转化为伦理（ethics）秩序，政治与治安的对立与依附关系转化为美学异托邦与现实伦理秩序的对立与依附关系。朗西埃通过"美学异托邦"一词，重新连接、打通、部署自己经常使用的词汇如政治、治安、民主，借此为自己的美学思想做了较为完整的陈述。朗西埃使用美学异托邦的概念主要是为了展开两个层面的分析：一方面主要描述发生于艺术内部的可感性经验的配置，揭示其影像的伦理体制、艺术的再现/诗学体制、艺术的美学体制（the ethical regime of images, the representative regime of art, and the aesthetic

---

① 汪民安、郭晓彦主编《生产·第八辑：忧郁与哀悼》，江苏人民出版社 2012 年版，第 206 页。

regime of art）之间复杂的演进关系、对立关系和转化关系；另一方面，描述美学异托邦与被"伦理型构"现实的感性经验的对峙以及对它的颠覆，勾勒出在伦理的感性分配模式下如何促成向美学异托邦的演变。

美学异托邦在朗西埃的论述中，既是美学的共同体，也是民主的共同体，也可以称其为政治的共同体。被治安秩序排除的纷乱、自由、民主与平等都在美学异托邦的名下得到了汇集。

"异托邦"（Heterotopia）是福柯提出的一个词汇，它区别于乌托邦（Utopia）。托马斯·莫尔小说中创造的乌托邦被引申为一个虚构和想象之地，它的存在没有时空性，而福柯所说的异托邦是指一些中断了日常时空经验的异在空间，它是真实的空间，例如古代与神圣、权力相关的祭祀场所和与生育相关的卧室等。在现代，福柯指出，精神病院、监狱、墓地以及汽车旅馆等空间都是异托邦。福柯认为，文化的"第一个特征，就是世界上可能不存在一个不构成异托邦的文化"[①]。异托邦是每一个共同体安置与命名一些秩序之外的空间和时间的地方，以此用镜像般的反转，确认自身的完整统一、合法自足。人们将行为异常的个体安置于该异托邦中，以此确保日常生活的时间和空间的正常运作。福柯认为异托邦可以连接不同的空间（例如，戏剧舞台可以在同一物理空间汇聚不同的戏剧时空），而且以不同于我们的时空而存在和毁灭。它拥有开闭的系统，有时开放有时封闭。但是朗西埃认为自己的美学异托邦既不同于乌托邦，也不完全等同于福柯的异托邦。"我们可以把居于美学经验核心的东西称为一种'异托邦'（heterotopia）。我对这一术语的用法与福柯不同。

---

① Michel Foucault, "Des espaces autres," in *Dits et écrits*, Gallimard, 1984.

'异托邦'意味着想象'异'('heteron')或者'他者'('other')的一种特定方式,这是作为位置、身份、能力分配之重构效果的他者。"①朗西埃没有专门论述美学异托邦是否具有真实的时空性,但是我们通过对于朗西埃的论述可以知晓,美学异托邦与福柯的"异托邦"有很大的差异。美学异托邦就内在于我们的日常时空中,或者说,它是日常时空秩序在某一时刻的断裂,这也说明日常的时空秩序本身就具有可以中断的可能性。在政治发生之时,它会由他者式的想象性的乌托邦瞬间生成为具有特殊时空的现实性时空。美学异托邦与福柯的异托邦有不少运作的相同之处,比如进入此异托邦后日常秩序的无效化,以及两者都需要获得进入的条件。对于美学异托邦来说,必须与不平等的共同体的秩序决裂才能寻找到它。它不但是政治家园,也是"无分者之分"——被算计在整体之外的人民(demos)的家园。

朗西埃以美学异托邦的名字来安顿自己的政治美学,"拓宽美学领域,给作为异托邦建构的美学判断的这种解释以一种普遍形式,是可能的。从中推导出一种政治美学,也是可能的"②。同时,他把自己的关键概念"民主"也连接在美学异托邦之中。朗西埃在《政治的十个主题》中对于"民主"的描述是"作为对统治逻辑——也即通过支配权参与统治的逻辑——的断裂,民主乃是政治本身的规定,政治本身乃是规定着某些具体主体的关系形式"③。但是在美学异托邦的视野中,民主不是政府的组织形式,"而是指一种异托邦共同体的形式。这种共同体被建构为对社会群体分配的增补,也是对

---

① 汪民安、郭晓彦主编《生产·第八辑:忧郁与哀悼》,江苏人民出版社2012年版,第205页。
② 同上书,第206页。
③ 同上书,第174页。

社会群体分配的拆解"①。朗西埃把民主这一人民的力量视为社会整体人员之外的一种虚设的增补数字，他认为"民主的增补是对那些分配的一种增补，它假定了一种特殊场域的建构，在这种特殊场域中，所有那些位置和能力的分配都被宣告无效"②。这样，朗西埃设定的"特殊场域"就成为他所期望的美学异托邦。

正如政治对于治安的游击战，美学异托邦也需要与之相对的"伦理共同体"作为对峙和依附的对象。朗西埃为了给美学异托邦存在的合法性开路，首先需要从一个同一性的、共识性的共同体中另辟出一个空间，用美学命名这一空间，用美学的歧感来完成对于伦理共同体的增补和抵制。

在美学与政治的关系上，我们首先要厘清的是美学是否有抵抗和改变的力量，对当代影响巨大的布迪厄的社会学理论对之持否定态度。朗西埃认为布迪厄和阿尔都塞没有给美学和政治留下特殊的位置，没有留下被压迫者可以转化为抵抗主体和政治主体的可能性。尽管布迪厄可能不同意这样的看法，他也期望一种斗争，但需要被统治者的主动争取，"尤其当对比现在和过去状况时，被统治者幻想着只要等待有利条件的到来就好，实际上，有利条件只有靠斗争才能夺取"③。布迪厄利用习性、区隔、场域、资本等概念建立起一套破除二元对立的社会学理论时，并没有给予美学什么特殊的例外法权，通过它被压迫者可以获得解放。这一观点使朗西埃经常把布迪厄的社会学理论作为他的思考和辩论对手，他甚至直接称社会学家

---

①② 汪民安、郭晓彦主编《生产·第八辑：忧郁与哀悼》，江苏人民出版社 2012 年版，第 206 页。
③ Pierre Bourdieu, *Distinction: A Social Critique of Judgement of Taste*, trans. by Richard Nice, Cambridge: Harvard University Press, 1984, p. 164.

所编制的理论"改变不了下层百姓的地位,所以只好让他们在承受时不再感觉到罪恶"[1]。尽管布迪厄本人的学术起点是对社会不平等的再生产机制的揭露,但是他的理论逻辑却展示了一幅暗淡的战斗图景。"对于布迪厄来说,整个社会世界可以解读为受到权力场域直接间接控制的各种社会形态的总和。尽管布迪厄从未像福柯那样说过权力无所不在,但是他却要具体而微地将权力关系展现为可以在经验上把握的种种社会结构,甚至展现在作为个体的社会行动者的内在性情中。"[2] 当布迪厄穷其一生建立了包罗万象的宏大社会学理论的时候,朗西埃却以釜底抽薪的方式指出其社会学"无疑已经遗忘了要重组社会的最初梦想"[3]。

布迪厄把审美趣味视为区隔社会阶层的一种手段。小资产阶级在美学形式的欣赏中有一种能力,他们能够把知识、需求和欲望割裂开,仿佛一种纯"美学主义"的鉴赏能力存在于小资产阶级的习性中,这种形式与内容的隔离能力被视为一种普遍的"美学"。对于这种现象,布迪厄用社会学祛魅方式指出,不同的阶级有其不同的内化实践原则(ethos)[4] 所决定的趣味,小资产阶级由于在时间空间上有更多的支配权,他们可以在不同的审美对象中抽离出纯粹的美学感受,而不用陷入此美学内容的社会性和现实性。"那些不太受

---

[1] Jacques Rancière, *The Philosopher and His Poor*, ed. and trans. by Andrew Parker, trans. by Corinne Oster, John Drury, Durham: Duke University Press, 2004, p. 180.
[2] 朱国华:《权力的文化逻辑》,上海三联书店 2004 年版,第 81 页。
[3] Jacques Rancière, *Malaise dans l'esthétique*, Paris: Galilée, 2004, p. 22.
[4] ethos 意为"内化的实践原则或价值",是布迪厄社会学的一个重要概念,指在实践中形成并内化于身体的道德原则,它在实践状态起作用,与制度化的、言语表达的伦理(ethics)相对照。朱国华将其简洁地译为"情理"。ethos 与 hexis(素形、素性、身体仪态)两个概念共同支撑了布迪厄社会学的关键概念"habitus"(惯习)。布迪厄对这几个词的界定,参见: Pierre Bourdieu, *Sociology in Question*, trans. by Richard Nice, London: Sage Publications, 1993, p. 86。

制于生存急需的社会阶级能够在需要和欲望之间创造出一定距离。这种例外仍旧证明了这样一种规律：美学趣味的判断实际上是社会判断，表达了为社会所决定的内化的实践原则。"① 这样看来，布迪厄其实也是对康德以来的形式主义美学进行祛魅，他把美学还原为社会等级的不平等转化结果，同时它又强化和遮蔽了这种不平等。这一视角无疑具有激进的社会批判意义。布迪厄对于美学的祛魅在朗西埃看来却保守至极，他认为如果在布迪厄理论视野下，社会的区隔和等级分配构成社会的伦理秩序，美学的功效不过是对于这一伦理原则的复写，这就必然会导致"位置的分配体系决定了在不同位置的人们能够感觉和思想什么。这种需要和欲求的分配同时是有知和无知的分配"②。也就是说，布迪厄的主体和阿尔都塞所言的主体一样，内在实践原则使得主体的美学化和审美活动毫无抵抗和解放的潜力，这样的话语对于朗西埃来说，正是需要坚决给予批判的知识权力的支配话语，是柏拉图"哲人王"的徒子徒孙。

布迪厄将审美作为区隔说明了一件事：小资产阶级表面的超然趣味和自由选择，其实依然无法超越自身的强烈欲望（epithumia）限制。在布迪厄的社会学理论视野中，社会个体在一个吊诡的路径上又和柏拉图"哲人王"理论交汇在一起：每个人都按照自己的天赋做一件事情。朗西埃认为柏拉图提出了一种特殊的伦理可感性分配观念。伦理的（ethical）含义必须从"ēthos"一词的词源学意义上来理解："ēthos"一词首先意味着人们所生活的住处、处所以及可感知的环境。由此，"ēthos"意味着生活方式，意味着由这种环境所决定的存在、看、想以及做的方式。而布迪厄的核心概念"内

---

① 汪民安、郭晓彦主编《生产·第八辑：忧郁与哀悼》，江苏人民出版社2012年版，第202页。
② 同上书，第203页。

化实践原则"(ethos)与之类似，也是由伦理的实践形成的习性在实践中继续发挥作用，"因此，这种'伦理'秩序不仅是一个共同体中诸种位置、职业和能力的井然有序的等级性体系，它也是对可视性、可想性、可能性的全面组织。它决定了对居于某种位置和职业的这一或者那一阶级而言，何者可感、可见、可想以及何者可做"①。朗西埃认为："这种柏拉图式的诊断是规定性的：它表明，根据人们在共同体中的位置，人们必定如何感知和想象。布迪厄自己的'激进'诊断将此种'必然性'展示为一种对人们所经验到的现实的纯科学描述。"② 布迪厄对于社会学科学性的自信在朗西埃看来很不可靠，社会学的统计调查是在既有的秩序和分配中展开的，对于那些朗西埃描述的共同体中无声的部分，这种调查只是用科学的客观性增加对不平等的遮蔽。布迪厄对于科学客观性的追求，如同朗西埃在《哲学家和他的穷人们》中论述的"哲人王"对理念的占有一样，是以知识的权力为自己的地位辩护。

此处的问题就在于当布迪厄越是强调他的社会学的客观性和科学性的时候，在他的理论中，社会个体越是无法抵抗社会结构强加于他的身体上的符号暴力。朗西埃是无法接受这样的理论的，对于他来说，个体可以通过进入美学异托邦打破"伦理型构"对个体的时空划定和可感物的配置，唯其如此才能成为政治主体。而要达到这一途径的前提就是假设美学异托邦的空间的存在，为它的存在提供合法性，这就需要回到美学之初的感性含义以及工人对于审美的再利用的历史档案中寻找证据。

美学异托邦提供了政治主体可以占据的开放位置。"所有那些美

---

① 汪民安、郭晓彦主编《生产·第八辑：忧郁与哀悼》，江苏人民出版社2012年版，第201页。
② 同上书，第202页。

学异托邦形式的共同点在于不确定位置，也即一种谁都能够占据的位置的确立（the determination of a place of the indeterminate）。"在这个位置上，亚里士多德的等级秩序和柏拉图的伦理形塑都是失效的，这一空间对于共同体中被视为无声的人以及艺术中被再现的对象都是敞开的。例如对于被辛苦劳作因禁的无产阶级和穷人来说，可以在某一时刻开启这一异托邦的空间。工作中的无产者可以把劳动的双手停下，尝试着写作自己的诗歌和哲学，生活在欲望和需求中的穷人也可以在对戏剧的欣赏中确认自己并非是天生被注入了铜铁的卑微灵魂。

或者，我们可以说美学异托邦就是美学政治的另一种说法，不仅仅是共同体中增补的成员凭此得到显现，艺术的美学性也存在于其间。"这是一种'美学的政治'在起作用。相应地，个体工人和工人集体所能确认的自由，也不是任何艺术的政治所造成的，但它是一种'政治的美学'的要素。美学的政治包含着可视性的一个新领域。在此领域之中，艺术品是一种特殊经验的对象。这种特殊经验取消了人类活动的等级，也取消了主体和再现形式的等级。政治的美学包含了一整套工人所作的和工人可以看什么和想什么之间的新关系；这是一种可感性经验的新型构，其中'消极的'人可以经验到一种提升集体行动之可能性的'无活动性'（inactivity）的形式。"[①] 最能体现此种异托邦的自在和自由的就是存在于艺术中的美学，这也是康德以及黑格尔以来一直关注的一个核心，但是朗西埃用美学异托邦的视角为之做出了另外一种更为现代的阐释。

---

① 汪民安、郭晓彦主编《生产·第八辑：忧郁与哀悼》，江苏人民出版社2012年版，第206页。如前文所述，朗西埃认为，美学的政治和政治的美学都是重构可感性分配。真正的美学也是政治性的。

黑格尔在《美学讲演录》中讨论了两幅街头乞儿画，那是他在慕尼黑皇家美术馆看到的缪里洛（Bartolomé Esteban Murillo）的作品。一幅画中，一个乞儿安静地吃着面包，母亲为他捉头上的虱子；另一幅画中，衣衫褴褛的两个乞儿享受着葡萄和瓜。黑格尔把他们怡然的神态视为"逍遥自在和无忧无虑……这种对外在事物的无所牵挂，以及流露于外的内在自由，正是理想（Ideal）这个概念所要求的"①。乞儿的怡然自足为什么会被黑格尔解释为"内在自由"呢？黑格尔给予的解释是，因为乞儿如奥林匹斯圣山上神祠般无所事事（do nothing），"既然他们基于如此的优点（excellence），人们可以认为这些孩子蕴藏着任何的可能性"②。黑格尔对于乞儿"内在自由"的认识，正是将其视为绝对自由（抽象自由在具体形象中的显现）的证明。在黑格尔看来，这种抽象自由在具象中呈现是自由意识在自我中的反思，是绝对精神辩证演进的一个环节，它体现在具象和特殊中的理念特征是"在这种反思中，所有出于本性、需要、欲望和冲动而直接存在的限制，或者不论通过什么方式而成为现成的和被规定的内容都消除了"。③

朗西埃对这种解释并不满意，他认为黑格尔的阐释其实存在着观看和理解之间的差距。"这些意象和黑格尔对这些意象的理解之间的差距，我称之为美学和伦理之间的差距。"④ 朗西埃首先认定了黑

---

① 朗西埃原注。转引自汪民安、郭晓彦主编《生产·第八辑：忧郁与哀悼》，江苏人民出版社2012年版，第197页。
② G. W. F. Hegel, *Aesthetics: Lectures on Fine Art*, trans. by T. M. Knox, Oxford: Clarendon Press, 1975, p. 170. 朗西埃原注。译文采用《美学（第一卷）》（商务印书馆1979年版）第218页，有改译。
③ [德] 卡西尔:《卢梭·康德·歌德》，刘东译，生活·读书·新知三联书店2002年版，第13—14页。
④ 汪民安、郭晓彦主编《生产·第八辑：忧郁与哀悼》，江苏人民出版社2012年版，第197页。

西班牙画家缪里洛油画《吃瓜者》,1650 年

格尔并不是在自然需求的满足上来欣赏乞儿画,但是他认为在黑格尔的法哲学理论中,对于社会阶层的划分是一种伦理性的分配,各司其职。而这些无所事事的乞儿完全不符合其中的任何一个阶级,他们挑战了角色分配法则。在朗西埃看来,这种对立正是美学异托邦和伦理共同体(或称等级共同体)之间的对立。

朗西埃的这种解释其实故意割裂了黑格尔的艺术哲学与整体理念哲学的关系。在黑格尔那里,乞儿正是绝对理念在精神阶段和艺术中的显现,绝对理念正是通过对象化的运动穿越了艺术之维回归自身。但是朗西埃的这种策略性的再阐释具有很强的说服力,在他看来,乞儿们的游离性颠覆了两种艺术体制,即柏拉图影像的伦理体制和亚里士多德的再现诗学体制。"在柏拉图所建构的伦理性的(可感性)分配体系下,当关乎话语、表象以及真理之事的时候,以双手劳作的人们只会拍手鼓掌。他们的美学能力与其生存方式相一致,这种一致是消极性与消极性的契合,也是毒药与疾患的契合。"① 也就是说,按照柏拉图的逻辑,对于乞儿的鉴赏只能从本能满足的角度来理解,而且这样的艺术品对于共同体来说是多余的。

在亚里士多德的再现诗学体制中,"诗歌建构了一种行动的因果链条,这与仅仅被视为事实的连续体的历史相对立。诗歌及其他艺术的卓越性依赖于其讲故事和再现行动的能力"②。也就是说,诗歌具有的两个特点都在乞儿的自足状态中缺失,一是行动,二是等级。乞儿们并不是去完成一个叙事的动作,同样按照诗学体制,诗歌是再现伟大英雄和悲剧之所,没有这样丑陋的乞儿的位置。朗西埃正是在这一点上划定了美学异托邦的位置,在此位置上朗西埃把黑格

---

① 汪民安、郭晓彦主编《生产·第八辑:忧郁与哀悼》,江苏人民出版社2012年版,第200页。
② 同上书,第197—199页。

尔眼中的乞儿、康德无功利的宫殿都划入其中，这是一个特殊的场域，对于伦理共同体和等级共同体而言，朗西埃认为他所划定的场域是异托邦性质的。它假定了一种特殊场域的建构，在这种特殊场域中，所有关于位置和能力的分配都被宣告无效。他把这一场域视为一个美学圆环——美学异托邦，"美学判断及其对象形成了一个美学圆环，这个圆环不参与共同体的伦理性建构，如果不是与此共同体形成对立的话。在此圆环中，形式和图像的表象不再指向欲望或者知识。在对形式的美学欣赏中，高级和低级官能的自由游戏要求取消以下三种等级的对立：有知和无知的对立；知识和欲望的对立；精致欲求与原始需要（vulgar needs）的对立"[①]，从而实现了美学的无功利、非概念的特点。

朗西埃同时指出，美学异托邦中的艺术作品也需要自己的展示空间，这一空间脱离了宫殿和教堂的物理空间，即通过艺术史的还原，给予这些艺术品生成的社会条件。例如对于绘画和雕塑而言，从宫殿和教堂的装饰空间脱离，它们有了一个不再被还原为等级的建构的物件，也有了空间上的家园："这种新空间被称为'博物馆'，在那里，绘画与雕塑从它们以前所在之处分离出来。这些绘画和雕塑不再是宗教真理或者王子权威的图解，也不是为着取悦贵族而对大众生活所做的生动再现。"[②]

其实，我们可以看到朗西埃在孤立地划出黑格尔的艺术哲学之后，又回归到康德的审美判断的基础上，不同的是他把这种想象力和知解力的游戏视为政治的能力。"美学异托邦由此可以被视为摒弃

[①] 汪民安、郭晓彦主编《生产·第八辑：忧郁与哀悼》，江苏人民出版社2012年版，第201页。
[②] 同上书，第202页。

可感性的伦理分配之歧感性（dissensuality）① 的一种政治形式的原则。"② 朗西埃如此煞费苦心地建构出一个美学异托邦的目的是什么呢？在审美救赎的道路上，西方马克思主义左派阵营里早有先行者，把美学视为对同一性社会的对抗与救赎并不是新鲜论调。阿多诺的论述已经非常深刻，我们可以做一简单的对比，以此揭示朗西埃的美学观念相对于阿多诺的美学理论的超越或改变。

阿多诺对于艺术"社会性"的描述正是以艺术"自律性"来彰显。正如朗西埃所论述的美学之物脱离了社会功能的角色，阿多诺也认为，"确切地说，艺术的社会性主要因为它站在社会的对立面……这种具有对立性的艺术只有在它成为自律性的东西时才会出现"③。在阿多诺看来，审美的艺术作品对于社会中支配权力的抵抗是政治艺术作品的生命力，艺术作品本身的存在就"一直与支配社会的种种力量和习俗发生冲突"④。但是阿多诺所指的自律性艺术主要是他心仪的现代主义作品，能够入他法眼、被他提及的也只是如贝多芬、勋伯格、贝克特、波德莱尔等现代主义大师。对于美学的再现，阿多诺也指出艺术作品所再现的不再是所再现之物，而是一种对于"折射物"的新的想象、凝结、构造，这使得艺术拥有了使

---

① 席勒的"自由游戏"与功利性活动存在着一种美学的断裂（aesthetic rupture），它既不具有认知性也不具有伦理性。与之相对的亚里士多德的再现体制要求艺术的手法对应于表现题材的高贵低贱，划定了什么可以再现以及如何再现可感性模型。"模仿"或"再现"（mimesis or representation），实质上是要求一种"感知与感知之间的和谐一致"（concordance of sense and sense）的体制。美学体制下的艺术所要破除的就是此种感知呈现模式和一种意义机制之间达成的"共识"（consensus），生产出"歧感"（dissensus），即感知之间的冲突。在朗西埃的政治-美学术语中，dissensus 根据不同的论述主题和对象，可以被译为"异见""异议""歧义"等。本书建议在讨论政治时，将 dissensus 译为"歧义""歧见"。(Jacques Rancière, *Dissensus: On Politics and Aesthetics*, ed. & trans. by Steven Corcoran, London: Continuum, 2010, p. 85.)
在美学讨论中，dissensus 可译为"歧感"，而将 dissensuality 译为"歧感性"。
② 汪民安、郭晓彦主编《生产·第八辑：忧郁与哀悼》，江苏人民出版社 2012 年版，第 207 页。
③④ ［德］阿多诺：《美学理论》，王柯平译，四川人民出版社 1998 年版，第 385 页。

生命超越一切被约束和统治的可能。朗西埃的美学在解放的功能上与阿多诺的有类似之处。"美学以自主性话语的现代面貌出现，决定了感受的自主性切割。这种出现是对于脱离于功能判断，并且定义了一种虚拟共同体的感受性之重视——被要求出现的共同体，此共同体重叠于凡事都有用途的秩序世界。"① 对于艺术自律性问题，朗西埃是认同阿多诺的，但是他更多强调此种自律生产出的一个美学共同体——美学异托邦。对比阿多诺，我们可以看到，朗西埃所指定的美学或者说艺术的美学体制在三个方面较之阿多诺有了变化和突进，而这也是朗西埃的政治美学能够切入当下的原因。第一，朗西埃没有把艺术与生活及美学与社会割裂，艺术正是通过不断返回生活才改变了生活的伦理塑形。美学尽管是对于治安或伦理共同体的抵抗和瓦解，但它依附于原有的感性分配体，它的抵抗不是彻底的颠覆，而是不断地挑起争端，改变感性分配的边界，使不可见的可见，不可说的可说，使不被视为平等存在的获得平等的话语权。第二，朗西埃没有采取现代主义和后现代主义艺术这样的艺术分类方法，在他看来艺术的不同体制是对于物的感知的不同关系，艺术的美学体制或生活的美学行动都可以把个体带入政治主体的位置，通俗艺术、大众文化都可拥有这样的功能，这一点与阿多诺完全不同。第三，朗西埃的美学把法兰克福学派无望的救赎改造为时时刻刻可能发生的解放和抵抗。朗西埃的理论并不主张现实斗争的整体革命或是从外部的颠覆，他要求的是通过对于平等这一基本的现代性成果的展开和对于事物称谓下所包含的歧义的声张，从而获得解放。在共同体内部不断打乱原有的感性配置，使得人民这一"无分

---

① ［法］洪席耶：《歧义：政治与哲学》，刘纪蕙等译，麦田出版社 2011 年版，第 104 页。

者之分"可以通过不同的斗争形式成为政治主体。

第三节 三种政治类型与三种艺术体制

朗西埃认为"美学"是可感性经验的重构,是感性分配的重新划定。他认为"可感性的经验是感知与感知之间,是提供可感性材料的力量(a power that provides a sensible datum)和对此进行理解的力量之间的一种关系"①。在政治和艺术领域,艺术的非艺术辨识依赖于这种感性配置的辨认/认同体制(régime)②。朗西埃的美学有广义和狭义的分别,在广义上是发生在伦理共同体中的政治,在狭义上指的是艺术的美学体制。在谈论艺术的时候,感性分配的模式决定了何为艺术,何为非艺术;同时,这种辨识体制又决定了政治体制的类型。

事实上在朗西埃的论述中,我们可以看到不同的艺术体制实际上关联于不同的政治③体制,朗西埃概括了艺术的三种体制:影像的

---

① [法]雅克·朗西埃:《美学异托邦》,汪民安、郭晓彦主编《生产·第八辑:忧郁与哀悼》,江苏人民出版社2012年版,第196页。
② 朗西埃的"体制"理论思想来自福柯的"知识型"(epistem)理论思想的启发。朗西埃本人认为自己的思考方法很像知识考古学,但是他认为自己思考事件更为开放(more open to the event)。参见:Jacques Rancière, *Et tant pis pour les gens fatigués*, Paris: Éditions Amsterdam, 2009, p. 476 或者 Jacques Rancière, Marie-Aude Baronian and Mireille Rosello, "Jacques Rancière and Interdisciplinarity," *Art&Ideas: A Journal of Ideas, Contexts and Methods*, Vol. 2, No. 1 (2008), p. 3。另外朗西埃认为此词并非"专有名词或特殊概念",参见[法]洪席耶:《影像的宿命》,黄建宏译,典藏艺术家庭股份有限公司2011年版,第63页;Jacques Rancière, *Mute Speech: Literature, Critical Theory, and Politics*, trans. by James Swenson, New York: Columbia University Press, 2011。在西方的政治文本中,régime 一般可以被翻译为体制、制度,但是其在朗西埃的文本中更强调某一领域的主导的思考模式、感知模式的规定性,与本书后面提到的 institution 有明显的区别。
③ 此处的政治(polity)并不是指朗西埃的政治(la politique),仅是对于不同的共同体组织形式的称谓。

伦理体制、艺术的再现/诗学体制、艺术的美学体制。朗西埃著作英译者和研究学者加布里埃尔·洛克希尔（Gabriel Rockhill）通过归纳指出，宽泛说来，一种艺术体制是指"做和制作的方式""这些方式对应的可见性形式""对两者的概念化方式"这三项的连接模式。① 艺术体制就是建造艺术大厦所要求的艺术辨识和认同体制，这种体制在"实践、可见性的形式和可理解性（intelligibility）的模式之间建立起特殊的联系"②，使得人们据以辨识出其产品属于艺术还是非艺术，属于好的艺术还是不好的艺术。艺术的三种体制分别对应于朗西埃描述的三种政治哲学形象，即政治维度的三种体制：原政治（archi-politique）、类政治（para-politique）和政治（由元政治 meta-politique 演变而来）③。朗西埃提出三种政治的概念，是为了更为清晰地阐释共同体如何处理内部"无分者之分"的问题。对于"无分者之分"的处理办法，构成了三种政治，在此三种政治中的艺术体制因为受共同体的组建原则的主导，也体现了此种政治类型的特征和原则。

朗西埃之所以没有把三种艺术体制与三种政治形象相联系，是因为他在论述两者时各有理论视域的所指。论述三种艺术体制主要是为了梳理出艺术中的美学体制的建立和影响，而三种政治形象主要在论述共同体政体时出现。当然，我们需要对朗西埃的理论做空

---

① Jacques Rancière, *The Politics of Aesthetics: The Distribution of the Sensible*, trans. by Gabriel Rockhill, London and New York: Continuum, 2004, p. 91.
② Jacques Rancière, *Aesthetics and its Discontents*, trans. by Steven Corcoran, Cambridge: Polity Press, 2009, p. 28.
③ 台湾刘纪蕙等译《歧义：政治与哲学》（麦田出版社 2011 年版）中，archi-politique 翻译为元政治，meta-politique 翻译为后设政治，在大陆 meta 做前缀一般翻译为"元"，如元哲学（metaphilosophy），鉴于 archi 做前缀有"主要的""首要的""第一位的""为首的"之义，故此处翻译为原政治。本书在引用时都做统一更改。

间化的处理,把它们内在的一致性和理论基点揭示出来,并建立有效和鲜明的关联。可以说朗西埃近年来探讨的文学、艺术、影像都依赖于此三种艺术体制之间的关联,同时包含着对于艺术的政治辨识,他对于当代艺术与政治的关系的论述,依赖于这种艺术体制与政治体制内在一致性的话语。当代的艺术定义囿于艺术发展的自主与非自主的视野,割裂了艺术与政治的关系。在朗西埃看来,这种分裂是纯"偶然的观念",艺术成为独立的领域是政治类型的变化导致的结果。由于政治处于朗西埃思考范式的核心,我们如果要深入理解朗西埃的艺术体制,准确把握他谈论艺术时的政治性维度,就要加深对于他的政治维度或政治原型的理解。

在讨论朗西埃的艺术体制之前,我们有必要区分一下朗西埃的艺术体制与时下艺术理论中所讨论的艺术体制的差异。一般的艺术体制理论(institutional theory of art)[①],是指发端于二十世纪下半叶的从艺术生产角度来分析艺术界各种景观和现象的艺术理论。从狭义上讲,艺术体制具体指的是维持艺术生产和艺术独立性的社会机构或机制,其中包括艺术赞助者、赞助机构、艺术生产组织、艺术院校、艺术场馆、艺术刊物以及当代的艺术企业、大众媒体等。这些研究对于朗西埃来说并不是艺术得以成立的合法性前提,艺术成为艺术不是由社会组织和体制的构成及哲学观念所决定,而是由感

---

① institution 一词在经济和文化领域,往往被翻译成"制度",用来表达社会系统内部成员约定俗成的习性、习俗、惯例和强制性的规约(formal rules, regulations, law, charters, constitutions);在哲学领域往往翻译成"建制";在文艺理论研究和社会学领域,译成"机制"时,我们偏重它的运作过程以及系统内部各部分之间的相互作用;在译成"体制"时,主要强调 institution 的两个主要内涵:系统内部成员普遍接受的主导性思想观念,以及业已确立起来的生产、交换和分配机制。([英]奥斯汀·哈灵顿:《艺术与社会理论——美学中的社会学论争》,周计武、周雪娉译,南京大学出版社 2010 年版,第 1 页。)而朗西埃文本中的 regime 翻译为体制是指组建艺术共同体的权力关系,强调的是职能、位置、可感性划定的边界等意义,既有空间性特点,又有运作的机制属性。

性的辨认体制所决定。例如朗西埃认为丹托讨论艺术终结时，实际讨论的是"艺术已经难以承受'艺术的本质'的重负，此种'本质'是由观念论哲学（及其所衍生的新柏拉图主义）仅仅出于哲学自身的目的而指定给艺术的。他们指出，应该终结此种屈从"①。在朗西埃看来，像丹托一样的艺术理论家要求把艺术实践解放出来的无预设美学在处理杜尚小便池的双重性时依然一筹莫展，"此种艺术的'解放'事实上把其'特有'的思想限定于一种得到充分界定的社会游戏之中"②。这种界定最后由博物馆馆长、批评家、观众之间的协商达成，对于艺术与非艺术的区分依然是模糊的。相较而言，彼得·比格尔所说的艺术体制观与朗西埃的艺术观有接近之处，它"既指生产性和分配性的体制，也指流行于一个特定的时期、决定着作品接受的关于艺术的思想"。③ 但是彼得·比格尔缺乏朗西埃对于艺术的政治面相的强调。朗西埃认为思考艺术的领域，"要建立艺术的大厦，也就是说要定义某种识别艺术的体制，即是说要定义实践、可见性的形式以及可理解性的模式之间的关系，以区别它们的产品属于艺术（l'art）还是某种技艺（un art）"④。可以说朗西埃是在一个更大的范围内讨论艺术的体制，是讨论艺术的"知识型"的理论。而且朗西埃有意把这一艺术的知识型与自己的政治概念相联系，即他在谈艺术体制时，包含着一种平等主义的民主思想⑤，唯其如此，他才能把柏拉图和亚里士多德的政治体制视为排除了民主和美学的艺术体制。

---

① ［法］雅克·朗西埃：《政治的边缘》，姜宇辉译，上海译文出版社2007年版，第93—94页。
② 同上书，第94页。
③ ［德］彼得·比格尔：《先锋派理论》，高建平译，商务印书馆2002年版，第88页。
④ Jacques Rancière, *Malaise dans l'esthétique*, Paris: Galilée, 2004, p. 43.
⑤ Joseph Tanke, "What is the Aesthetic Regime?" *Parrhesia*, No. 12 (2011), p. 77.

一、原政治与影像的伦理体制

在西方政治哲学史上,柏拉图最早提出明确的共和政体,它与君主制相对,当代共和政治体制无不起源于此。朗西埃对于柏拉图共和政体的深度批判隐含着对当代政治共同体的思考。"原政治的模型是由柏拉图所提供的,在其基本的层面上都显示了其作为共同体的计划,乃是建立在共同体原则的完整实现与全盘了解的基础之上,并且完全取代了政治的民主型态。"① 柏拉图所推崇的原政治就是"哲人王"的共和政体,它的特点在于共同体内不同阶层拥有各自不同的德行能力,其相互之间的等级平衡维系着政体的存在,也就是说共和政体是一种基于道德力量的政体,从高到低由"哲人王"、城邦守卫者、工匠组成。

朗西埃认为柏拉图的共和政体假设了其组成部分和整体理念的严丝合缝,"无分者之分"成为不可能从共同体之中分离出来的部分。被排斥者要求平等的声音更是无从谈起,因为在柏拉图的共和政体中,这是完全被排斥的。柏拉图为解决这种部分与部分之间分享的比例关系问题,提出了城邦三个阶层享有不同属性的拥有物。因为共同体是由优秀的人统治较差的人,那么灵魂中拥有金子的统治者("哲人王"、行政官)能拥有的是共同体的公共财产——知识、真理、德性,但是不能拥有真正的黄金。工匠能够拥有私产(房屋和黄金),但这就是他们在共同体中的应得之分,他们也就被分配到固定的时间和空间之中劳作。人们在共同体中按照天性与能力,各安其职,"因此,共和政体的秩序预设了没有任何空隙,预设了共同体时间与空间的饱和"②。

---

① [法]洪席耶:《歧义:政治与哲学》,刘纪蕙等译,麦田出版社2011年版,第116页。
② 同上书,第119页。

所谓影像的伦理体制就在于人们的精神需求是按照城邦共同体的伦理配置安排的，作为只能满足别人物质需求的工匠和穷人，只能在满足自己需求的基础上对待影像的模仿艺术，影像就是再现，共同体的再现按照理念的本真而呈现，其他的影像如果不能够与此一影像重合，那就是多余的。在共和政体中每一个部分都需要符合理念的设计，能够思考和解决这一问题的只有高高在上的"哲人王"。"共和政体首先是一种体制、一种生活方式、一种政治的模式，就像某个有机体的生命，受到其自身法则的规约，据其速度呼吸，并且以符合其功能与目的的生命原则，管理着各个组成部分……哲学家的共和政体便是政治与治安的完全等同。"① 当治安成为城邦共同体的政治时，艺术其实是不存在的，或者说，只能有手工艺人的技艺，而且一旦他们的影像再现超出了伦理共同设计的完美形象，就要被驱逐出境，即使是得到神启的诗人也不例外：

  从荷马起，一切诗人都只是模仿者，无论模仿德行，或者模仿他们所写的一切题材，都只能得到影像，并不曾抓住真理。②

在朗西埃看来，希腊的剧场政体本来就蕴藏着民主的可能性。诗人在剧场中的表演，使高贵的神和底层的劳动者并置于一个舞台并展示给大众。"剧场政治孕育了民主政治。"③ 当音乐家把表达神圣的音乐交给人民来判断时，"艺术家的权力是人民的权力"，但是

---

① ［法］洪席耶：《歧义：政治与哲学》，刘纪蕙等译，麦田出版社2011年版，第114—115页。
② ［古希腊］柏拉图：《柏拉图文艺对话集》，朱光潜译，人民文学出版社1978年版，第69页。
③ ［法］雅克·朗西埃：《哲学家和他的穷人们》，蒋海燕译，南京大学出版社2014年版，第71页。

柏拉图借苏格拉底的眼睛识透了伊安（Ion）的表演只是为了钱财，于是"在嘈杂的掌声中，民众表达的仅仅是自己的本质……'人民美学'的理论就像同语反复一样让人放心……人民是无法热爱'美'本身的。他爱的只是美的事物。对他来说，美就是一个漂亮的姑娘，一个出效果的机会，或是一件再生产的工具"。① 在原政治的政体中，影像只有一种，并且依据各组成部分的伦理位置再现。这就很简单地把"无分者之分"的平等诉求打回到个体形象的自我确认的私人领域。在柏拉图的眼里，美不过是民众的欲望和现实需要，艺术和政治再次被废黜了。

朗西埃认为："在柏拉图看来，艺术和民主都应该被禁止。剧场与民众大会是同一种可感性分配的两个互相依存的形式，两个异质性的空间。为了建立起伦理学意义上的有机共同体，柏拉图同时否定了剧场与民众大会，也即同时拒斥了艺术和民主。"② 这也再次验证了朗西埃对于艺术与政治的判断，艺术和政治都是条件性的。"虽然总是存在权力的形式，但不是总有政治的出现。同样，虽然总有各种形式的诗歌、绘画、雕塑、戏剧和舞蹈，但不是总有艺术的出现。"③ 在影像的伦理体制中，"艺术"并不存在，有的只是各种制作和使用的方式及其可见性形式［如"技艺"（希腊语 techne）、影像］。"技艺"和影像仅仅是哲学家用以教育民众的工具。

柏拉图原政治与影像的伦理体制的关联，类似于集权政体或专制体制与艺术的关系，它假设了统治意识形态渗透到社会肌体的每一个细胞中，社会空间的再现都以统治的理念为模仿的原型，艺术

---

① ［法］雅克·朗西埃：《哲学家和他的穷人们》，蒋海燕译，南京大学出版社 2014 年版，第 73 页。
②③ Jacques Rancière, *Aesthetics and its Discontents*, trans. by Steven Corcoran, Cambridge: Polity Press, 2009, p. 26.

也不例外，它不允许这一理念之外的影像出现。纳粹的政治宣传无论多么具有美学风格，显示崇高和神圣，但当这种再现是以纳粹的统治理念为原型时，它就排斥任何其他的影像或艺术在共同体中出现。伦理原则就是共同体各组成部分以理念为原型，各安其位，发挥其被指派的功能，而具有模仿神圣能力的诗人是危险的，他会扰乱这种神圣的秩序，这正是柏拉图在理想国中驱逐诗人的缘由。

二、类政治与艺术的再现/诗学体制

如果说柏拉图的原政治"全然只是一种赋予存在方式、行为方式、感受与思考方式的原治安"① 的话，亚里士多德的类政治则引入了平等的概念。亚里士多德的政治理论不同于柏拉图政治与伦理的合一化。虽然亚里士多德也强调政治的伦理性，但是在理论体系上，他还是把政治和伦理做了区分。在亚氏的政治体制中，各类型处于统治的政体由于自身正义的丧失，城邦政体都会逐渐走向堕落，进而引起政体之间的嬗变。这些政体包括正宗政体和变态政体，分别是君主政体、贤能政体、共和政体、僭主政体、寡头政体、平民政体。他认为城邦或政治共同体是"所有共同体中最崇高、最有权威并且包含了一切其他共同体的共同体，所追求的一定是至善"②。亚里士多德认为"至善"的德性要求给了统治者两个选择，如果是为城邦所有人的利益而统治，那就是善，而仅仅考虑特殊阶层的福利就可能走向恶。统治者只考虑自身利益的恶导致了政体堕落。朗西埃之所以称其为类政治，是因为亚里士多德提出了"人天生是政

---

① ［法］洪席耶:《歧义：政治与哲学》，刘纪蕙等译，麦田出版社 2011 年版，第 120 页。
② ［古希腊］亚里士多德:《政治学》，颜一、秦典华译，中国人民大学出版社 2003 年版，第 1 页。

治动物"这一平等口号，尽管亚里士多德认为统治者优秀、被统治者低劣，并以这样的等级区分确立了统治，排除了政治。但是类政治还是树立了一个"迷人"的形象，那就是所有的人都可以凭借着德性参与到共同体中，亚里士多德承认了在宪政中实现统治的自然秩序和人民被包含到城邦共同体中的权利，不管这种参与是否有利于政体良性发展。

朗西埃认为亚里士多德的"类政治的问题则是在于调解以下两个自然本质的与两者之间的相互对立的逻辑：一者认为最大的善在于由最优秀的人进行统治；另一者则从平等的角度出发，主张最大的善便是平等"①。尽管德行是统治的必要，但是亚里士多德承认城邦里所有的人生而平等。可以说较之柏拉图的原政治，亚里士多德给予了城邦一个正义的前提，而此正义就是任何人都可以参与政治，当然"此一平等参与会在一种特定的'模仿'（imitation），亦即统治者与被统治者位置的轮流更替中展现"②。这里就涉及"模仿"（imitation）的问题。如果说柏拉图的理想国中模仿是可有可无的，或者是最好被排除的公共行动的话，亚里士多德的类政治完全需要这种模仿，因为政体的堕落与更迭就是模仿出了问题。各种政体的轮流更替，首先必须要考虑人民的利益，不然的话政权就会走向堕落。所谓考虑人民的利益实质还是一个共同体的表象问题。"因为政治是个美学的问题，一件与表象有关的事情。一个好的体制便是对寡头而言具有寡头统治的表象，对人民而言具有民主的表象。"③可以说模仿是确立亚里士多德"至善"的必要环节，因为共同体成员

---

① ［法］洪席耶：《歧义：政治与哲学》，刘纪蕙等译，麦田出版社2011年版，第125页。
② 同上书，第124页。
③ 同上书，第128页。

的平等必须在模仿操作中转化为优秀与低劣的等级区分，这样才能完成亚里士多德为共同体制定的"统治者与被统治者"的天性划分。在朗西埃看来，亚里士多德正是通过这一模仿把"无分者之分"再一次掩盖起来。"透过独特的模拟，人民（démos）和人民的误算——政治的先决条件——被纳入了共同体自然目的的实现之中。但是此一结合唯有在让人民不在场的情况下才能完美实现。"[1] 政治主体化缺乏有效模式，因为农民的民主无法实现。例如在平民民主政体中，平民只要有一点财产就可以列席平民大会，但是这些平民根本没有时间去参加大会，因为他们分布在遥远的郊区与乡村，有出席民主的资格却没有分享民主的条件。这就是亚里士多德的平等设计，而掩盖这一本质需要的就是模仿。

城邦共同体的表象领域需要区分出什么是优秀高贵和低能卑贱，这就是亚里士多德的再现/诗学理论中的模仿原则。作为古典主义诗学源头的亚里士多德认为，喜剧模仿"低劣者的行动"，而悲剧模仿"高贵者的严肃行动"。[2] 这种区分规定了模仿的等级差别。朗西埃关于艺术再现体制的论述最早出现在《哑言：论文学中的矛盾》（La parole muette，1998年）中。此后朗西埃将此思想从文学扩展到视觉艺术与电影批评中去。朗西埃认为诗学体制正是亚里士多德对柏拉图的批判，诗学体制具体论述见于亚里士多德的《诗学》，用诗学体制指导艺术生产兴盛于法国古典主义时代。朗西埃引用的亚里士多德的观点多从此处的论述中来。诗学体制将艺术从伦理体制的道德、宗教标准中解放出来，以模仿的名义，把艺术从其他技艺和生产方式中分离出来。再现体制不是简单的相似性（resemblance）体制，

---

[1] ［法］洪席耶：《歧义：政治与哲学》，刘纪蕙等译，麦田出版社2011年版，第129页。
[2] ［古希腊］亚里士多德：《诗学》，陈中梅译注，商务印书馆1996年版，第58、66页。

并不再生产现实：它将"制作"（poiesis）的本质界定为对行动的虚构性模仿（the fictional imitation of actions），以及将虚构的特别范畴独立出来。古典艺术以模仿为基石，建立了它与制作以及感受（aisthesis）的三方关系，这三者的平衡共同组成了识别艺术的再现体制。①

我们可以从政治合法性的角度看《诗学》第九章著名的论述："诗人的职责不在于描述已经发生的事情，而在于描述可能发生的事，然后根据可然或必然的原则发生的事情……诗倾向于表现带有普遍性的事，而历史倾向于记载具体事情。"一般认为这是亚里士多德在重新赋予诗歌模仿的合法性：它的再现遵循可然律和普遍性，较之历史只是对于已经发生的事的记载更具有真理性。但是我们可能忽略了这种诗学理论的政治维度，那就是亚里士多德对于模仿的合法性和独立性的论述，实际上也是对城邦共同体的自主性和独立性的表述。柏拉图的模仿仅仅停留在表象的层面，因为城邦的存在是对于理念的模仿。而亚里士多德否定了事物之外理念的本真性，这样的城邦不需要以理念为本源，城邦的自足性和独立性就是模仿的独立性。而且之所以诗人的描述可以超越历史学家的描述，是因为诗歌用的是可然律，能够表现带有普遍性的事。城邦共同体政体的运行就是对于行动的模仿，是未被决定的模仿。它要达到"至善"，就需要对未来开放。城邦政治不是被赋予一种回溯于理念的运动，而是指向一种可然律的未来。由此，悲剧的原则就是"模仿一个完整的行动"，行动指向一种政治开放性。

亚里士多德的再现/诗学体系有自己的一系列原则，朗西埃认为

---

① Jacques Rancière, *Malaise dans l'esthétique*, Paris: Galilée, 2004, p. 16.

这些原则对应着城邦政治的等级和把政治转化为治安的操作。

一是虚构原则（fictional principle）。诗歌本质上是对一个行动的模仿，模仿是区别诗与"技艺"的标准，但是它又不同于柏拉图对于理念的模仿说。"行动"独立性表明了政治不再是"理式"（logos）的影子，行动本身就表明了政治的无根性；虚构原则创造了一个既不同于"理式"也不同于现实的独立时空，这样就不必对艺术进行本体论意义上的追溯和伦理学意义上的判断；虚构作品有自己的判断规则，区别于其他"技艺"的判断原则。一定意义上，这也称为模仿原则（principle of mimesis）。

二是文类性原则（principle of genericity）。亚里士多德把诗歌做了文类区分，诗歌分为叙事诗或者讽刺诗，悲剧或喜剧，都取决于它再现的对象的性质。高贵文类"悲剧"适用于神祇、英雄、国王、高贵者，而低等人则只适合以喜剧、讽刺文学以及表现日常生活的绘画等形式来再现。文类表现对象的高低贵贱对应的正是城邦中统治与被统治者的高低贵贱之区分。在共同体中，"因为能够运筹帷幄的人天生就适合做统治者和主人，那些能够用身体劳作的人是被统治者而且是天生的奴隶"。① 对于等级和天分的划分是亚里士多德能够形成城邦共同体的基础。

三是得体原则（principle of convenance）。得体原则规定诗歌文类与诗歌中的人物之间的恰当匹配，人物要与他的伦理位置相配合，"什么是对的和恰当的"都由其伦理位置来决定，伦理地位规定了作者能够在他的叙述中表现何种行动以及使用何种语言。艺术必须接受等级秩序的严格规范。"大尺幅的画布用来再现重大的事件，而普

---

① ［古希腊］亚里士多德：《政治学》，颜一、秦典华译，中国人民大学出版社 2003 年版，第 2 页。

通人的生活就用小尺幅来处理。"①

四是现实性原则（principle of actuality）。现实性原则指的是话语的现实性（actuality of speech），这一原则支配着对行动的模仿，它是话语和权力之间（the power of speech and the speech of power）的规定性。不同的艺术形象要对应于不同的话语表现。例如神的话语特点是发神谕，国王的决定是一锤定音，将军以其话语权威指挥军队，高贵者以其论辩说服对手，等等。在艺术的再现体制中，关于文类、风格、行动、情感等皆有高低等级，话语力量的一般规则必须得到尊重。

我们可以看到艺术再现体制的核心是等级性，与真实世界类似，虚构世界也必须遵从自身的关于题材（subject matter）、文类（genre）和风格（style）等的等级秩序，尽管两者未必是一一对应的关系。再现体制要求再现（文类、语言等）与被再现对象在现实等级制社会中的位置相符合。另外，在艺术的再现/诗学体制中，"行动"优于"特质"，"叙事"优于"叙述"，"话语"（speech）优于"影像"（visibility）。亚里士多德提出"人性本质"（human nature）的说法，朗西埃一针见血地指出"人性本质也就是社会本质"，其本质就是等级秩序。亚氏在构建不平等的城邦秩序时，与柏拉图有异曲同工之效：不同阶级的人对应和拥有不同的本质，在艺术活动中体现为天赋与感受能力与生俱来的差异。朗西埃多次在著作中引用并批判过伏尔泰所说的一句话："有品位的人有着与粗人不一样的眼睛、不一样的耳朵以及不一样的触觉。"② 伏尔泰这种天赋优劣观正

---

① Joseph Tanke, *Jacques Rancière: An Introduction*, London: Continuum, 2011, p. 81.
② Joseph Tanke, "Why Rancière Now?" *The Journal of Aesthetic Education*, Vol. 44, No. 2 (2010), p. 176; Jacques Rancière, *Malaise dans l'esthétique*, Paris: Galilée, 2004, p. 23.

是朗西埃所反对的。

本质上说，艺术的再现/诗学体制就是等级的再现，正如詹姆斯所说："伦理体制和再现体制都是为了保存既有秩序。"① 其蕴含的政治逻辑是高贵者、有力者和有知者应当统治低等人、穷人和无知者。尽管亚里士多德提出了"人是政治的动物"，为政治的平等提供了可能性，并且认为"公正是为政的准绳，应为实施公正确定是非曲直，而这是一个政治共同体的秩序的基础"，但是他通过模仿的自主性以及等级性，再一次把此种平等的预设转化为城邦中的伦理秩序。这就是朗西埃对于再现体制的不满之处。无论是柏拉图还是亚里士多德，都是治安秩序的维护者，他们所提倡的本质上都是一种反民主、反平等的艺术体制。

朗西埃曲径通幽式地把自己的艺术体制理论与政治哲学联系起来，阐明政治体制之间的区别与共性。我们可以看到，朗西埃严厉批判希腊古典政治哲学，诉求一种不可能在历史语境中发生的政治与平等，这看起来似乎是强人所难。对于柏拉图和亚里士多德时代而言，能够以伦理为核心建立一种对于城邦共同体政治哲学的思想已经是非常伟大的创造，朗西埃似乎对于这种历史的具体性视而不见，但是，这种回溯性的理论批判对于他来说是非常必要的。朗西埃理论批判有三个特点：第一，对于批判本身的推崇，众多的朗西埃研究者都意识到朗西埃的这种挑战姿态。巴迪欧也说过一旦自己同意了朗西埃的观点，那么朗西埃是不是会马上改变立场把自己抛在身后。第二，朗西埃对于柏拉图和亚里士多德的批判着眼于当代政治思想中的城邦政治传统，如果不能厘清自己的政治观念与柏拉

---

① Ian James, *The New French Philosophy*, Cambridge: Polity Press, 2012, p. 131.

图和亚里士多德的政治观念的区别,也就不能很清晰地在当代政治哲学中展开这种彻底性的对立立场和还原政治的本来面目。第三,当今处于自由主义盛行与危机并存的时代,既有发达国家的民主政体,又有向现代转型的传统民族国家,在这些政体中或多或少可以看到柏拉图的原政治与亚里士多德的类政治的原型。

三、政治与艺术的美学体制

与艺术的美学体制相对应的是朗西埃所定义的政治,但艺术的美学体制又与元政治有密切的关系,政治的演变又与朗西埃所言的类政治、元政治有密切的关系。朗西埃所言的元政治是由霍布斯改写了亚里士多德的类政治而出现的,它改变了对于城邦中"无分者之分"的处理方式。我们知道霍布斯"自然法"政治理论建立在性恶论的基础上,他和亚里士多德的共同点在于对国家这一共同体独立性和自主性的认同。但是对于共同体内部民众,霍布斯认为是"所有人对于所有人的战争"。朗西埃认为霍布斯为了驳斥亚里士多德的善的政治理念,"他将(亚里士多德)理论的层次从权力的'党派'(parties)转移到权力中的个人,且从关于政府的理论转变成关于权力源头的理论。此一双重转变创造了一个当代政治哲学所特别关注的对象,亦即,权力的源头,并且具有一个从一开始便消灭了无分者之分的特定目的。政治性因此仅能透过自始便将属于个人的自由完全地让渡出去而存在。自由无法作为无分者之分或任何政治主体的空属性而存在"[①]。也就是说,在霍布斯的理论中,个体与公民,共同体组成部分与主权人民,这些身份之间产生了彻底的裂缝。

---

① [法]洪席耶:《歧义:政治与哲学》,刘纪蕙等译,麦田出版社2011年版,第134页。

人民如同被欲望驱使的沙粒，需要法律给予其严格的管理与惩戒。而元政治就在无数个体对于这个管理体制的全面抵抗中发生了。"元政治与原政治有一种对称关系。原政治试图废除伪政治，也就是民主。它在真正的正义（类似于天体比例）与过错的民主展现（类似于不正义的支配）之间，宣告了一个根本的间隙。相对于政治能从正义与平等那里所断言的事物，元政治则对应地宣告一个不正义与不平等的彻底溢越。"① 也就是说，元政治就是对柏拉图式的原政治的全面反抗，对完美自然存在的共同体的彻底瓦解，把所有共同体元素都转化为抵抗分子，组成政治的理想图景，尽管它永远不会完全实现。

朗西埃认为政治发生的基础其实就是美学，而此种美学就是能够把生活和艺术融合在一起，能够在艺术的再现中实现再现之物之间的平等，能够涤荡清除再现之物的功能性。朗西埃的"无分者之分"这个政治主体只能在美学时刻被实体化，人民也只能在此时出现。也就是说，在马克思的元政治中，全民的解放带来的是所有生活的艺术化，生活就是艺术，政治也完全美学化。这在苏维埃早期的艺术和生活的关系中表现得最为明显。马雅可夫斯基对于诗歌节奏的创造并不领先于生活，它就是生活的一部分，不断奔涌出的生活领域的创造和艺术创造是一致的，相互融合。苏维埃政权所推行的社会主义新生活就是创造一种新的感性分配，但是在朗西埃看来，这正是马克思主义元政治的艺术体制，政治要求不断改变感性的配置，对于一切的治安都在持以反抗的态度，这也是当时表现派、未来派、立体派等艺术流派的作品不断试验创造新感觉的时代共性的

---

① ［法］洪席耶：《歧义：政治与哲学》，刘纪蕙等译，麦田出版社 2011 年版，第 140 页。

要求使然。而列宁在《党的组织和党的文学》一文中要求的是文艺重新为政权服务，这在朗西埃的艺术体制理论看来是对再现/诗学体制和影像伦理体制的双重回归。也就是说，在朗西埃看来，那些艺术家代表的才是真正的政治，而列宁要求的是原政治和类政治。

艺术的美学体制需要对美学的重新思考。朗西埃认为德国古典美学是艺术的美学体制确立的基础，它促使艺术在新的视野中被思考。艺术的自觉来自美学的自觉，康德美学提出的共同感，不仅仅为艺术的生产提供了美学指向，同时也为政治的可能性提供了依托。艺术不再靠"模仿"和"故事"来确认自身的合法性，不用再为神圣的权利背书，也不用为高贵的统治再现等级秩序，它就是美学在生活中创造的政治飞地。例如康德所言，宫殿与居住便利与否无关，也与功能之特权或是最高权位的象征无关，却是个被高度重视的对象。这正是被康德凸显出来的所谓美学共同体，以及自身所要求的普世性。因此自主化的美学首先意味着再现规范的解放。其次，感受性共同体类型的建构运作于一个假定性的世界，一个"仿佛"的世界，包含那些不被感受性存有模式接纳而被删除的组成部分，并且使其得以被看见，因此，并没有属于现代的政治"美学化"，因为"原则上政治就是美学的"①。在这个假定的世界里，制作、感受与模仿之间的平衡模式也被打破。平等原则主导的等级原则下，画家可以平等地观察和再现万物，而不仅仅只涉足高贵的题材，受众也不必再负担只能为高贵题材的作品喝彩的责任。原有的模仿失去了对应原则，艺术的制作与感受变得自由了。新的艺术识别体制在美学的政治的主导下建立起来了，即艺术的审美体制。从德国浪漫

---

① ［法］洪席耶：《歧义：政治与哲学》，刘纪蕙等译，麦田出版社2011年版，第104页。

主义美学开始，谢林就把艺术看作"意识"与"无意识"过程的统一，这一理论的实质就是赋予艺术平等的权利，因为艺术被看作非人为的自然产物，[1] 超越了意识层面存留的等级对应理念，由此形成了艺术与生活之间边界被打破的现状。

朗西埃把艺术美学体制的确立视为"美学革命"，他通过这一概念将文学、艺术的发展描述为一种平等化过程。美学体制对再现体制的艺术原则做了逆转式的重新书写，具体体现为：第一，语言的表现原则（principle of expression）取代了虚构原则；虚构的优先性被语言的优先性取代；艺术作品的诗性（poeticity）来自语言本身，语言获得自主性，行动和故事被废黜；语言的表现取代语言的表达，语言不再需要通过模仿来实现对真理的表征，语言表现本身成为目的和真理。第二，在美学体制中，主题和行动与文类和风格之间的等级对应被打乱了，得体原则也失效了。第三，艺术的再现体制所要求的话语的生动、有效，以及权力话语和话语权力的实在性，都在美学体制中消失了。语言现在成为自身的规范，但它以不同的形式呈现，不再是有权有势者的专利[2]。按照罗丝的说法，这些观点也是论述文学的政治时的核心，它包括四个基本要点：第一，不再推崇主题和风格的高贵和低下之分，这种转变最早体现在德国浪漫主义和俄国现实主义的文学作品之中；第二，反对如亚里士多德那样将情节（action）看得高于生活，这一点尤其明显地体现在雨果的浪漫主义作品之中；第三，虚构和模仿所遵循的理想原则在此失效，不必再对模仿行动的合理结局进行设计；第四，从存在论的角度打

---

[1] Jacques Rancière, *Malaise dans l'esthétique*, Paris: Galilée, 2004, p. 19.
[2] Jean-Phillippe Deranty, ed., *Jacques Rancière: Key Concepts*, Durham: Acumen Publishing Ltd., 2010, p. 126.

破艺术与非艺术及美的艺术与工艺美术之间的区分，这一点更鲜明地体现在二十世纪的现代主义艺术和当代艺术之中。①

席勒说过只有游戏的人才是"完整的人"，并且还需要"支撑起审美艺术和更为艰辛的生活艺术的整个大厦"。② 朗西埃对这句话的解读是，席勒重点指向的是重建生活的大厦。他认为在席勒的审美自治中，"艺术审美规则所展现的自治性并非艺术作品的自治性，而是经验方式的自治性。其次，'审美经验'是异质多元的经验，以至于对于该经验的主体来说，该经验也是对某种自治性的取消"③。更为重要的是"该经验的对象只有在并非艺术——或至少并不仅仅是艺术——的情况下才是'审美的'"。对于艺术对生活的重建以及两者之间从未断绝的关系，朗西埃列了一份长长的清单：十九世纪的工人通过文学打破了统治的循环，与福楼拜同时代的文学批评家敏锐地指责福楼拜"为艺术而艺术"的主张其实就是民主的体现，马拉美用本质的诗歌语言烙出共同体的"烙印"，阿多诺对艺术自足的推崇和对文化工业自动化艺术在无意识层面制造幻觉的揭露，以及罗德钦科的摄影和利奥塔的美学，等等。朗西埃重点阐释了席勒在《论人类的审美教育书简》（1795年）中提到的路德维希宫的女神朱诺的雕像，席勒认为这尊雕像"自满自足"，"居住在她自己的身体里"，是一个审美游戏的自由表象。朗西埃对其做了进一步阐释：当我们在接受这一艺术作品时，只有将之视为非艺术才能获得自由，也就是说艺术品脱离了自治才能换得艺术欣赏者感觉方式的自由，

---

① Toni Ross, "Image, Montage," in Jean‐Philippe Deranty ed., *Jacques Rancière: Key Concepts*, Durham: Acumen Publishing Ltd., 2010, p. 156.
② [法]雅克·朗西埃：《审美革命及其后果》，汪民安、郭晓彦主编《生产·第八辑：忧郁与哀悼》，江苏人民出版社2012年版，第213页。
③ 同上书，第214页。

我们不能用一个艺术品的称号打发了它，"'自由表象'立在我们面前，但我们的知识、目的和欲望都无法接近或触及它……女神和观看者、自由游戏与自由表象，全都被卷入了一种独特的感知机制之中，这种感知机制遮蔽了主动与被动，愿望与抵抗之间的对立"①。正是在这种自由的感知中，生活的本真意义被打开，那就是政治，对于一切伦理的感性枷锁的拆解。其实朗西埃的解读方式就是一种悖论式的解读：拒绝把一件艺术品当作艺术品来解读。当然这不是指要把艺术品当作日常生活中的使用物件来对待，那属于伦理再现的影像。既不是艺术品又不是生活用品，那么它是什么？或许其中更为重要的是：一个什么都不是的感觉对象生产出的是对于接受主体的感觉的解放。这其实就是朗西埃所言的艺术与生活辩证法，而他的美学的政治之意也在于此。朱诺女神雕像的"'自足'其实是一种并未使自身分裂的为不同活动领域的集体生活的'自足'，是艺术和生活、艺术和政治、生活与政治并未切断各自联系的共同体的'自足'"②。

艺术的审美机制其实表明艺术和生活可以互相转化，艺术成为生活，或者生活成为艺术，这都是审美的面相，朗西埃认为："每一种面相都是一种审美的政治——或者我们称为'元政治'——的变体，所谓审美的'元政治'即审美生产自身的政治，为政治规划审美空间的再配置，将审美重构为政治问题或宣称审美本身即真正的政治的审美方式。"③如果说政治领域的元政治是对于柏拉图的伦理共同体以及亚里士多德的等级共同体的颠覆的话，那么审美的"元政治"关注的是艺术和生活界限的消失。

---

①②③ [法]雅克·朗西埃：《审美革命及其后果》，汪民安、郭晓彦主编《生产·第八辑：忧郁与哀悼》，江苏人民出版社2012年版，第215页。

四、三种艺术体制的再思考

朗西埃所设计的艺术体制理论成为他思考当代文学与艺术的认知测绘地图,他对于具体的艺术品的分析也依赖于三种艺术体制在艺术品中的复杂关系。例如在《电影的眩晕》一文中,他分析了希区柯克的《迷魂记》,所采用的方法就是在电影的运动时间中捕捉亚里士多德的艺术再现/诗学体制与艺术的美学体制之间的共存与矛盾,从而通过两种艺术体制所关联的两种政治,阐释出政治、哲学和共产主义的关系。可以说不能够把握三种艺术体制与三种政治的关系,就很难理解朗西埃在文学和艺术中谈论的政治与平等的一系列问题。

三种艺术体制的构想受到福柯"知识型"思想的启发,但是福柯认为"知识型"之间的更迭是具有明显的历史断裂特征的,分别对应于不同的时代,相互之间并不共存。朗西埃认为自己"与福柯最大的不同在于,福柯的知识考古学遵循着历史必然性的架构……因此我试着将先验历史化,而又将这些可能性体系去历史化"①。如果把朗西埃的三种艺术体制视为艺术领域的三种知识类型的话,它们既有更迭与转变的关系,也有共存和对抗的关系。换言之,朗西埃的三种艺术体制既具有历时性的关系,又具有共时性的关系。从历时的关系看,艺术与政治发展也分别经历了影像的伦理体制(原政治)—艺术的再现/诗学体制(类政治)—艺术的美学体制(元政治)。从没有艺术与美学的原政治到艺术出现的类政治,是艺术获得合法性的阶段,而从艺术的再现到审美的平等阶段,"意味着一种平等,虽然严格地说,并不是政治平等,但却促进了共同地貌

---

① Jacques Rancière, "Interview for the English Edition," in *The Politics of Aesthetics: The Distribution of the Sensible*, trans. by Gabriel Rockhil, London and New York: Continuum, 2004, p. 50.

(landscape) 的重塑，以及可能的分配的重塑。正是基于此，为艺术而艺术才具有了政治意义"①。但是我们看到更多的景象是，当代艺术中三种艺术体制的并存与对抗主导了艺术的生产与接受。如詹姆斯所说："在观看来自任何时代的任何艺术品时，无论古代还是现代，都可以根据每种元素被突显的程度不同而采纳伦理、模仿和美学维度的任何一种体制。"② 究其原因，我们不能忘记，当代的政治形态也由三种政治共存构成。朗西埃所言的政治是一个依附性概念，没有治安（伦理、等级）的不平等前提，就没有平等的政治产生的可能性。它们共同呈现出一个不同艺术与政治共存的复杂图景。

一些朗西埃研究理论家为了确保艺术体制理论的阐释力，基本采取它的非历史性或非历时性视角，例如奥利弗就认为："朗西埃把研究领域从文学中的审美革命扩大到了其他艺术，随之而来的便是他的分析框架的非历史化。"③ 坦科也表示："体制应该被理解为宽泛意义上的时间架构，因为三种从话语角度定义艺术的体制都尚且存在。朗西埃使用这个概念只是为了指称历史解释的网格（grid），以便使得某些特定概念和艺术实践的政治能够被看见。"④ 朗西埃理论的创造性价值就在于通过他的构架，实践和理论概念有了新的联系和呈现，他所提出的"感性的分配"概念也已进一步丰富和完整。朗西埃在近期的访谈中，也指出了三种体制并不指的是"历史时

---

① Jacques Rancière, "A Few Remarks on the Method of Jacques Rancière," *Parallax*, Vol. 15, No. 3 (2009), p. 122.
② Ian James, *The New French Philosophy*, Cambridge: Polity Press, 2012, p. 131.
③ Oliver Davis, *Jacques Rancière*, Cambridge: Polity Press, 2010, p. 138.
④ Joseph Tanke, "Why Rancière Now?" *The Journal of Aesthetic Education*, Vol. 44, No. 2 (2010), p. 4. 另可参见：Joseph Tanke, *Jacques Rancière: An Introduction*, London: Continuum, 2011, p. 74。

代",而是定义三种功能。① 朗西埃本人其实并不对自己所用的概念要求一贯准确和严谨,他自己也说过对于概念内涵的变动是要为思想的图景勾画上变动的边界。"朗西埃避免将体制化约为确定的风格或时段。当他指的是具体的文本、作者和运动,以解释不同体制之间的区别时,它们都缺少福柯知识型严格的历史具体性。这也就意味着体制之间的界限不那么清楚且历史变化的意义更具有流动性。"② 其实我们可以将此理解为朗西埃对于哲学的文学化书写的一种实践,而且他本人也一再强调自己并不生产理论。

朗西埃的艺术体制理论最为重要的还是艺术体制中所蕴含的政治政体。可以说,他的艺术批评、文学批评都建立在这样的一种内在一致性和关联性上。也正是朗西埃对政治作为感性分配的阐释,使得它可以超越出当代艺术界定的时段性,更具宏阔视野。正如朗西埃本人说,他之所以要提出新的体制划分,是因为旧有的划分方式——现实主义、现代主义、后现代主义"并不能够解决两百年来在艺术和审美经验中发生的事情"③。而如何在当代自由主义普遍时代寻找出可能性的政治,那就需要重新在生活和艺术之间建立一种"可感、可说、可行"的链接。坦科对朗西埃艺术体制理论的意义的总结道出了真相:"审美体制因此是用来唤起一系列的反历史(counter-histories),它们会为文化转型、新的经验形式以及自法国大革命以来的艺术和生活之间的转变提供一种不一样的解释。"④

---

① ③ Jacques Rancière and Sudeep Dasgupta, "Art is Going Elsewhere: And Politics has to Catch it: An Interview with Jacques Rancière," *Krisis: Journal for Contemporary Philosophy*, Vol. 9, No. 1 (2008), p. 73.
② Joseph Tanke, *Jacques Rancière: An Introduction*, London: Continuum, 2011, p. 77.
④ Joseph Tanke, "What is the Aesthetic Regime?" *Parrhesia*, No. 12 (2011), p. 79.

第三章 艺术的政治

第一节 观众的政治

朗西埃的政治理论有时被称为"知觉政治学"（加布里埃尔·洛克希尔），其实就暗示着其理论偏向于一种接受论。"感性的分配"就是指感受者能够打破原有的感觉分配模式，充分发展自身的可感能力，打破原有的感觉分配体系，使不能发声的存在者发声，使不可见的可见，不可行的可行。正如研究者马利克（Malik）和菲利普斯（Phillips）所概括：朗西埃所讨论的美学政治问题包括两个目的：一是描述制作、感受与社会中的等级秩序的脱节，二是描述制作方与感受方之间的等级秩序的打破[①]。朗西埃的最终目标还是介入和干预，关注一种"政治主体"的行动，也就是观众的政治。

《解放的观众》中，朗西埃分析了古希腊剧场景观中观众如何发展出一种政治，并由此引申到艺术活动中接受者角色弱势地位的反转，也就是观众如何从一个被管制和设定的角色转变成为政治的发起者，改变共同体给成员的感性分配的划定。在剧场景观

[①] Suhail Malik and Andrea Phillips, "The Wrong of Contemporary Art: Aesthetics and Political Indeterminacy," in Paul Bowman & Richard Stamp eds., *Reading Rancière*, London: Continuum, 2011, pp. 114–115.

(theatrical spectacle) 中的观众，按照朗西埃的说法，既可以是真实的剧场观众，也可以是诗歌的读者，戏剧、舞蹈、哑剧、行为艺术的观众。朗西埃批判性地论述了柏拉图的"剧场政体"。在柏拉图的理想城邦中，剧场演出者与观众的关系是由外在的城邦伦理决定的。"音乐的权威不是靠观众的不协调呐喊声或者嘘声来确立，也不是靠观众的掌声来确立，而是靠有教养的、受到教育的人的评价建立。这些人确立了一个原则，那就是要安静地听音乐。对小孩、学究、大众则是通过警察的棍棒才能维护秩序。"① 柏拉图认为，在剧场中，没有修养的观众看到的其实是自己生活中的欲望，他们的欢笑和眼泪都是出于自身的生活处境，他们得到了满足最后却两手空空，而舞台上的吟游诗人不过是为了得到这些愚蠢观众的认可，获得他们口袋里金钱的回报而表演。朗西埃坚决反对这种哲学家高高在上做出的判断。相反，朗西埃在此种戏剧场景中看到了解放的可能性要素：一是表演者将生活与神圣的伦理混合再现于舞台，二是观众将会成为民主政治的主体。朗西埃认为："诗人最为罪恶的权利不在于他对战士讲述对诸神无礼的神话，而是将神圣的创造和手工业者的生产相混淆，在于他把城邦中有序和无序的模式所混合的艺术展示给大众，让他们可以支配。剧场政体孕育了民主政治。"② 此处的关键在于，剧场政体中的民主政治意味着必须由表演者将权利让渡给观众，表演者为了获得自己演出音乐的正当性和神圣性，"他将对其艺术的审判权交给了人民。艺术家的权利是人民权利的预兆"③。可以说，朗西埃对于柏拉图的原政治的拆解依赖于观众对表演的占有权，而这一权利本来为有教养的人所有，也就是城邦的管理者。

---

①②③ [法]雅克·朗西埃：《哲学家和他的穷人们》，蒋海燕译，南京大学出版社2014年版，第71页。

柏拉图借苏格拉底之口贬低了诗人伊安表演的世俗性和虚假性，说他只不过是为了观众口袋里的钱，从而断定，观众也不过是为了自己本能所好而喜好他的表演。在这一表演和低级需求的联系中，形成了城邦、演员、表演、观众相安无事的关系。

而朗西埃认为民主的"剧场政体"（theatrocracy）就是要拆解掉这种伦理共同体的同质性。伊安是诗人也罢厨子也罢，他和观众共同演出了属于自己的戏剧。在这种表演中，伊安搅乱了神圣的城邦伦理秩序，并把神的故事与穷人们的生活"搅拌"在了一起，这就是政治。政治就是在剧场之中的表演，被压迫者不仅有资格，而且有能力与时间到此空间来演出，从而发出自己的声音。如果说资产阶级把巴黎公社视为一出闹剧的话，对于工人和城市贫民来说，街道就是剧场，枪炮声就是配乐，在此光辉的时刻，工人和贫民从原有的阶级和社会分层的感觉位置中脱离，上演了一出关于民主和平等的艺术正剧。艺术为人民提供了一个出场的舞台，建构了特定的空间和时间装置，特定的在一起或分开、进或出、前或后或居中等的方式，塑造了崭新的可见性形式。

朗西埃在《哑言：论文学中的矛盾》和《文学的政治》中论述了亚里士多德的再现/诗学体制中戏剧因素的关系，其中涉及三位一体的统一，即作者、被再现角色和观众之间的统一[①]。亚里士多德认为不管是史诗、抒情诗、悲剧、喜剧，都是模仿。模仿处于"活动中的人"以及"模仿出人的性格、情感和活动"[②]。而对于观众，主要达到的是一种卡塔西斯的效果，也就是"净化"。例如对于悲剧

[①] "三位一体"的详细论述可参见：Jacques Rancière, *Mute Speech: Literature, Critical Theory, and Politics*, trans. by James Swenson, New York: Columbia University Press, 2011, p. 47。

[②] ［古希腊］亚里士多德：《诗学》，陈中梅译注，商务印书馆1996年版，第1页。

来说，通过"引起怜悯与恐惧来使这种情感达到卡塔西斯的目的"①，事实上，这就设定了演员表演和观众接受的一致性，这种情感起于观众观看戏剧，被生动的表演所催生的怜悯和恐惧所淹没，在剧场内把等级共同体所带来的矛盾和异感消解掉。可以说当代的主流戏剧体系都有此共同特点。

当代世界三大戏剧表演理论分别以斯坦尼斯拉夫斯基（Konstantin Stanislavski）、布莱希特（Bertolt Brecht）和梅兰芳为代表。斯坦尼斯拉夫斯基的表演理论最接近亚里士多德的再现/诗学体制，他的理论核心在于要求演员的表演是出于自然和天性的表达，演员不是在舞台上表演，而是真正存在于舞台上，舞台就是生活。演员应当永远是舞台上活生生的人，要遵守生活的逻辑和有机性的规律，在规定情景中真诚地去感觉，去想，去动作。在这种表演体系中，观众其实是被安置于一种"类生活"的情景中。正如朗西埃对于亚里士多德类政治的评述，表演得越是真切，观众越是会和此种"类生活"发生共鸣，也就是说变相地认同了现实的等级压迫现状。从这个角度看，《红楼梦》中黛玉隔墙听戏，听到"良辰美景奈何天""如花美眷、似水流年"后心动神驰，这不是审美而是对现实治安的再次认同，这种共鸣的时刻里不存在美学的政治。布莱希特对于这种使观众陷于无能的地位很是不满。他要求戏剧应该通过各种手段达到"陌生化"的效果，尽量减少表演与观众之间"共鸣"效果的出现。"我衡量高超水平的演技只看你们在完成演出时，用的共鸣手段越少就越好，而不是像以往那样，按照你们能够引起多少

---

① ［古希腊］亚里士多德：《诗学》，陈中梅译注，商务印书馆1996年版，第27页。

共鸣。"① 布莱希特受梅兰芳戏剧表演的启发，认为中国戏剧中观众与剧情的"离间"效果，可以阻止虚幻性的投入，他让演员游离在角色和自身之间，随时可以中断表演和观众一起讨论剧情本身，以此拆掉了剧场的第四堵墙。布莱希特认为自己的戏剧是非亚里士多德式戏剧②，与他持有相似观点的戏剧家还有阿尔托。阿尔托认为："如今戏剧仅仅使我们进入某些傀儡的内心中，使观众成为看热闹的人……我们的敏感性已经磨损到如此地步，以至我们迫切需要一种戏剧来使我们——神经和心灵——猛醒。"③ 阿尔托在戏剧中通过灯光、色彩、音响以及演员超越常规的肢体表演，震惊观众，以阻止观众的惰性代入。

朗西埃认为布莱希特和阿尔托其实都是亚里士多德再现/诗学体制隐晦的当代传人。尽管他们努力想解放观众，但是在实际上却又扮演了阿尔都塞式的导师和教师的角色，因为两者都在戏剧表演中设定了一系列的对立：观看/理解，表象/真实，消极/积极。朗西埃的问题是："如果不是预设了积极、消极之间的根本对立，怎么能宣称坐在座位上的观众是消极的呢？如果不是预设了观看就是从影像和表象中寻找快乐，并且忽视了剧场以外的真理和现实，又怎么会将凝视与消极性等同呢？"④ 这实际上是剥夺了观众的政治。对于观众而言，"你们所看见的是导演让你们看见的，你们所感受到的

---

① ［德］布莱希特：《布莱希特论戏剧》，丁扬忠等译，中国戏剧出版社1990年版，第187页。
② 布莱希特把戏剧分为两大类型：一类是按照亚里士多德在《诗学》中为戏剧体裁所界定的标准而创作的戏剧，他把它称为戏剧式戏剧或亚里士多德式戏剧；另一类是违反亚里士多德的标准而创作的戏剧，他把它称为史诗式戏剧或非亚里士多德式戏剧。
③ ［法］安托南·阿尔托：《残酷戏剧——戏剧及其重影》，桂裕芳译，中国戏剧出版社1993年版，第80页。
④ Jacques Rancière, *The Emancipated Spectator*, trans. by Gregory Elliott, London: Verso, 2009, p. 12.

是他传递给你们的"①。导演对戏剧叙事中断的处理手法是因为生怕观众不能够理解他们要表达的真理和正义,这就预设了有知/无知的权力不平等关系。"想把观众从被动态度中拉出来,并将之改变为一个共同世界中的积极参与者……这就与实施愚蠢化的学校教师没有分别。"②他认为对观众无知的设定就是"智力解放"(intellectual emancipation)的对立面,而智力解放正是对智力平等的证实(verification)③。对于平等的验证这一批评模式在朗西埃的批评史中频繁出现,这与他对于"哲人王"系列的批判一脉相承,在对柏拉图、阿尔都塞、布迪厄等人的批判中一再出现。朗西埃所追求的是平等的绝对假设,是平等权力关系相互认可的建立。观众在参与艺术活动中确认了自己是平等的言说主体,从被排斥和被剥夺的地位中获得了解放。

朗西埃也指出布莱希特与斯坦尼斯拉夫斯基体系之间的不同之处。他认为布莱希特的戏剧还是属于一种批判艺术。因为布莱希特已经意识到再现/诗学体制的意识形态属性,宣泄在剧场里的感情和认识平息了现实生活中的风暴。布莱希特"企图在再现的连续性中囊括审美的断裂"④,朗西埃认为这是一种双重游戏(double play),一方面作品中包含着政治性的因素,但是却并构不成政治本身;另一方面布莱希特的"陌生化"手法又产生出了对感性分配的扰

---

①② Jacques Rancière, *The Emancipated Spectator*, trans. by Gregory Elliott, London: Verso, 2009, p. 14.
③ Ibid., p. 10.
④ Jacques Rancière, "Aesthetic Separation, Aesthetic Community: Scenes from the Aesthetic Regime of Art," *Art & Research: A Journal of Ideas, Contexts and Methods*, Vol. 2, No. 1 (2008), p. 11; Jacques Rancière and Sudeep Dasgupta, "Art is Going Elsewhere: And Politics has to Catch it: An Interview with Jacques Rancière," *Krisis: Journal for Contemporary Philosophy*, Vol. 9, No. 1 (2008), p. 74.

乱效果，具备了艺术的美学体制的特点。总的来说，布莱希特和阿尔托都没有赋予观众以政治，阻止了观众由剧院向生活迈进的步伐。

居伊·德波的《景观社会》对近半个世纪以来的资本主义统治做了深入的批判，即资本的统治演化为景观的统治。这一论点无疑具有启发意义，但是，朗西埃却一针见血地指出，德波提出的景观社会其实与柏拉图对于拟像的批评共享着一个逻辑，即景观是外在性的，越是凝视景观这一外在的拟像，人的自身就越会丧失主体性。"德波指责的凝视，是戏剧的或拟仿的凝视，这凝视承受着分裂所引起的痛苦。'分离是戏剧的开始和结局。'在这个体系中，人所凝视的是那个从他身上被偷走的行动；它是他所拥有的本质，从他身上被撕裂出来，转而对他变得陌生，变得敌对，同时造就了一个集体世界，而其实际上就是人的自我剥离。"[1] 朗西埃指出了这种凝视其实建构出一种极不平等的关系，即观众被置于被囚禁的位置。而且也不能把景观或者现实视为一种外在于我们生活的拟像或是影子。无论是景观还是戏剧舞台，都是我们内在性的生活，我们对之进行了艺术与生活的机械割裂，导致了观众被置于被动的、无知的角色位置。

朗西埃提出了一个"解放了的观众"的理想位置，所谓"解放"就是平等的获得，"解放开始于相反的原则，即平等的原则"[2]。而观众（所有的接受者），"他们观察、选择、比较、阐释。他们将所看见的与在其他地方、其他舞台上看见的一系列事物联系起来。他

---

[1] Jacques Rancière, *The Emancipated Spectator*, trans. by Gregory Elliott, London: Verso, 2009, p. 9.
[2] Ibid., p. 13.

们用前人诗歌中的元素谱写自己的诗……观众们像演员、剧作家、导演和舞蹈家一样观看、感受和理解事物"①。朗西埃的意思是观众应该把戏剧看作调配自己感觉材料的元素,自由组合出属于自己的生活。但是这并没有结束,对于朗西埃来说,观众的政治就是把舞台搬到自己的生活空间、工作空间,就是在自己的空间里上演自己的政治。在艺术活动中的戏剧表演必须以自身的沉默换来观众的解放。朗西埃曾举过巴尔扎克《乡村牧师》中女主角维罗妮卡的例子,我们可以将其看作朗西埃对艺术政治发生的隐喻。出身贫寒的维罗妮卡由于被小说描写的爱情所蛊惑,在生活中追求这种小说中描写的不切实际的感觉,导致了她的情人犯下杀人罪被判处死刑,维罗妮卡犯下的是艺术带来的罪孽,但是她不能用语言的方式忏悔,她必须用行动的书写,写在"田园和大地上"②。不难看出,朗西埃的观众的政治理论其实是对亚里士多德的再现/诗学理论的反转,那就是艺术带来的不是卡塔西斯(净化),而是更多的罪孽以及对罪孽的行动忏悔,而此种罪孽所发生的空间就是共同体政治这个更大的舞台。

第二节 批判艺术的政治

一、批判艺术政治的传统

在朗西埃的政治观中,艺术的政治只能在艺术的美学体制中发生。因为在柏拉图式影像伦理体制或者亚里士多德式艺术再现体制

---

① Jacques Rancière, *The Emancipated Spectator*, trans. by Gregory Elliott, London: Verso, 2009, p. 13.
② Jacques Rancière, "The Politics of Literature," *Substance*, Vol. 33, No. 1 (2004), p. 15.

中，艺术本身没有朗西埃所说的政治性。批判艺术是指艺术的审美体制产生后，艺术对于改造生活的抱负，它通过一种抵抗普遍性和同质化的能力而运作，继而能够改变共同体的感性配置状况。

朗西埃所认为的批判艺术是指这样一种艺术类型，首先，此种艺术对于既有的统治和支配机制具有抵抗、消解、拒绝的态度，它期望能唤起接受者的能动性和创造力。其次，批判艺术本身就是政治性的、具有歧义色彩的艺术，它在艺术的美学体制中生成。尽管朗西埃认为艺术美学体制的建立可以追溯至维科和塞万提斯，例如堂吉诃德大战风车巨人，悬置了再现的对应关系，打乱了现实和虚拟之间的感觉分配。但是在他的心目中最宏伟的艺术的政治其实还是政治实践的艺术，那就是法国大革命。在这场革命中，巴黎平民和无裤党人把巴黎狭窄的街道改变为战斗场所，通过占有和改造空间这一行动实现了对于原有时空感性分配的改造，这就是美学的过程。在这一政治的美学实践中，贵族、主教这些特权阶层代表的感性秩序被民众创造的"人生而自由平等"的新感觉秩序击得粉碎。

批判艺术的政治最初可以是政治活动本身。但是，当我们谈论艺术领域中的批判艺术的时候，实质上暗示了艺术对于生活和行动的一种后撤，艺术对于现实的一丝无能为力。朗西埃所说的艺术的美学体制的变革其实就是要还原这种艺术与政治及艺术与生活的分裂表象。美学体制的确立，使得再现体制所规定的文类、题材、再现形式都作废了，事物可以以平等的地位进入艺术。这又暗示着艺术以其批判的姿态能够再次转化、介入生活，或者说就是一种新生活的形式。法国大革命的爆发颠覆了底层与贵族的等级秩序，平等的观念深入人心，司汤达才能把于连这种出身低贱的底层人物作为小说的主角。巴尔扎克虽然是个保皇党，但是他的小说却是真正的革命的艺术政治，小说打破了再现/诗学体制中的等级关系，不仅仅写各行各业的人物，而且以平等的书写对待小说中的街道、教堂、旅店。这种艺术平等性与政治的关系形成了两种模式，一种是艺术的等级废除带来了艺术与生活界限的模糊，艺术可以介入生活，向生活开放。另一种是艺术拒绝被等级和污浊的现实沾染，强调自己的非功利性和自律性，证明审美的经验较之日常生活经验具有超越和真理性，即"为艺术而艺术"。朗西埃认为，这两种艺术的政治就是美学体制中两种"美学政治"的冲突，是"艺术变成生活（devenir-vie）的政治和作为抵抗形式（la forme résistante）的政治"[1] 之间的冲突。在美学体制下，"成为生活的艺术"的（元）政治基于一种根本的矛盾："艺术之成为艺术，是就其同时也是非艺术，或者是与艺术不同的东西而言的；艺术不应被视为一种独立的现实，通过擦抹其作为艺术的独特性，艺术变身为一种生活的形式。"[2] 而在"作为抵抗形式"的美学政治中，"形式通过将自己与世俗世界的任何介入形式相区分而实现了其政治性。艺术不必成为一种生活的形式，相反，正是在艺术中，生活得以赋形……平等主义承诺正在于作品的自足之中，在于其对任何特别的政治目标的超然之中，在于其拒绝涉足于世俗世界的装点之中"[3]。简而言之，"成为生活的艺术"的政治性在于废黜了自己的艺术特性，而"作为抵抗形式的艺术"的政治性则坚持不与现实苟同，维持其艺术的纯

---

[1] Jacques Rancière, *Malaise dans l'esthétique*, Paris: Galilée, 2004, p. 62.
[2] Jacques Rancière, *Aesthetics and its Discontents*, trans. by Steven Corcoran, Cambridge: Polity Press, 2009, p. 36.
[3] Ibid., p. 40.

粹性，避免做任何形式的政治干预。

朗西埃对两种艺术的政治的表述很大程度上正是西方马克思主义艺术观的两种分歧，也就是在"介入"理论和"审美自律"之间存在着差异和分歧。在谈西方马克思主义艺术观之前，我们首先回顾一下马克思艺术观的传统。马克思主义以改造世界为根本，认为艺术的政治性是题中应有之义。雷蒙·威廉斯曾将艺术的政治性分成两种不同的理论倾向：一种是以萨特的介入理论为代表的西方马克思主义者，另一种则是以列宁和托洛茨基为代表的强调党性的正统马克思主义者[1]。介入理论是西方左派思想家对于抵抗资本主义文化统治所选择的一种理论抵抗形式。在正统的马克思主义传统中，艺术有一个断裂和变化。苏维埃早期的艺术要求艺术和生活融合，如马列维奇的"至上—构成主义"艺术实践、马雅可夫斯基的诗歌都把艺术的精神和新生活感觉融在一起。但是列宁对于文艺工作的党性要求使得艺术承担了对政权的保卫职责，为党服务的艺术取代了艺术在美学体制下和生活融合的状态。列宁之后的艺术为政治服务的模式，在朗西埃的艺术体制理论看来，应该是柏拉图的为伦理政体服务的原政治体制的艺术和马克思主义的元政治艺术的混合体。这是因为，一方面，在苏维埃政权内部，艺术已经被取消了生产歧义政治的条件，或者说，艺术仅仅是统治体的一个影像，它完全依附于这个政权。另一方面，从苏维埃与西欧帝国资本主义的对抗角度看，苏维埃的艺术作为一个反抗整体压迫的解放运动的抵抗形式，属于马克思主义的元政治的类型。在艺术生产中，苏维埃政权依然要求艺术家放弃自己的特殊身份，和生活劳动结合，艺术融于生活，

---

[1] Raymond Williams, *Marxism and Literature*, Oxford: Oxford University Press, 1977, pp. 202 - 204.

这正是艺术的政治的一个特征。

西方马克思主义者关于艺术政治的观点可以以萨特和阿多诺的两种理论观为代表。萨特强调文学的介入性,他提问:"人们为什么写作?为谁?"①作家一旦选择写作,不管愿不愿意就开始介入了,作家应该"介入世务,揭示世人世事,命名事物,揭露矛盾"②。这其实就是要求艺术作为解放生活的中介,要求作家介入社会生活中的斗争,可以说这是"成为生活的艺术"的一种变形。但是阿多诺却反对这样一种艺术的介入,他在反驳与萨特持相近观点的卢卡奇时说:"艺术并不通过照相般地或者'从某个特定角度'反映现实来提供有关现实的知识,而是通过揭示出被现实的经验形式所掩盖的事物,而要做到这一点就得依靠艺术自身的自律地位。"③阿多诺所强调的艺术的政治性恰恰依赖于艺术不介入生活的审美自律性。于是,这两种对于艺术政治的观点在评判现实主义和现代主义艺术作品时出现完全相反的价值判断。西方马克思主义的开山鼻祖卢卡奇视德国的表现主义为法西斯的艺术,"表现主义是一种建立在非理性基础上的神话……会成为法西斯主义的一部分"④。而萨特则更为决绝和极端,用他的介入标准,一概否定了从十九世纪至二十世纪初的所有文艺思潮和流派,包括浪漫主义、为艺术而艺术、现实主义、自然主义、巴那斯派、象征主义、超现实主义,他认为"所有的流派在一点上达成协议,即文学艺术是纯消费的最高形式"⑤。其实,

---

①② [法]萨特:《什么是文学》,《萨特散文》,沈志明、施康强译,人民文学出版社2009年版,第157页。
③ Theodor Adorno and etc., *Aesthetics and Politics*, London: Verso, 2007, p.162.
④ Ibid., p.17.
⑤ [法]萨特:《什么是文学》,《萨特散文》,沈志明、施康强译,人民文学出版社2009年版,第5页。

很多批评者有意无意地忽略了一点，萨特并没有要求诗歌、绘画、雕塑、音乐等艺术形式也介入，他意识到这些艺术形式所使用的表征符号是游离在表意功能之外的，也就是说，它们本身具有拒绝被同质化的潜力，因为"音符、色彩、形式不是符号，它们不引向它们自身之外的东西"①。而诗歌的语言不同于散文（萨特所言的散文指能够应用语言的自然状态书写的文字，包括文学、哲学、美学、精神分析、伦理学等除诗歌外的一切文字），他认为"诗歌使用文字的方式与散文不同：我想倒不如说它为文字服务。诗人是拒绝利用语言的人"②。这里其实包含了另外一种作为"艺术的抵抗形式"的政治之内蕴。

我们可以借用萨特和阿多诺对同一幅画作的评鉴来考察他们对于艺术作品的政治性观点的差异。以毕加索的《格尔尼卡》（Guernica）为例，萨特认为："《格尔尼卡》诚然是杰作，但是有人相信他曾为西班牙共和国事业赢得哪怕只是一个人的支持吗？"③ 在萨特看来，《格尔尼卡》中包含的意义需要"无量数的词才能表达它"④，普通人不可能明白它的意义。而阿多诺举了一个例子：当一个纳粹占领军的军官闯进毕加索的画室，指着《格尔尼卡》问道："是你干的吗？"毕加索说："是你干的。"阿多诺的评价是："像这幅画一样的自律艺术不断地否定着经验现实，摧毁那些毁灭者，它的存在本身就在反复无尽地诉说着罪行。"⑤ 阿多诺在其著名论文《论

---

① ［法］萨特：《什么是文学》，《萨特散文》，沈志明、施康强译，人民文学出版社2009年版，第157页。
② 同上书，第161页。
③④ 同上书，第160页。
⑤ Theodor Adorno and etc., *Aesthetics and Politics*, London: Verso, 2007, pp.189-190.

介入》（Commitment）① 中专门谈论了"萨特的哲学与艺术"，他认为萨特没有注意到的是，"选择的可能性取决于有什么可选"②，并进一步批判道："只要现实是预先设定的，自由就是华而不实的呐喊（vacant claim）。"③ 阿多诺对于艺术自律性的肯定，是出于艺术对同一性抵抗的要求。在《启蒙辩证法》中，他论述了文化工业用伪个体性收编大众，无论电影、肥皂剧还是流行音乐，都通过对于人无意识本能的捕获，象征性地解决人的压抑力比多，用模式化和工业化的生产模式来形成"社会水泥"，导致科学理性的启蒙走到了自身的反面。对于同一性的大众文化，阿多诺认为，"拙劣的作品常常需要依赖于与其他作品的相似性……在文化工业中，这种模仿成了绝对的模仿"④，而这样的同一性从根本上说是"对社会等级秩序的遵从"⑤。

朗西埃对萨特和布莱希特的艺术政治批判采用了一个独特的视角，即知识和权力的不平等关系角度。他认为这种艺术介入，还是预设了作家与读者、艺术家与接受者之间的不平等关系，对于萨特和布莱希特期望介入而拯救的人民，朗西埃则认为"被剥削者很少需要别人来跟他们解释剥削的法则。被统治者之所以被统治着也并不是因为不了解当前的现状，而是缺乏改变现状的信心"⑥。而对于

---

① 阿多诺所主张的介入（commitment）方式与传统意义上的不同，他认为艺术品不应该通过信奉（commit to）社会主义或共产主义来批判资本主义，而应该在威廉斯意义上进行隐含的介入（alignment），正是在这一理论基础上，艺术的自律才可以被理解为对抗资本主义的方式。可参见：Theodor Adorno, "Commitment," *New Left Review I*, No. 87-88 (1974), pp. 87-88; Raymond Williams, *Marxism and Literature*, Oxford: Oxford University Press, 1977, p. 202。
②③ Theodor Adorno, "Commitment," *New Left Review I*, No. 87-88 (1974), pp. 75-89.
④⑤ ［德］霍克海默、［德］阿道尔诺：《启蒙辩证法》，渠敬东、曹卫东译，上海人民出版社2006年版，第117页。
⑥ Jacques Rancière, *Malaise dans l'esthétique*, Paris: Galilée, 2004, p. 65.

阿多诺，朗西埃认为自主性艺术理论"与前者相反，它将政治的期望封闭在隔绝自身的艺术所带来的审美经验之中，亦即在对艺术的形式完全转变为生活形式的抵抗之中"①，这种抵抗的姿态也只能以一种姿态的形式保留下来，犹如琥珀中的化石，没有生命。如果不能把艺术的审美政治转化为生活中的政治，那么治安的秩序，也就是统治的现状，不会发生丝毫改变，这一点让朗西埃有所不满。

朗西埃认为"成为生活的艺术"与"作为抵抗形式的艺术"其实不应该分开与对立，它们处于一种对立统一的张力中，他认为："我们是在两种平等形式之间的相互作用之中辨识艺术的，这两种平等形式分别与（艺术与生活的）分离和非分离相关。我们通过自主和他律的辩证关系来辨识艺术。"② 所谓"批判艺术"（critical art）的政治，就是指"一种着手建立起对支配机制的醒觉，从而将受众转变为改变世界的有意识之能动者的艺术"③。朗西埃所谓艺术的政治，就是将艺术的力量定位于一种特殊的商讨（negotiation）之中，这种商讨连接了两种形式之间的政治，即艺术和生活之间的政治。而其后出现的"批判艺术"，奥利弗认为它就是萨特和布莱希特式的介入型艺术和阿多诺式的避世艺术这两种表面上对立的艺术形式两相调和的地方④，也就是"成为生活的艺术"与"作为抵抗形式的艺术"这两种美学政治间的中间道路。它是"第三种政治"或"第三种政治的美学"，也是一种"微观政治"（micropolitics）⑤。这就是

---

① Jacques Rancière, *Malaise dans l'esthétique*, Paris: Galilée, 2004, p. 62.
② Jacques Rancière, *The Future of the Image*, trans. by Gregory Elliott, London: Verso, 2009, p. 41.
③ Jacques Rancière, *The Emancipated Spectator*, trans. by Gregory Elliott, London: Verso, 2009, p. 45.
④ Oliver Davis, *Jacques Rancière*, Cambridge: Polity Press, 2010, p. 153.
⑤ 蒋洪生：《雅克·朗西埃的艺术体制和当代政治艺术观》，《文艺理论研究》2012 年第 2 期。

在后来的艺术发展中,逐渐出现的把两种艺术的政治并置的平面拼贴(collage)的艺术。政治艺术一定是这些对立的某种拼贴,也就是"设计的表面"(the surface of design)的艺术。关于"设计的表面"的政治,本书稍后论述。而这种平面拼贴的艺术也由于共识时代的来临而逐渐丧失了政治的能力,在当代,批判艺术的形式已经江河日下,逐渐转化为其他四种艺术类型或者说四种特质的艺术。

二、政治的缺席——当代批判艺术的歧途

半个世纪以来,全球化的浪潮首先达成了经济全球化的共识,人们在对待这一潮流中出现的问题以及对于物的思考时,都会将由经济全球化而形成的共识伦理作为判断原则。批判艺术在全球化和商业化的浪潮中逐渐被消解掉制造歧感(dissensual)的能力。为了展现和反抗景观社会对于真实生活的遮蔽,艺术家用戏仿和拼贴的手法创作艺术品,或者戏仿商品广告,比如博伊斯用隐喻的手法(废弃的油脂和老鼠尸体)创作出《奥斯威辛的圣骨箱》,安迪·沃霍尔对玛丽莲·梦露的戏仿,以及《布里洛盒子》的复制,等等。朗西埃认为,在共识的时代,以上种种操作手法已经逐渐丧失了曾有的歧感,以批判艺术为代表的当代政治艺术有了很大的变化。朗西埃认为,美学歧见的辩证形式(the dialectical form of the aesthetic dissensus)在当代已经裂变成四种主要形式,或者说具有了四个主要的特质。这四种形式在不同程度上体现了当代艺术逐渐疏离了真正的民主和平等政治,转向伦理、宗教、神秘方向[1]。

第一种是游戏(the play, joke, jue)。朗西埃认为,这是两种异

---

[1] Jacques Rancière, *Malaise dans l'esthétique*, Paris: Galilée, 2004, pp. 74-84.

质性因素的双重游戏。两种异质性因素在和自身实体断裂后相互联系，但是在游戏中却慢慢丧失了这种原有的感性断裂，沦为没有秘密可言的形式。尽管其目的设定为揭示一种权力的运作或者展示权力，但最后的效果却不尽如人意。确切地说，它的批判力量的废黜是由于本身呈现为一种去合法化的一般程序（the ordinary procedures of delegitimization）①。这种艺术的形式其实在批判艺术的早期就存在了，比如布莱希特把希特勒再现为街头买菜者，戈达尔在电影中展示上流社会社交时突然中断画面，插入汽车和内衣广告，等等。这一程序在当代已经逐渐由治安权力自身、媒体和娱乐广告所催生。在今天，我们观看电影、电视时，戈达尔所生产的"震撼"已经成为我们必须要面对的"不胜其烦"的广告效果了。朗西埃谈到在巴黎展出的"在景观的别处"时认为，观众对于查尔斯·雷的作品"旋转木马"游戏，或者齐奥·卡泰勒的《运动场》的大型台式足球，的确可以明白它与商品娱乐的差异和区别，但是这种中立立场既可以被看作对娱乐工业的嘲讽，又可以被看作娱乐功能对于自身的补偿性生产。朗西埃评论了旅居法国的华人艺术家王度的塑像拼贴艺术，王度以蜡像的形式再现一组与原来产生断裂感的形象：希拉里和克林顿的塑像，模仿十九世纪法国画家库尔贝的名作《世界的起源》——一幅女性生殖器官的油画。朗西埃认王度的操作只是用性亵渎了政治，虽然蜡像的形式消解了高雅艺术，但这件作品本身也成了空无。王度想表达"旨在展示美国幸福的秘密面孔"之后就没有什么东西了，"消失的不仅有陌生感，还有政治的严肃性和冲

---

① Jacques Rancière, *The Future of the Image*, trans. by Gregory Elliott, London: Verso, 2009, p. 46.

突性,也就是说,王度的这个作品失去了其政治效用"①。

第二种是收藏(the inventory, collection)。在收藏中,异质性不再是去合法化的异感的生产,而是因藏品本身所带有的见证性而得以生产。收藏品作为艺术品就变成了"历史遗迹的存货清单"②。当代艺术品更多的是把与现实对应的大量图片进行并置和展示。二十世纪七十年代,克里斯·伯顿(Chris Burden)创作了一件名为《另一座越南纪念碑》(*The Other Vietnam Memorial*)的反纪念碑作品,献给越战时无名的越南受害者。纪念碑由若干黄铜金属板组成,板上刻着匿名者的名字,即艺术家从电话簿上随机抽取的越南人名。2002年,克里斯蒂安·波坦斯基(Christian Boltanski)也创作了一件跟匿名和电话簿相关的作品。这个名为《电话用户》(*Les Abonnés du Téléphone*)的装置由两个书架组成,书架上放满了来自世界各地的电话簿,书架中间还有两张桌子,参观者可以随意取出电话簿,坐到桌前细细翻看。朗西埃认为:"这件作品的重点不再是为那些侵略战争中的无名者命名。它所指涉的匿名也不参与任何冲突。此处的匿名者,正如波坦斯基自己所说,单纯是'人类的样本'(specimens of humanity)。"③ 朗西埃对中国艺术家白宜洛的作品《人民》做过评价。这件作品由1 600张身份证照拼接而成,作者的意图是"连接家庭和共同体之间的脆弱纽带"。但是朗西埃认为此种展示并不能起到任何让人民得以被呈现的效果,艺术所联系的人民仅

---

① "Contemporary Art and the Politics of Aesthetics," in Beth Hinderliter etc. eds., *Communities of Sense: Rethinking Aesthetics and Politics*, Durham NC: Duke University Press, p. 44; Jacques Rancière, *Aesthetics and its Discontents*, trans. by Steven Corcoran, Cambridge: Polity Press, 2009, p. 53.
② Jacques Rancière, *Malaise dans l'esthétique*, Paris: Galilée, 2004, p. 77.
③ Jacques Rancière, *Dissensus: On Politics and Aesthetics*, ed. & trans. by Steven Corcoran, London: Continuum, 2010, p. 146.

仅是在现实的伦理共同体中位置的再现，"作品的意指再现和这种意指所体现的现实之间被画上了等号"①。也就是说，作品所呈现的人民依然是一群无声的大众，这和现实基本没什么两样，人民的出场应该是从无声与沉默中发出自己的声音。见证式艺术把艺术的政治整合为一种当下对历史与遗迹的认知方式，也就是把应该是政治的出击转化为"见证、存档、记录"。朗西埃认为艺术家成为"集体生活的档案学家和一种共同享有的身份的收藏家和见证人……批判艺术的政治性/争论性使命转变为社会和共同体导向的使命"②。

第三种可以被称为"邀见"（the encounter, invitation），即艺术家把作品设置为一种情境关系，通过观众的参与，建立一种新的社会关系，完成共同体的建设。艺术家"渴望在美术馆和画廊里创造新的关系形式，并对都市环境进行改造，以便转换人们对该环境的理解"③。这比较典型地体现在当代的"关系主义"（relational art）美学之中。"关系艺术"是法国策展人尼·伯瑞奥德（Nicolas Bourriaud）于 1996 年首先使用的一个艺术概念，在 1998 年的专著《关系美学》中，伯瑞奥德将"关系艺术"界定为通过艺术来填补"社会联结（lien social）的缺失"。④ 在艺术实践中，例如波坦斯基的电话簿装置，随时邀请观众坐下来阅读抽出的电话簿，也可以在下一个场景中阅读一本书。关系艺术的发展越来越期望打破底层民众的隔绝状态，打破全球化进程中劳动分工导致的区隔，例如，古

---

① Jacques Rancière, *Dissensus: On Politics and Aesthetics*, ed. & trans. by Steven Corcoran, London: Continuum, 2010, p. 146.
② Jacques Rancière, *Aesthetics and its Discontents*, trans. by Steven Corcoran, Cambridge: Polity Press, 2009, pp. 55 – 56.
③ Jacques Rancière, *Dissensus: On Politics and Aesthetics*, ed. & trans. by Steven Corcoran, London: Continuum, 2010, p. 147.
④ [法]伯瑞奥德:《关系美学》，黄建宏译，金城出版社 2013 年版，第 39 页。

巴艺术家雷内·费尔南德斯（Rene Fernandez）在圣保罗双年展上的一件作品清楚地表现了这一转变。费尔南德斯用他从一个艺术家基金会申请来的资金在哈瓦那贫困的郊区做了一次调查，最后通过和其他几个艺术家合作，帮一位贫穷的老妇人修缮房屋，实现对当地悲惨现实的介入。作品由一面纱幕和一个录像投影组成。纱幕上，老夫妇的肖像望着"真实"屏幕上艺术家们的活动（修缮过程中，他们既是石匠，也是水管工，也是画家）。这样的呈现方式完美地契合了当下艺术作为社会纽带修复手段的观念。关系美学的出发点就是伦理共同体的完善与完整，其所要建构的是被商品和消费所割裂的共同体存在关系，追求一种缝合和修补的效果，这在朗西埃看来完全是一种共识的生产，它所指向的是要排除歧感，构建柏拉图式的伦理共同体。艺术的政治由此走向了自己的反面。

第四种是神秘（the mystery）。神秘是象征主义的核心理念，在马拉美的诗歌中得到淋漓尽致的展现，艺术的政治通过碎片的词汇实现把异质性的因素聚集起来的功能。这种传统在朗西埃看来最突出地表现在电影艺术中，特别是戈达尔的《电影史》。1980年开始，戈达尔的《电影史》分为八部陆续推出，引起了法国文化界的追捧热潮。影像中低沉的画外旁白、阴暗的色调、随时被召入的图片等异质性元素被并置在一起。朗西埃在谈到影像的图像句子（image-phrase）和大型并列（grande parataxe）时指出，戈达尔的《电影史》"使用了一种语词的交汇、句子和文本的交织、变形绘画的交织和电影镜头的交织。这些镜头混合了照片或新闻录像带，还可引用音乐段落将它们串联起来[①]"。但是此种手法产生的是"艺术手段之间共

[①] ［法］雅克·朗西埃：《图像的命运》，张新木、陆洵译，南京大学出版社2014年版，第56页。

同尺度的丢失"。图像句子的无尺度的大并列使得文本和图像所连接的现实被中断，带来了两种后果："一边是精神分裂的大爆发……一边是对商品和语言的巨大对等的赞同，或对共性的陶醉躯体巨大操纵的赞同。"① 这样的电影呈现的是神秘本身，而不是与社会的异质性关系，戈达尔也承认自己对神秘的追求。同样的例子还有 2002 年纽约古根海姆博物馆（Le musée Guggenheim de New York）展览的"移动的图像"（*Moving Pictures*）。比尔·维奥拉（Bill Viola）在黑房中的墙壁上投射出水与火、庄严的列队、空寂的都市、夜晚（veillée mortuaire）以及船只启航等意象，分别象征着诞生、生活、死亡和重生。朗西埃认为，这样的象征蒙太奇取消了辩证蒙太奇对于治安共同体的歧感联系，它把异质性元素聚合为一个神秘的共现（co-presence），在此共现中所形成的共同体并没有使得人民这一主体得以显现。这样的影像拒绝了剧院政体，感性分配被封闭在一个指向未来的象征体中，它使得艺术的政治成为原政治的伦理和宗教。

朗西埃认为："批判艺术的目标是生产一种对世界的新认识，并由此致力于世界的改造。这一方案听上去很简单，但其实包含着三个过程：首先，生产一种'陌生'的感觉形式；其次，对陌生的原因产生意识；第三，由于这种意识，个体被调动起来。"② 但是实际上并非这么简单，"艺术上震惊了，意识上就理解了，政治上也行动了。哪儿都没有这么天衣无缝的因果联系"③。"两种异质的感知形式碰在一起产生的震惊效果不一定能产生对事物状态的理解，而对事物状态的理解也不一定能够产生改变现状的决断。观看一个景观

---

① ［法］雅克·朗西埃：《图像的命运》，张新木、陆洵译，南京大学出版社 2014 年版，第 62 页。
②③ ［法］雅克·朗西埃：《政治艺术的种种矛盾》（The Paradoxes of Political Art），http://www.artda.cn/wwww/1/2011-09//5704.html。

和理解世界现状之间并不存在一条连接的直线,同样,智力上的意识和政治上的行动之间也没有直接联系。"① 朗西埃其实指出了批判艺术内在的一个悖论:"它们以生产政治意识和动员形式为己任,但是在经济全球化所制造的共识思潮下,其实际的政治效果却很难令人满意。"② 艺术所设想的"行动主义","越是将日常生活和商业文化之物品和偶像的大量复制品塞满展览空间,越是走向街头,声称介入社会,就越会陷入对自身效果的预估和模仿之中。艺术由此有堕入对其声称效果的拙劣模仿之危险"③。当代艺术期望能介入生活的祈愿,并不是生产出批判性和政治性,它反而遵循了共识时代的逻辑,参与了原有治安共同体的完善和修补。我们以"见证式艺术"和"关系艺术"为例,作为艺术的政治,它们试图努力的方向不是对原有感性共同体进行质疑和拆解,而是重建一种以共识逻辑为基础的感性共同体。它们和神秘艺术一样,把政治的"歧义"排除掉,向一种伦理性和宗教性的原政治靠拢。"当代艺术从批判性范式向玩笑、集藏、邀约和神秘形式的转变,就体现出以伦理形式出现的政治的重构"④,也就是说当代艺术的发展,并非是朗西埃所期望的在艺术的美学体制中的艺术生产,更多的是向再现体制特别是柏拉图的影像的伦理体制靠拢,这和批判艺术的政治诉求的初衷南辕北辙。

那么朗西埃本人会推崇什么样式的批判艺术呢?或者说,他会

---

① [法]雅克·朗西埃:《政治艺术的种种矛盾》(The Paradoxes of Political Art), http://www.artda.cn/www/1/2011-09//5704.html。
② 蒋洪生:《雅克·朗西埃的艺术体制和当代政治艺术观》,《文艺理论研究》2012年第2期。
③ Jacques Rancière, *Dissensus: On Politics and Aesthetics*, ed. & trans. by Steven Corcoran, London: Continuum, 2010, p. 148.
④ "Contemporary Art and the Politics of Aesthetics," in Beth Hinderliter etc. eds., *Communities of Sense: Rethinking Aesthetics and Politics*, Durham NC: Duke University Press, p. 49.

对哪些具体的艺术品青睐有加呢？朗西埃一般都是就事论事，对于艺术品的批评着眼于鞭辟入里的分析，但是他也曾举例指出有重要意义的艺术作品，如香坦·阿克曼（Chantal Akerman）的电影《来自另一侧》(De l'autre côté)，录像艺术家安瑞·萨拉（Anri Sala）的《给我那些颜色》(Give me the Colours)，葡萄牙导演佩德罗·科斯塔（Petro Costa）的电影《旺妲的房间》(No Quarto da Vanda)。《来自另一侧》这部影片以美国和墨西哥边境线上的围墙为主题，但重点并不在移民或穿越边境的故事上，而在围墙本身。朗西埃的观点是这里的围墙既是物质客体，也是话语客体。尽管很多电影人在作品中强调偷渡期间发生的戏剧性事件，以此表明美国经济现实与其民族主义的不公正和歧视之间存在着巨大矛盾，但导演阿克曼却着力于两者的分离。有时候，她让摄像机沿着围墙拍摄，给观众一种非人的陌生感，尤其在夜晚灯光下。其他时候，她给人们看的要么是墨西哥一边的希望、努力和失败，要么是美国一边的忧虑和恐惧。朗西埃认为"这部影片的政治影响力恰好在于它把一个经济和地缘政治问题变成了一个美学问题，在于它让围墙两侧直接面对彼此，并围绕墙壁粗糙的物质性建立起了一系列互相冲突的叙事"[①]。而关于《旺妲的房间》，朗西埃认为这部电影可以给关系美学做一个更好的示范，当关系美学的艺术家们忙着在贫民区建立或真或假的纪念碑来生产出一种新的社会关系时，导演佩德罗·科斯塔选择用一种矛盾的视角来考察一个具体的悲苦环境。艺术和生活究竟还能有哪些可能性，经济的发展需要拆迁，但是这不是构成一切的合法性，否则就会坠入社会进步幻象的共识逻辑。朗西埃认为影片中被贫困

---

① [法]雅克·朗西埃：《政治艺术的种种矛盾》(The Paradoxes of Political Art)，http://www.artda.cn/www/1/2011-09//5704.html。

和毒品所困的人民对于自己身体有力和无力的支配与选择，显示了生活和可能性之间的分裂，这才是真实的政治，它提供了一种感知的断裂和分歧。即使是这样，朗西埃还是对于艺术抱有不满，因为它不能回避电影还是电影，观众还是观众这一事实。"电影、录像艺术、摄影作品、装置艺术修改我们的认知框架和情感体系。这样，它们有可能打开政治主体化的新途径，但无法避开把结果和意图分开的美学断裂，也正是这种断裂阻止了它们直接跨越到词语和图像的'另一侧'。"① 说到底，如果不能把这些影像转化为观众自身的行动和政治，那么它们始终还是一种停留在语词与图像中的政治。艺术只有在生活中为人民划出感性分配的裂缝，不仅使不可见的可见，而且要让不可听的可听，进而行动，这才是感性分配的政治。

第三节　图像的政治

一、图像的政治之可能性

很难说朗西埃对于图像的思考不是出于对"图像转向""仿真社会"等理论的回应和反驳。时下关于"图像时代"的来临，"拟真"或"仿真"在历史的舞台上借助现代媒介的威力取代了事物"真实"之类的说法盛行。例如后现代理论家米歇尔认为，后现代社会的一个重要特点就是"图像转向"（the pictorial turn），这样的新时代是"视像和控制技术时代，电子再生产时代，它以前所未有的力量开发了视觉类像和幻象的新形式"[2]。被称为后现代大祭司的波德里亚认

---

① ［法］雅克·朗西埃：《政治艺术的种种矛盾》（The Paradoxes of Political Art），http://www.artda.cn/www/1/2011-09//5704.html。
② ［美］W. J. T. 米歇尔：《图像理论》，陈永国、胡文征译，北京大学出版社2006年版，第6页。

为仿真（simulation）成为当代社会的最大症候，构成了社会存在新的"真实"。"仿真的意思是从此所有的符号互相交换，但绝不和真实交换"①，波德里亚对景观的描绘是出于对近三十年来资本主义的运作从传统商品的生产和消费转变为符号的生产和消费这一状况的理论忧思，他对消费社会来临所生产的"消费的主体，是符号的秩序"有愈来愈明显的担忧。但是，波德里亚这种柏拉图式的原政治图像伦理共同体，似乎承认了图像霸权中图像的否定性力量，而他所提出的"戏仿"的游击战策略也似乎是对暗淡前景的抵抗。按照波德里亚的逻辑，图像的艺术其实也变相地成为商品的艺术。

朗西埃对于图像的论述完全解构了上面关于图像的说法，虽然他所讨论的主要是图像与艺术的关系。他从图像最基本的属性开始论述，分析了图像与他者的关系并非如当下"图像转向"理论所简单判断的那样，即图像与现实既非清晰的断裂亦非确定的联系，而是通过图像内部要素与功能体制和外部的可感体制配置之间的复杂关系，勾画出图像的政治就是从艺术的伦理体制向艺术的美学体制转变的症候。图像并非是现实统治的替代品，它能以自己的语言说出当下的历史情境，成为艺术与生活的连接方式。所谓图像的终结（读图时代）是图谋掩盖一个图像政治的真相："正是这个艺术与非艺术的交织，正是这个艺术、商品和话语的交织，才是当代媒介学话语试图消除的东西。"② 所谓图像的政治就是指图像通过把自己定位为美学体制中的艺术，通过哑言叙述把自己融合于生活，改变人们的感性分配政体，从而生产出政治。

---

① ［法］波德里亚：《象征交换与死亡》，车槿山译，译林出版社 2006 年版，第 4 页。
② ［法］雅克·朗西埃：《图像的命运》，张新木、陆洵译，南京大学出版社 2014 年版，第 23 页。

图像政治何以成为可能，而不是仿真系统的自我循环？朗西埃上来就提出质问："当人们断定从今以后再也没有现实而只有图像时，或者相反，说从今以后再也没有图像而只有一个不断再现自身的现实时，人们在说什么呢？"① 如果说只有图像，没有图像的他者，那么图像的概念本身就失去了它的内容，这正是当下图像理论所要面对的困境。朗西埃认为图像的自主性并不是对于他者的不及物性，而是"意味着相异性进入了图像的建构本身中，还意味着这种相异性不仅取决于电影媒介的材料特性，更取决于其他因素"②。这些其他因素构成了图像自身运作方式，朗西埃用布列松电影中的一个小片段作为例子，说明图像内部要素及其功能构成了整个图像性（imageite）的体制（regime），那些声音、色彩、语言和镜头的转换其实并不是图像所特有的体制，它也出现在文学中。例如我们所用的镜头特写的手法，在福楼拜描写包法利夫人的指甲时就有了。这种特写打断了叙述的连接性，回到物性本身，这使得电影愈加靠近文学，即感受的对象的平等关系。朗西埃认为图像的相异性不仅仅在于内部要素的差异联系，更为本质的是，图像首先是对于现实关系的一种相像，而且可以自由组合出更多关系以取代原有的现实关系。这就完全不同于我们认为的图像仅仅是一种商业与快感的密谋式再现。在朗西埃眼中，图像中各种元素的自由性正是艺术的属性。"正是在这个意义上，我们说艺术是由图像构成的，无论它是否隶属于形象艺术也不管是否能从中认出可识别的人物和场景的形态。艺术的图像是一些生产差异和不相像（dissemblance）的操作。"③ 艺

---

① ［法］雅克·朗西埃：《图像的命运》，张新木、陆洵译，南京大学出版社2014年版，第4页。
② 同上书，第6页。
③ 同上书，第11页。

术的图像在相像与不相像之间的游走，这正是我们今天催生政治的可能性之所在。就像我们看待电影，如果没有与现实的相像之处，很难说服我们进入观赏的情境，但是在此相像处，电影以自身的语言呈现出与现实的差异以及与自身内部的差异，这就与我们真实的生活有了感觉的裂缝。纪录片《给我那些颜色》就是这样的图像。影片中阿尔巴尼亚首都地拉那（Tirana）市长决定用颜色明亮的涂料重新粉刷首都的所有房屋的外表面，让市民在新环境中拥有新感受，但是破败的墙壁、泥泞的街道却用另一种语言和市长的豪言壮语形成差异和不相像，这正是图像的政治的峥嵘一角。

当代"图像转向"的另一种模式就是对于"图像"的崇拜论，也就是在诸多"仿真"与"拟像"中寻觅原生的纯粹图像——"比生活更真实的图像"，它代表了事物的本真，即柏拉图式的原政治图像景观，朗西埃将之称为"原相像"（archi-resemblance）[①]。我们知道，艺术的图像因为自身的操作和生产相像的技术获得独立，但是图像还是要寻找到另一种相像，"也就是一个存在者与其起点的关系"[②]，但是"原相像"取消了这种起点与存在者的两重性关系，它是图像的第三重："面对面的视像（vision），共性的光辉物体或事物本身的标记……原相像就是最初的相像，即不给现实提供复制品的相像，它能立刻证明该现实从何处而来的那个他处。"[③]我们可以理解这种原初"图像"在当代艺术评论中的重要性，例如本雅明把机械复制时代的艺术仅仅视为"展示价值"的艺术，而把传统的艺术视为具有"灵光"（Aura）和"膜拜价值"的艺术。他把"灵光"描述为"在一定距离之外但感觉上如此贴近之物的独

[①][②][③] ［法］雅克·朗西埃：《图像的命运》，张新木、陆洵译，南京大学出版社2014年版，第13页。

一无二的显现"①，这样具有"灵光"的艺术图像被图像泛滥的时代所缅怀。在朗西埃看来，"这正是当代图像庆祝仪式或对图像的怀旧式回忆所要求的东西：一种内在的超验，一种由物质生产方式本身保证的图像的光荣本质"②，这样的图像其实基本上又把图像置于原政治和宗教神秘的本源的神坛上。本雅明的散发着"灵光"的图像其实取消了图像内部因素相异性和引起可感知错位联系的能力，也就是说其中既不会有政治，也不会有美学。例如雷吉斯·德布雷在《图像的生与死》中对于图像的定位："这里的图像有其内置的光线。它能够自我展示。通过自身提供的光线，图像便自行出现在我们眼前。这种定义类似于斯宾诺莎关于上帝或实体的定义。"③ 此种图像也是罗兰·巴特在谈摄影时所讨论的"刺点"（punctum）对于展面（studium）的绝对性和神秘化的地位，或许我们还可把德勒兹的"平滑空间"对于"条纹状空间"的优越性也列在此清单内。但是，朗西埃给出了一个这种"原相像"背后存在的悖论，那就是图像的哑言性（mutite）和图像言语之间的对立与转换。图像的说话正是它沉默的时候，它在两种情境中顾此失彼，那就是"作为原生感性在场的图像和作为故事编码的话语图像"共存，也就是说"原相像"最后还是要在柏拉图的"原政治"和亚里士多德的"类政治"之间寻找自己的语言。

事实上，在朗西埃看来，图像是被错误地导向了以上两种政治，

---

① 此处借用本雅明对于艺术作品批评使用的 Aura 一词，也有人将其翻译为灵光、灵韵、光晕等，它指艺术作品在时间和空间上独一无二的存在，"我们把前者（自然事物的 Aura）定义为一定距离之外的独一无二——无论它有多近"，参见 [德] 瓦尔特·本雅明：《机械复制时代的艺术作品》，王才勇译，中国城市出版社 2002 年版，第 13 页。
② [法] 雅克·朗西埃：《图像的命运》，张新木、陆洵译，南京大学出版社 2014 年版，第 14 页。
③ 同上书，第 5 页。

图像哑言正是艺术的审美体制确立后的政治的言说方式。图像不属于艺术的再现体制，它属于艺术的审美体制。"在新的体制中，即形成于19世纪的艺术美学体制中，图像不再是一种思想或是一种情感的编码表达。它不再是一个复本或是一种翻译，而是事物说话和沉默的一种方式，可以说它进入事物的中心，成为哑言。"① 哑言是朗西埃的批判词汇中一个重要的概念，是他通过细读柏拉图和亚里士多德的文本创造出来的一个概念。他认为哑言就是政治的艺术应该拥有的语言，而且文学的书写也是哑言。朗西埃反转式地阐释了柏拉图文字对书写的批评："书写是无声的话语（discourse）②……它们不知道如何回答问题，不像活生生的对话（discourse）。"③ 直观的理解就是用沉默来述说。朗西埃认为图像其实如同文学一样，属于美学共同体，它的述说方式既不是以本身存在为伦理本源的再现，也不是对已有事物的复写或是转述。它是一种美学的政治。无声的语言就是政治的语言，如同希腊城邦的贫民（demos），他们的语言不被视为平等的交流和表达，而仅仅是一些快乐或痛苦的嘶吼。这触发朗西埃把政治美学的语言、艺术的美学体制中艺术作品的语言都视为无声的语言或者哑言。

朗西埃认为，图像作为哑言具有两种述说方式。"在第一层的意义上，图像是事物直接记录在其身躯上的意指，是有待解读的可见语言"④，朗西埃认为可见语言其实就是事物本身的历史和社会属

---

① ④ ［法］雅克·朗西埃：《图像的命运》，张新木、陆洵译，南京大学出版社2014年版，第18页。
② discourse 指柏拉图所说的"对话"，是一种口头的交流，与言说（speech）的意义接近，它拥有一个言说者，与书写（writing）的意义相对，书写是"无主"的文字。
③ Jacques Rancière, *The Philosopher and His Poor*, ed. and trans. by Andrew Parker, trans. by Corinne Oster, John Drury, Durham: Duke University Press, 2004, p. 40.

性，他举了巴尔扎克的《猫打球商店》小说中作者对于商店破败景象描写的例子，这些物的描写不仅仅是为了服务于一个贵族画家和一个小店老板女儿无望的爱情，而且再现出一个时代的历史情境。而朗西埃喜欢拿来作为例子的巴尔扎克在《驴皮记》中对古董店的描写也与之相似，一件件来自不同历史时段和不同文化的古董汇聚于古董店，它们代表的是曾经活生生的时代和生命，但是作为古董却是无声的存在。无声言语"才有展示写在物体上的符号能力，才能展现由历史直接镌刻的标记。而这些符号将比嘴巴说出的任何话都真实"①。"在第二层意义上，事物无声的言语反过来也是事物固执的沉默"，朗西埃认为《包法利夫人》中，夏尔·包法利的帽子以其丑陋而把弱智写在物的身上。在艺术的美学体制确立后，图像和文学、绘画等平等艺术一样，拥有了一种特殊的能力，即"成为身体承载记录的进程和身体裸体在场而又无意指的中断功能之间的转移"②，而图像得益于文学和绘画两者的互相交融。

在朗西埃看来，图像民主时代的到来是在十九世纪，即"集体图片业的巨大交易创建之时"③。这种民主是与其他的艺术形式共同组建的，资本主义的长足发展使得商品占据了市场的中心，人们围绕商品建构出了图像和文字的光晕（halo），使得商品成为人们的欲望对象。通过新印刷技术，科普、小说、图片都被聚集起来，艺术就是对于商品秘密的解读，"巴尔扎克将解读石头、服装和面孔上符号的工作变成小说行为的动因之日"④。艺术评论在各种杂志上发表，而学生、妓女、烟鬼、小市民等各个阶层都可以在大众杂志上

---

① ［法］雅克·朗西埃:《图像的命运》，张新木、陆洵译，南京大学出版社2014年版，第18页。
② 同上书，第19页。
③④ 同上书，第21页。

化为图片。朗西埃认为这就是艺术的美学体制来临的时代。一般来说，商品时代来临的解读恰恰是艺术被市场和商业扭曲。朗西埃却认为这种由商品组建出来的图片形式恰恰需要我们用哑言的解读方式把它解放出来。"这也是马克思教会我们在表面上没有商品故事的物体上解读象形文字和深入了解隐藏在经济语句后面的生产地狱的时刻"①，由此"在艺术操作、图片形式和症候话语性之间编织了一层连带关系"②。

朗西埃对于图像的论述还是遵循着他对于艺术的美学体制的观点来展开，但是此种效果却非常具有启发性。朗西埃阻断了一般意义上图像是实物的再现的想法，但是，他又没有把图像圣像化，也没有让图像走向德里达的解构和延异之路，而是把图像置于一个可以重新划定感性配置界限的位置，以此又把图像带入了美学异托邦的领地。尽管图像不再承载再现的功能，朗西埃认为它会以另外的方式说话，即直抵事物的绝对在场，它指向商品的秘密和社会的秘密。

朗西埃关于图像的阐释对当代图像转向的启发是巨大的，他把图像视为政治，并不是要求图像成为政治斗争的工具，在他的政治概念里，毋宁说，图像本事就是政治，它牵涉到在当代社会中，如何能够产生歧感的问题。通过图像的哑言，如何把图像变为生活，转化成为政治？朗西埃给出两个方案，并且把这两种形式结合在一起来完成图像的政治。第一种就是使图像成为"纯艺术，即设想为其表演不再呈现图像的艺术，而是直接将思想实现为自我满足的感

---

①② ［法］雅克·朗西埃：《图像的命运》，张新木、陆洵译，南京大学出版社2014年版，第22页。

性形式"①。这种形式犹如马拉美对于诗歌语言的追逐和迷恋。马拉美不是写具体的诗歌，而是写诗歌本身，是"所有的诗歌"。这种形式也体现在现代舞蹈的先驱洛伊·富勒（Loie Fuller）的舞台上。她的舞蹈不是表达故事，也不是呈现附着在身体上的动作，而是一些运动的本身，是将感觉直接转化为运动和事物，她的运动就是折扇的开合、起伏的波浪。在朗西埃看来，这是另外一种书写，是身体自身的书写。第二种形式是把图像置入我们的生活，发明生活，化为新时代的新感觉。如同未来主义和构成主义对于生活的创造，也如同维尔托夫（Dziga Vertov）式电影眼摄影机，它不是记录生活，而是创造出新生活的节奏和感觉，把人和生产机器融合在新的生活形式中。

存在着一种与朗西埃相反的图像去政治化运作，不幸的是这也是我们最为擅长的一种操作，即对于图像表象的符号学阐释，"当符号学家竭力去追踪隐藏在图像背后的信息时，就已经开始了'图像的终结'的丧事"②。追索一种隐秘的意义或变形的社会存在，在朗西埃看来，这其实是抹杀了图像表面表达的新感觉，一种代表着新的共同体的节奏，它也是未来革命者的感觉。对图像隐秘意义的追索最后的恶果就是没有意义可以再阐释，人们在图像面前长吁短叹时，却忘了，图像最大的秘密就是图像并非图像，而是生活。

在这里，我们可以看到，朗西埃对于图像的要求就是，让图像不再是图像，而是政治主体化的中介，是新生活和人民新感觉的一体化。正如朗西埃所说：

---

① ［法］雅克·朗西埃：《图像的命运》，张新木、陆洵译，南京大学出版社2014年版，第24页。
② 同上书，第28页。

这两种形式都主张消除图像的中介作用，也就是说既要消除相像特征，又要消除解读操作和各自操作的能力，就像艺术操作、图像交易和注释工作之间的游戏那样。消除这种中介，就是要实现行为和形式的即时同一性。①

二、设计的表面与政治

刘纪蕙认为朗西埃所提出的理论核心，"是关于时代共属与分享的感受性体制（the regime of the sensible）与感性分享（une aesthesis partagee）的诠释立场。朗西埃认为一个时代的艺术、政治、设计、科技、商业与日常生活所参与的世界，都属于其所共享的感受性体制"②。也就是说在一个时代的各种活动形式中，存在着一个可公度性和可共量性的场域，在艺术和文学中，在商品的广告和设计中，在富勒的舞蹈光影中与维尔托夫的摄影机后面，都存在着一种新的感受性体制——艺术的审美体制。朗西埃在思考当代的文学与艺术，影像与设计，生活与美学时，一直致力于构建出彼此内部的同在性，唯其如此，才能以一个审美共同体之自由存在来改写伦理共同体的同质和压迫。《设计的表面》就是朗西埃致力于沟通商品生产设计与审美自治的诗歌之间的时代共同属性的思考，这一文章收录在《图像的命运》中。

朗西埃并没有从艺术史和技术哲学角度谈设计，而是从美学共同体的视角切入，他说："让我感兴趣的是在勾勒了线条的时候，在

---

① ［法］雅克·朗西埃：《图像的命运》，张新木、陆洵译，南京大学出版社2014年版，第27页。
② ［法］洪席耶：《歧义：政治与哲学》，刘纪蕙等译，麦田出版社2011年版，第232页。

排列词语或安排表面（surface）的时候，我们也勾画了共同空间的分享方式。"[①] 这些分享的方式不仅仅是定义艺术的标准，由于其本质上就是划定感性分配之间的关系，既是象征的又是物质的配置，在朗西埃看来，这种分配方式的独立性超越了资本与商品、自律性的艺术以及国家政体管理各自分离的状态。此处，朗西埃用了一个出人意料的比较："在斯特芳·马拉美和彼得·贝伦斯（Peter Behrens）之间有什么相像？"[②] 马拉美是法国象征主义诗歌的代表，著名的诗作有《牧神的午后》《骰子一掷不会破坏偶然》，而贝伦斯是德国著名建筑师、工程师兼设计师，是 AEG（德国电器工业公司）的设计师，他不但设计产品，而且设计广告以及规划公司的建筑。朗西埃认为在贝伦斯设计的灯泡、电水壶、取暖器与马拉美诗歌中开合的纸扇、翻溅的浪花、飞舞的头发、氤氲的烟霞等诗歌意象之间有一种关联。但是他不是从物体的形象或隐喻来寻找一致性，而是认为其共同之处"首先在于一种共同的命名，它用于将两者所做的事概念化"[③]。两人都把自己所从事的事业称为对于"类型"（types）的追求。马拉美的诗歌语言区别于日常语言的使用、交流、描写、传达。日常语言的使用是一种商品和货币交换样式的使用方式，马拉美要求的是消解了此种交流功能的纯粹语言。而贝伦斯也做着类似的事，他把商品设计的风格从以往精雕细刻的哥特式风格中解放出来，去除掉商品上附着的可以满足当时消费者的奢侈和梦想的多余细节，这符合商品的本质形式，"回归几何的图案和简化的曲线"[④]。马拉美的诗歌是朗西埃论述文学政治的语言——沉默的语

[①][②]　［法］雅克·朗西埃：《图像的命运》，张新木、陆洵译，南京大学出版社 2014 年版，第 123 页。
[③][④]　同上书，第 125 页。

言时频繁借用的例子之一。对于这处论述,我们或许可以借用具体的诗歌例子做形象说明,以下是马拉美《白色的睡莲》中的一段诗歌:

> 那秋波将贞洁而散乱的怅惘简括在这孤独之中,仿佛人们在记忆的风景中采摘一朵蓦然从那里冒出的含苞待放的魔幻的睡莲,它用自己的白色的空壳包裹着一种虚无,这虚无是由完好无损的梦幻、无处可寻的幸福以及我因害怕被发现而屏住的呼吸所酿成;我心照不宣地离去,渐渐停下桨来,不叫它击碎这幻想,不叫我的逃跑激起的声浪在淹留的人脚下掷下这采撷理想之花——玲珑的花朵。①

马拉美的诗歌语言被认为具有"不及物"性,诗人对于睡莲这种意象进行意义模糊的书写,无论是直接的客观现实还是主观的内在情感,都很难找到其意义所指。这种模糊性正是诗人马拉美本人追求的,他说:"一切都借用模糊记忆来重新创造,以证明人们就在他们应该在的地方。"② 朗西埃认为马拉美的这种模糊性就是对于诗歌的简化,这些模糊记忆,这些缩略的形式创造,回应了建立一种新感觉的暂居地的要求。正如同贝伦斯对于产品上附着的哥特式修饰的无情铲除,应赋予自己的"样式"以生活的形式。

朗西埃把马拉美和贝伦斯做这样类比的目的是什么呢?在朗西埃看来,马拉美和贝伦斯都是艺术的审美体制确立时的先锋,向艺

---

① [法]马拉美:《马拉美诗全集》,葛雷、梁栋译,浙江文艺出版社1997年版,第252页。
② [法]雅克·朗西埃:《图像的命运》,张新木、陆洵译,南京大学出版社2014年版,第128页。

术的再现体制开战。马拉美要做的是在诗歌中"替换掉'往日的阴影'——也就是宗教,尤其是基督教——代之以'某种华丽'"①,"伴随着宗教和君主制的古老虚荣,失去的是象征着共同伟大的传统形式。而现在就是要替换掉它,给共性盖上他的章印"②。而贝伦斯按照"类型"设计的产品也是要抹去工业产品负载的伦理等级的象征,并且与马拉美一样,用"同一种简化形式的思想和同一种赋予这些形式的功能——确定了共同生活新的结构"③。朗西埃对两者的论述其实就是现代性兴起对于以往神圣之物的祛魅过程,这在马克斯·韦伯和马克思的论述中是广为人知的观点,其重复似乎没有什么新鲜感。但是朗西埃的独特之处在于,他指出了艺术从中世纪的宗教统治和古典时期的等级烙印中解放出来之后将走向何方,而且清晰地辨识出了这种新的事物才是真正的政治、美学、民主,这种嬗变的未来就是要建立一个感性自由的家园,这一自由空间既是美学的也是政治的,既是艺术的也是生活的。

朗西埃认为马拉美的诗歌不满足于对传统诗歌语言的单纯借鉴和使用,他对诗歌语言的应用既借鉴了现代舞蹈运动的表现形式,又发展了音乐的抽象性。现代舞蹈本身已经不再表达某种叙事,或不再具有仪式性的功能,而是用身体、用脚来书写无声的语言,犹如抽离了歌词的音乐,保留的是节奏和韵律。贝伦斯的广告设计中借用了新技术的拼贴,使各种图像和线条得以平等呈现,朗西埃以此为例勾勒出一个可以自由运动的平面(surface),在这个平面上"符号、形式和行为相互等值"④。其实这就是朗西埃一直努力构建

---

① ② [法] 雅克·朗西埃:《图像的命运》,张新木、陆洵译,南京大学出版社2014年版,第129页。
③ 同上书,第130页。
④ 同上书,第132页。

的美学共同体的另外一个名字,在这个平面上各种艺术可以平等地越界和交融。

朗西埃对于艺术的阐释,实质上是要解构艺术,以自身的质料和形式获得独立性和合法性的观念。朗西埃对于"平面"的理解与格林伯格在《抽象表现主义之后》中提到的"平面性"(flatness)概念恰恰相反。格林伯格认为此种平面性区别了艺术与非艺术,艺术以自身的形式为合法性条件,并且由此区分了不同的艺术种类。格林伯格在文中谈道:"绘画艺术(pictorial art)不可还原的本质在于两条建构性的惯例或规范:平面性以及平面性的分层(delamination);而且仅仅遵循这两条规范就足以创造可被当作绘画来体验的客体:一个被撑开或者固定好的画布就已经是作为绘画而存在,也许并不一定是一幅成功的作品。"[1] 这种艺术以自身质料形式为艺术的界定其实在实践中早已被杜尚的小便池所打破。对于朗西埃来说,这个平面的自律与他律注定要被打破,不仅仅在不同的艺术形式之间,而且在艺术与非艺术之间。在艺术史上,当马列维奇和康定斯基刚界定出抽象的原则,达达主义和未来主义就打破了这种平面的规则。当代艺术理论家纠结于艺术的自律和他律之间的矛盾,而在朗西埃看来,不存在一种自律的艺术和他律的艺术,所谓自律和他律都是艺术的再现/诗学体制下形成的艺术面相,由于艺术的模仿才能构成艺术语言的自主领域,由此形成了艺术自律的表象。艺术其实从来都不缺乏他律的特性,因为艺术一开始就介入了伦理共同体和社会等级分配的复杂关系中。朗西埃所肯定的艺术的美学体制就是:

---

[1] Clement Greenberg, *The Collected Essays and Criticism IV*, Chicago: University of Chicago Press, 1995, p. 131.

现代的美学革命相对于这种双重原则形成了一种断裂：它废除了过去让艺术等级向社会等级看齐的平行主义，肯定了没有高贵或低贱之分的主题，一切都是艺术的主体。但是它也废除了那个分离原则，这一原则将形式模仿的实践与日常生活的事物相分离。①

朗西埃对于平面设计的论述实际上就是在艺术与非艺术及自律的审美艺术与商业设计之间建立出他所一再论述过的美学异托邦，而这也并非他的终极意图，设计的表面就是政治的表面，是把艺术融合在生活中产生歧感的政治运作，是把艺术形式和生命形式结合在一起的运作。正如坦科所言，设计的表面的核心问题就在于艺术史上浮现的两个问题，一个是艺术脱离生活的审美自律，另一个是艺术引领生活的工艺美术运动②。朗西埃正是在这个意义上认为，平面设计的表面其实就是三样东西：一是平等的平面，在这个平面上，任何东西都可以是艺术；二是转换的表面，在这个表面中，文字、形式和物体交换着它们的角色；三是对等的平面，"在这个平面中，形式的象征写作适合于纯艺术和实用艺术的图示化"③。

其实，朗西埃把贝伦斯的商业设计作为美学共同体的成员是有一定的风险的。贝伦斯把德意志制造联盟的生产原则贯彻在设计中，朗西埃认为这是要求类型"成为一种共同体生活的构成原则，在这种生活中，生活的物质性质形式将由一种共同的精神原则来推

---

① [法]雅克·朗西埃：《图像的命运》，张新木、陆洵译，南京大学出版社2014年版，第141页。
② Joseph Tanke, *Jacques Rancière: An Introduction*, London: Continuum, 2011, p. 161.
③ Ibid., p. 141.

动"①，那么我们不禁要问，德意志制造联盟作为为大资产阶级服务而推进工业化的角色，它对于德国人民的要求是什么呢？它的设计原则是否最终会沦为某种统治的工具呢？直到今天，我们并非没有看到商品早就夷平了以往其附着的宗教伦理性和等级性，马克思对于商品的使用价值和价值的分离的论述也说明了商品拜物教的产生的内在成因，那就是商品抹去了使用价值的印记，最终呈现为一种物的崇拜。当代西方马克思主义学者对于商品意识形态的批判成果颇丰，商品的设计正是以其美学风格和平等性才能影响深远，它也正是以一种审美乌托邦的形式才激起了千差万别的消费者的认同，从而实现统治。

商品可以满足消费者千差万别的精神需要，无论是平等还是等级的观念。正如杰姆逊所言："在过去的时代，人们的思想哲学观点，也许很重要，但在今天的商品消费时代里，只要你需要消费，那么你有什么样的意识形态都无关宏旨了。我们现在已经没有旧式的意识形态，只有商品消费，而商品消费同时就是其自身的意识形态。"② 其实这种对立又回到了朗西埃与阿尔都塞之间争论的起点，马克思的元政治指出了一切现存秩序都是不平等的，是斗争必然性确立的基础。但是在今天的斗争中，无论是政权更迭，还是生产关系的变革，都被证明不能够彻底扭转这种不平等，而朗西埃的创造之举在于他把平等视为"主体"可以言说和行动的前提，这一平等的前提是法国大革命和美学革命给我们当代留下的遗产，是被当今世界所接受和认同的，这样就为当下的斗争开辟了一条道路，这也

---

① Joseph Tanke, *Jacques Rancière: An Introduction*, London: Continuum, 2011, p.128.
② [美] 杰姆逊：《后现代主义与文化理论》，唐小兵译，陕西师范大学出版社1986年版，第26页。

是朗西埃对于意识形态的阐释方式一直抱有保留态度的原因。他认为美学作为商品的意识形态功能这种说法,"是解释事情的一种方式,但这不是最有意义的方式。与其将现实对立于幻觉,将欺骗对立于真相,更应该去寻找共同的成分……所谓共同成分,就是重建一个感性世界的念头"。朗西埃关于贝伦斯的思考其实并不过时,他是要我们把商品的审美感觉中许诺的自由、平等勇敢应用到自身所处的伦理生活中,这并不是要求人们消费,而是希望人们有能力把商品设计中存在的类型和艺术中同样存在的平等转化为生活的平等。对于消费者,有效的提问不是你是不是一个消费者,而是在这商品空间里,你是否是一个平等者,如果是的话,何以证明,这才是朗西埃所开发出的设计平面的政治。

第四章　电影的政治

第一节　朗西埃的电影理论产生的历史语境

朗西埃的思考本身犹如一场游牧式运动，思维的河水在流动中遭遇岩石和河岸，激起了他写作的激情。半个世纪的风云变幻，不同的时代主题，触发了他思考的延伸，由此以生长式的书写创造了一系列令人惊奇的理论和思想。尽管很多人认为他的思考兴趣具有从历史到政治再到美学这样一个学术领域的转变，但是他本人却否定这一说法。他认为自己一直都是以美学为思考的核心[①]。的确，对于朗西埃来说，他思想运动的路线是从工人高尼欣赏窗外美景的例子开始，研究十九世纪工人的美学经验，直到世纪之交对于政治终结的思考，把政治视为感性分配的再配置，再到阐释美学与生活的统一，进而进入艺术和电影批评的领域。从这个角度看，朗西埃的确是以自己所理解的美学（感性分配）为思考问题的核心。近年来，朗西埃又把政治美学的观点带入了电影理论的领域，他的电影批判理论引起了德勒兹电影理论研究外的另一股热潮，对朗西埃的电影理论的介绍和分析也成为研究他思想的必要组成部分。

[①] Jacques Rancière and Javier Bassas Vila, "The Power of Political, Militant, 'Leftist' Cinema. Interview with Jacques Rancière," *Comparative Cinema*, No. 2 (2013), p. 10.

朗西埃的电影专著有三部——《电影的寓言》《电影的距离》《贝拉·塔尔》，除《贝拉·塔尔》是一篇长文外，另外两部都是由独立成篇的文章组成，除此之外，《影像的命运》《被解放的观众》《美学及其不满》等著作中都有文章对电影进行讨论。其实可以将《影像的命运》看作一部关于影像的元理论，其中不仅仅论述了电影影像（以戈达尔为讨论对象），也讨论了图像、摄影、设计等问题。

整体理解朗西埃的电影理论，首先需要把它还原到电影理论发展的历史语境中，这样才能比较清晰地看到朗西埃电影政治理论对于整个电影理论发展的承继和革新。李洋把第二次世界大战后的法国电影研究划分为三个时期，即巴赞时期、麦茨时期和德勒兹时期①。1951年《电影手册》（Cahiers du Cinéma）杂志的创刊标志着巴赞时期的到来，这是因为电影研究的理论自觉是以巴赞提出的"电影理论"为标志。巴赞时期的电影理论有三个特点：第一，电影理论与电影批判有共存关系，电影理论家也是电影批评家，能够把理论转化为对具体电影文本的批判。这样也就形成了第二个特点，即批评与创作的互动关系。新浪潮运动中的很多导演也是批评家，新浪潮运动的发展也深受导演批评家们的影响。第三就是批评者的"电影之爱"，批评家是怀着对电影的热爱进行电影的批评，这也导致了电影理论中"作者论"的影响盛极一时，具体表现为针对导演的创作主体性如何转化为影片风格的研究。从1964年克里斯蒂安·麦茨在《传播》杂志发表文章《电影，言语还是语言？》到1975年发表其标志性著作《想象的能指》，电影理论由此进入了麦茨时期，即所谓的符号学十年。麦茨时期电影理论的研究不仅仅是对巴赞电

---

① 李洋：《电影的政治诗学：雅克·朗西埃电影美学评述》，《文艺研究》2012年第6期。

影理论的延伸,而且把电影学引入了大学建制课,同时把结构主义的思想方法引入了电影研究的范式。符号学时期,电影研究大量引入和借用了语言学、精神分析的概念。结构主义注重研究内部结构功能,对理论的自主性要求也体现在研究中,这导致了电影理论和电影批评分道扬镳。电影理论越来越具有自足性,而电影批判则倾向于对具体电影文本的语言、主题、风格进行细读和分析。这种理论的普遍化和批评的细读化其实是理论自主性的必然结果。结构主义研究范式所具有的语言学模式的特点,导致电影理论偏向了文化、精神分析、意识形态的维度,而对电影作品的分析则倾向于内部结构的分析,作者论不再是热点。第三个时期就是德勒兹时期,构成当代电影理论新的转向,也是朗西埃电影理论的主要对话对象。

德勒兹在 1983 年和 1985 年,分别发表了《电影 1:运动-影像》和《电影 2:时间-影像》,在这两本著作中,德勒兹对电影百年史、电影作者、电影流派、电影思潮和主要的电影理论做了全面梳理,涉及电影史以及电影理论研究的各方面主题,诸如作者论、类型论、真实论、符号学和电影美学等。但是与其说德勒兹在对电影进行研究,不如说是他的"电影生成机器"在对电影研究进行解域。德勒兹的要求是"不应该再问,'何谓电影?'而是'何谓哲学?',电影本身是一种新的影像与符征的实践,而哲学就在其中负责作为概念实践的理论工作,因为没有任何一样技术、应用性的确定(像精神分析或语言学)或反射性的确定足以形成电影自身的诸项概念"[①]。对于德勒兹来说,他的研究都是从影像的本位出发,即影像是"既

[①] [法]吉尔·德勒兹:《电影 2:时间-影像》,黄建宏译,远流出版公司 2003 年版,第 751 页。

无意识又无主体的经验"①。德勒兹把两部著作对应于电影史发展的两个阶段：《电影 1：运动-影像》对应第二次世界大战前的经典电影，《电影 2：时间-影像》对应第二次世界大战后的电影。这种划分的确受到很多电影史学界和理论界的质疑，但是德勒兹认为第二次世界大战改变了人类的感知与思维方式。战前的经典电影表现的是日常生活的运动模式，人的感知模式是从线性因果思维出发，而战后以新意大利电影为代表，则表现为一种空间的断裂和时间凸显。他认为这种变化是人的感知模式已经进入了一个新体系，在这个体系中，"时间符号也是思维符号（soosigns）和阅读符号（lectosigns），因为时间影像不仅仅是时间的影像，更是思维摄像和阅读影像"②。德勒兹对于影像的哲学论述构成了近二十年电影理论发展和探讨的中心，而无论是巴赞时期还是麦茨时期，具有重要地位的电影文本批判在德勒兹的影像理论中基本上是无足轻重了，或者说，用德勒兹的理论做具体的电影文本的批判本身缺乏一种可操作性。

可以将朗西埃的电影理论视为对德勒兹电影理论的一个反拨，在一定程度上回归了传统电影理论，但同时发展了德勒兹对于影像的感受性模式的思考路径，推进了对于影像的空间和时间维度的理论探索。朗西埃不是一个德勒兹式的纯哲学电影理论家，他本人很早就是一个影迷，"对电影的兴趣可追溯到二十世纪七十年代，而不过是最近才将之作为研究的对象"③。朗西埃自己承认在学生时代就

---

① ［意］吉奥乔·阿甘本：《绝对的内在性》，尹晶译，汪民安主编《生产·第五辑：德勒兹机器》，广西师范大学出版社 2008 年版，第 219 页。
② Ronald Bogue, *Deleuze on Cinema*, New York: Routledge, 2003, p. 165.
③ Jacques Rancière and Solange Guénoun, "An Interview with Jacques Rancière: Cinematographic Image, Democracy, and the 'Splendor of the Insignificant'," *The Journal of Twentieth-Century/Contemporary French Studies revue d'études français*, Vol. 4, No. 2 (2000), p. 254.

迷恋于巴黎的迷影（cinephilia）①，在其后的研究中，他自学了电影批判的相关知识，并且撰写电影批评，从1998年开始他就在《电影手册》上发表了一系列的论文，其后聚集成书。朗西埃的电影理论重拾被德勒兹理论框架摒弃的作者论和对具体电影文本的分析和批评，但是又不仅仅停留在原有的表层分析，同时对电影影像的本体研究做了新的拓展。

朗西埃的电影理论拓展体现在他对微观电影语言中"图像句子""图像句子的大型并列和共同尺度"②等一系列问题的阐发，通过这些努力，朗西埃将自己提出的"艺术的审美体制"与"艺术的再现体制"引入影像中，呈现了两者的交织与对抗。朗西埃分析图像句子时，指出因为图像为我们的感觉划定了边界，即图像参与到了我们的治安秩序与政治对峙的现状中，所以影像的政治最终还是要被还原为历史和政治的场景。

如果说德勒兹的电影理论把电影创作和电影文本分析放在无足轻重的地位，朗西埃则重建了电影理论与电影批判之间的联系。笔者以为这也是朗西埃的书写特色之一，他的理论思考路径经常是给予一些表面断裂的事物新的链接，赋予其内在的共同性，并在理论阐释中重新确定相互之间的深层关联。朗西埃并不回避作者论，他不像德勒兹把电影影像视为一部影像的"自然史"，他的文章经常是以导演及其作品为论述起点，如《电影的寓言》中的一系列文章：

---

① Jacques Rancière, "Le cinéma, art contrarié," *Cahiers du Cinéma*, No. 567 (2002), p. 57. 转引自：Joseph Tanke, *Jacques Rancière: An Introduction*, London: Continuum, 2011, p. 110。
② 朗西埃把影像中能够构建歧义的审美艺术的尺度称为图像句子，图像句子打破了再现体制艺术中图像部分作为文本行动的补充地位，它是朗西埃指称影像构成的基本单位，类似于蒙太奇，但是又不构成叙事，是独立的影像单位，在影像长度上既可以是多幅画面和声音，亦可以是一幅画面。朗西埃使用"图像句子"的称呼时，明显借用了电影语言学的理论视角。

《爱森斯坦的疯狂》《两个时代之间的弗里茨·朗》《戈达尔，电影与历史》《缺席的镜头：尼古拉斯·雷的诗学》《为艺术而艺术：明奈利的诗学》等。在这本著作章节的编排中，朗西埃没有按照文章发表时间的线性顺序排列，而是以电影史中出现的问题为讨论顺序。朗西埃对于作者论的研究并不是着眼于创作与风格的研究，而是通过对于具体导演和影片的分析，呈现出影像内部政治歧义存在的可能性。"'作者论'是朗西埃介入电影理论和电影史的途径、中介和策略。"[①] 朗西埃犹如一个症候式的分析师，在《爱森斯坦的疯狂》一文中，他评述爱森斯坦导演的电影《总路线》为什么会在意识形态对立的苏联和法国都不受待见。在《有事未做：安东尼·曼的诗学》一文中，他分析了表演和电影的场面调度之间存在的悖论逻辑，进而对美国的西部片模式做了总结。

朗西埃的具体电影批评为电影的政治阐释做了示范。对于电影批评来说，"一方面是政治观念的大量移入激活了电影理论，丰富了影片分析的方法和阐释策略；另一方面，'电影的政治'在更高意义上发挥美学作用，在选择电影史议题、选择分析的影片、从影片分析中试图获得的结论这一整套策略中体现了'政治'"[②]。可以说这也是朗西埃对德勒兹试图构建影像本体论的一种反拨。朗西埃把影像、导演以及历史并置在一起，勾勒出影像与现实之间的相似和转化关系，用具体的批评话语描述出了电影的政治。

第二节　寓言的终结与电影政治的出场

朗西埃在谈论艺术时，不管是摄影、电影还是平面设计，都把

[①②] 李洋:《电影的政治诗学：雅克·朗西埃电影美学评述》,《文艺研究》2012 年第 6 期。

所要讨论的对象置于关于美学与政治、艺术的三种体制这一模式中。艺术的三种体制又与三种政治相对应，理解了这一思考图式，我们就能比较准确地体会到他肆意汪洋又缜密细致的论述言语之后的微言大义。电影的政治也在这一理论构架下得到充分的体现，由于电影艺术形式的特殊性，朗西埃对其的批评又有所变化。在论述戈达尔时，朗西埃提出了"电影政治学"的表述。他并不认为存在总体性的"电影的政治"（politiques des films），存在的都是具体的特殊性所呈现的"电影的政治"。"电影的政治"区别于"作者的政治"或"导演的政治"。"作者的政治"指的是由作者设定作品的政治态度，以及体现在作品内容中的政治倾向和作者本人的政治实践。而朗西埃所言"电影的政治"体现为电影艺术的种种措施、手段的专有策略，这些策略创造出了现实世界的感性形式，比如时间的快进或拉慢，空间的凝缩和展开，视角与动作之间的对应与错位，不同段落的前后内外的关联等。"电影影像首先是一种操作，是可述与可见之间的一些关系，是一些与之前和之后、原因和结果进行游戏的方式。"① 朗西埃所言的电影的政治就在电影构成要素与对其感知的划定之间产生。我们在艺术的政治中已经举过朗西埃指出的三个电影文本的政治，此处不再赘述。

2001年，朗西埃把自己的文章汇集成一本电影著作，起名为《电影的寓言》（*Film Fables*）。其中所用的"fables"一词取自亚里士多德的悲剧六要素中的"情节"或"虚构"，它在古希腊文中为"muthos"，演变为拉丁文"fabula"，最后译到英语和法语中为"fables"，但在现代英语和法语中已经不再使用。在亚氏的悲剧六要

---

① ［法］雅克·朗西埃：《图像的命运》，张新木、陆洵译，南京大学出版社2014年版，第9页。

素［动作（情节）、人物性格、思想、语言、表演、歌唱］中，动作（情节）是首要的，它表明的是一连串虚构的人物行动，以及由这一行动导致的结果。朗西埃把寓言"fable"定义为"通过小心地设计阴谋（noeud）和结局，来安排必然的和逼真的情节，以便使得角色从幸运走向不幸或者反过来"①。这是亚里士多德再现/诗学体制的一部分，在法国古典主义中得到了复兴。电影是新技术的产物，朗西埃认为作为十九、二十世纪之间出现的艺术，电影不可避免要把法国大革命以来的平等政治烙印在它身上。"电影是美学时代新艺术形式的典范，这种艺术不再被转换为建立在同化、恐惧和怜悯之上的情节，而是直接地被赋予一种充分的感性形式"②，也就是说电影不再作为等级共同体的再现艺术，而应该是政治的美学、平等的艺术。

电影的平等政治最早出现于电影诞生的时代。在卢米埃尔兄弟发明电影的时候，电影其实就是作为维尔托夫所说的"电影眼"而存在。在"电影眼"视角下，影像之中并不存在导演对于叙事的编织，它只是以摄影机为"眼"忠实记录这个世界，在卢米埃尔兄弟拍摄的《工厂的大门》《火车进站》等记录短片中，记录与生活是一体的，用朗西埃的话说，摄影机的节奏就是时代的节奏，它所生产的是一种平等的感觉。但是，电影的发展却并未一直沿着这一道路前行，从默片时代开始，电影就逐渐进入亚里士多德的再现/诗学模式中，它开始讲故事，开始设定情节和动作。电影出现的最初时期创造出了一种具有感性政治的新生活，但是随后堕落为开始讲故事

---

① Jacques Rancière, *Film Fables*, trans. by Emiliano Battista, Oxford & New York: Berg Publishers, 2006, p. 1.
② Ibid., p. 24.

的影像载体,被亚里士多德的类政治所逐渐遮蔽,这导致了电影越来越具有了内在的矛盾性:真实与虚构、主观与客观、意识与无意识、再现与表现等症候。电影开始用真实图像讲虚构的故事,用主观性的投射再造客观性,始终生产出一种意识与无意识的矛盾统一体。

电影这一艺术载体或者艺术形式,在朗西埃看来就是一个感觉的角斗场,其中,艺术的美学体制和艺术的再现/诗学体制之间是无休止的战争。艺术的再现体制要求行动和情节的连贯性和完整性,针对不同人物,通过情节给予其不同的命运安排,完成亚里士多德所谓的"净化"效应。在朗西埃看来,艺术的审美机制却要求"悬置镜头、打断情节的推进以及秘密的最终揭露"[①]。这就使影像回归到了可以被自由感觉的解放状态。它可以通过自身来揭示真理,而不是作为叙事的辅助角色。这种美学的要求更早地出现在文学的政治中,如福楼拜对于艾玛的梦的描写,对于大段景色的描写一再打断了故事的情节进程。而普鲁斯特则是把这一政治推到了极致,《追忆似水年华》中的时间不再是再现故事的时间,而是自由漂浮的时间,它完全可以转变为不同时空的并置。时间不再有明晰的线索,过去和未来可以共存于当下,如《追忆似水年华》中主人公马塞尔对情人阿尔贝蒂尼无止境的回溯、猜疑与追问,使得记忆逐渐构成了一个完整的感觉世界。马塞尔对于路边三棵树的回忆由于其不确定特征,作者用了大篇幅文字来探索记忆深处的留痕,这样的细节是与小说中的故事时间相疏离的,它不推进故事,也不确立人物的形象。普鲁斯特对海滩上的姑娘和花蕊上的蝴蝶之间的联系也类似

---

① Jacques Rancière, *Film Fables*, trans. by Emiliano Battista, Oxford & New York: Berg Publishers, 2006, p. 49.

于此。这些文字中断了虚构与叙事的逻辑。朗西埃把这里出现的时间与德勒兹的对于"此间"时间概念的论述联系起来,"此间"时间是一种生活时间之内却又不同于日常生活的时间存在,它可以被视为被解域的时间,绵绵不绝又无处不在,但我们却很难感受到它的存在,因为它不属于叙事时间,是一种永恒与一刻融合的时间。由于电影越来越被设定为讲故事,换言之,亚里士多德的寓言没能在电影这一现代艺术形式中完全退场,情节的时间在影像中顽强存在着,但是它可能被美学的时间所悬置。朗西埃认为:"新的行动,美学时代的情节,通过对时间的处理而与古老的叙事情节相决裂。在美学时代的情节里,是清空时间,即漫步中流逝的时间或者顿悟时停顿的时间——不是计划、目标的实现或失败的时间——使得叙事充满力量。"[1]

朗西埃对于美学电影时间的表述与德勒兹对于影像时间的描述有共同之处,德勒兹认为第二次世界大战之后,影像由运动性转向时间性,他把自己对于时间的理解应用到影像中。在战前的经典电影中,景框、镜头、蒙太奇之间的关联关系属于空间性,尽管蒙太奇的切换把时间从固定的现实影像中解放了出来,但是时间还附属于空间。但是到了第二次世界大战后,他认为时间影像压倒了运动影像,时间具有了开放性、延时性和弥散性,"时间成为直接的时间影像"[2]。朗西埃把这种时间的表征视为事物平等的一种关系,是一种平等的政治,而德勒兹把影像的时间化视为一种新的思维感受图式的出现。

---

[1] Jacques Rancière, *Film Fables*, trans. by Emiliano Battista, Oxford & New York: Berg Publishers, 2006, p. 50.
[2] Ronald Bogue, *Deleuze on Cinema*, New York: Routledge, 2003, p. 165.

事实上，朗西埃始终将电影置于艺术的再现体制和艺术的美学体制之间的复杂关系中，两者处于并存和相互解构的过程中，这一视角类似于德勒兹把运动影像和时间影像共存并置，也就是说，朗西埃没有像德勒兹那样把第二次世界大战这样的历史事件视为电影元理论的嬗变动因，在他看来这两种影像的对峙和并存恰恰是电影政治得以发生的条件。正如坦科所言："对于朗西埃而言，其核心观点在于每一部电影都是电影寓言奇怪逻辑的结果，电影寓言——它的故事、剧本、事件的时间顺序的安排——一次又一次地被镜头、场景、图像、声音、被悬置的时刻以及从文学寓言到电影寓言翻译过程中打破了叙事联系的瞬间所挫败（contraire, thwarted）。"[1] 朗西埃所说的"电影的寓言就是被挫败的寓言"[2]，是美学对于再现的胜利。

朗西埃对于电影的思考，并没有用艺术的美学体制取代再现/诗学体制的这一说法，这是电影语言形式的独特性所致，如爱泼斯坦所言，"电影是真实的，故事是虚构的"。朗西埃认为对于爱森斯坦而言，电影既记录可触的现实，又叙述可说的目标；电影既叙述，又象征；电影是纪录片与虚构故事片的合一。[3] 电影语言在产生时就与再现的直接性有内在的关联。正如爱泼斯坦所言，我们还是要追问一句："电影是真实的吗？"即使如卢米埃尔兄弟的小纪录片，它也要受制于拍什么与能拍什么等诸多选择，选择的初始就需要再现原则。但是朗西埃要求的是美学的体制能够用自身的语言完成对再现的终结，即使它是短暂的、瞬间的终结和瓦解。朗西埃的《无

---

[1] Joseph Tanke, *Jacques Rancière: An Introduction*, London: Continuum, 2011, p. 112.
[2] Ibid., p. 11.
[3] Jacques Rancière, *La Fable cinématographique*, Paris: Editions du Seuil, 2001, p. 38.

声的伪君子》对此做了比较详细的论述。《伪君子》(Herr Tartüff, 1925年)是茂瑙的默片,改编自莫里哀的同名戏剧。朗西埃分析了在影像的语言中如何再现文学中所表达的情境。伪君子答尔丢夫是西方文学史中著名的人物形象,他成为"虚伪"的代名词,在戏剧文本中答尔丢夫要靠台词来再现自己的"虚伪",台词本身就具有双重的语言效果,它既是人物的行动的语言,又是展示答尔丢夫虚伪的语言。但是茂瑙在拍《伪君子》时还处于默片的时代,电影不能够用台词语言的方式来再现答尔丢夫的虚伪,电影必须用自己的语言。朗西埃称之为电影的"具象性"(figuratif),通过这种具象性,电影中的人物既要呈现最直接的影像本事,又要克服这种影像的直接呈现和再现性。在《伪君子》这部默片中,影像通过沉默的语言背叛影像自身,完成戏剧的双重意义。

朗西埃把这一影像能力称为"慕理镇效果"(l'effect Moonfleet)①。可以说电影语言从肇始即具有了这种"精神分裂"式的表达方式,朗西埃认为这种分裂其实在黑格尔和谢林对于艺术的论述中已经初见端倪,"电影因为拥有导演的有意识的眼睛与镜头的无意识的眼睛这双重的力量,所以是对谢林和黑格尔有关艺术在原则上是有意识和无意识统一争论的具体体现"②。艺术从一开始就具有自主性,它的语言就是一种双重声音,一种意识与无意识交织的话语。

---

① 《慕理镇》(Moonfleet)是德国导演弗里茨·朗于1955年拍摄的一部电影,取材自苏格兰作家米德·福克纳(Meade Falkner)发表于1898年的小说,小说讲述海盗收养一个孩子,并想利用孩子夺取宝石的冒险故事。雅克·朗西埃用这个故事"以讲真话的方式讲假话"的特征,阐述电影诗学体制与美学体制的矛盾寓言,他在多篇文章中论及这个寓言。

② Jacques Rancière, *Film Fables*, trans. by Emiliano Battista, Oxford & New York: Berg Publishers, 2006, p. 9. 也参见访谈: Jacques Rancière and Solange Guénoun, "An Interview with Jacques Rancière: Cinematographic Image, Democracy, and the 'Splendor of the Insignificant'," *The Journal of Twentieth-Century / Contemporary French Studies revue d'études français*, Vol. 4, No. 2 (2000), pp. 249-258。

第三节　电影政治的语言——以戈达尔为例

戈达尔作为法国新浪潮电影运动的主将，是电影史上的一个标志，他对于电影语言的发展和创造具有革命性的意义。法国电影资料馆馆长、电影评论家亨利·朗格卢瓦说整个电影史划分为"戈达尔前"和"戈达尔后"。朗西埃作为一位"迷影"，在年轻时期就抱有"电影之爱"。他和戈达尔一样不仅仅是法国"五月风暴"之子，而且在社会批判的态度上有很多共鸣之处，两人都曾是阿尔都塞和毛主义的积极拥护者。朗西埃对戈达尔二十世纪六十年代的电影赞赏有加，正如戈达尔所言，电影的政治不是拍政治内容的电影，而是要政治地去拍电影，是方法、视角和电影语言。朗西埃认为戈达尔通过辩证蒙太奇使得异质性的元素相互撞击、对峙、拆解，在电影中表演了如何去政治，使得电影成为改变我们对于自身生活的感性配置方式。戈达尔所熟用的"拼接"手法也被朗西埃所认同，将其作为美学体制的艺术技法。但是八十年代以来，朗西埃对于戈达尔电影的评论有所改变。从 1988 年至 1998 年，戈达尔拍摄了让整个法国文化界热议的《电影史》(Histoire du Cinema)，这部系列片由电影史中的经典片段加上理论文本以及旁白等混合剪辑而成，戈达尔在这个名字上采用了一语双关的用法，"histoire"在法文中既可以指"故事"也可以指"历史"。朗西埃给予《电影史》细致的批评和分析，展示了他对于电影政治语言的理解。

我们一般把电影视为影像语言的一种表达和再现。根据传统的语法模式，电影可以分为镜头、场面调度、蒙太奇、摄影、照明、构图、剪辑、音响等电影语言的元素，其中蒙太奇是电影语言的核心要素。朗西埃对《电影史》的分析是在他对图像、图像体制、图像句子的阐释以及它的共同尺度、大型并列，还有对于辩证蒙太奇和象征蒙太奇之间的变化的论述中完成的。

电影、摄影、设计平面都属于图像的艺术，我们在前文中论述过图像语言的哑言特性，这也是电影语言的特性。朗西埃在讨论图像的政治时，提出过图像的相异性、相像、元相像等概念。我们可以借用罗兰·巴特关于展面和刺点的共存对立关系来理解电影图像的双重特征。罗兰·巴特对于展面的解释是"专注于一件事，是对某个人的兴趣，是某种一般的精力投入，当然有热情，但不特别剧烈。我对很多照片感兴趣就是基于 STUDIUM"①。而刺点指的是"这个要素从照片上出来，像一支箭似的把我射穿了。……PUNCTUM 一词也有刺伤、小孔、小斑点、小伤口的意思，还有被针扎了一下的意思。照片上的 PUNCTUM 是一种偶然的东西，正是这种偶然的东西刺痛了我（也伤害了我，使我痛苦）"②。朗西埃区分了两者，"展面是将摄影变成了一种需要解读和解释的材料……刺点，它用这曾是的真实力量让我们立刻惊恐不已"③。展面提供的是文化和可解读的材料，而刺点，既是"黑暗中的光亮"，又是沉默的语言。电影语言就是展面和刺点的统一体，它既是历史的社会的故事，是有待阐释的文本，又是以自己的质料而保持着"黑暗中的光亮"的沉默语言。

朗西埃认为戈达尔的《电影史》表面上就是由类似于展面和刺点的互相矛盾的原则支配着，"第一个原则将图像的自主生命，设想

---

① ② ［法］罗兰·巴特：《明室——摄影纵横谈》，赵克非译，文化艺术出版社 2002 年版，第 40 页。
③ ［法］雅克·朗西埃：《图像的命运》，张新木、陆洵译，南京大学出版社 2014 年版，第 14 页。

为视觉在场的生命,与故事的商业惯例和文本的死板文字对立起来"①。这就是类似于刺点的图像,其拒绝了情节的安排,也就拒绝了消费欲望和工业的污染。但是戈达尔对展面的理解却超出了巴特的描述,"第二个原则是从反面将这些视觉在场变为一些成分,就像语言符号那样,其价值仅仅来自它们所允许的组合"②。戈达尔把诸多碎片和不同的材料进行组合,却不遵循亚里士多德的叙事行动原则,在荧幕上,闪过的是配着音乐的词语、图片、画外独白,以及大量截取自其他电影的小片段,如希区柯克《深闺疑云》(Suspicion)中的牛奶杯以及《惊魂记》(Psycho)中的装着被偷窃的钱的钱包等。这种并置在朗西埃看来是没有尺度的尺度,"戈达尔赋予了这个符号的'共同尺度'一个似乎与其思想相悖的具体形式,而这些视觉成分在荧幕上的联系如谜团一样"③,也就是说戈达尔把这一展面也做成了无法被穿透的、与我们生活感知经验断裂的阴影。这在朗西埃看来就具有了两面性,一方面戈达尔在《电影史》中使用了大量异质性的图像并置,能够保证这一无逻辑和无叙事的蒙太奇组合的合法性的条件就是艺术的美学体制。这一预设的条件就是对于传统蒙太奇中的各个镜头的内在尺度的抛弃,其最基本的表现就是对于故事概念的拒绝。"故事,就是这种'动作的组合',它自亚里士多德以来一直定义着诗歌的合理性。"④ 逼真的模仿和必要的环节的关联,预示着人类行动的可知性形式,朗西埃认为此种亚里士多德的尺度会"导致一种从属关系,即领导功能、可知性的文本功能和为

---

①② [法]雅克·朗西埃:《图像的命运》,张新木、陆洵译,南京大学出版社2014年版,第45页。
③ 同上书,第48页。
④ 同上书,第53页。

此服务的形象化功能"①。可以说好莱坞电影就是此种体制比较集中的体现，希区柯克可以被视为使用此种故事性逻辑最为优秀和典型的导演。戈达尔在《电影史》中也使用到了希区柯克的电影分镜头，但是"戈达尔对于希区柯克的镜头的利用是为了把图像从对故事的服从之中解放出来。在发现不同的故事、叙事、电影、绘画、摄影、音乐等之间看不见的各种关系的过程中，戈达尔的碎片使得电影扮演着发现与交流的角色，也是这个角色因为被故事工业奴役而被这些电影所放弃"②。

戈达尔的电影拒绝了亚氏的再现/诗学体制而进入了艺术的美学体制。此外，戈达尔的蒙太奇使用了图像句子的大型并列③，但是没有试图做出图像与可感性之间的异质性因素的召唤，朗西埃认为它仅仅生产出了"混乱或大型并列的无尺度的共性，它只是被一条几乎难以察觉的界线分割于两个领地中……一边是精神分裂的巨大爆发……另一方面则是一种赞同，对于商品和语言的巨大对等的赞同，或对共性的陶醉躯体的巨大操纵的赞同"④。这就使得影像自身成为神秘的救赎力量，影像封闭于自身。这种沉默在朗西埃看来是一种象征的共同体，艺术的政治沦落为艺术的伦理，这正是他所担忧的。伦理等级正是一个共识时代需要的逻辑，尽管戈达尔的电影是对当下时代的拒绝，但是他的平等政治所运作的是一个神秘的乌

---

① ［法］雅克·朗西埃：《图像的命运》，张新木、陆洵译，南京大学出版社 2014 年版，第 53 页。
② Jacques Rancière, *Les Écarts du cinéma*, Paris: La Fabrique, 2011, pp. 43‐44. 转引自: Mark Robson, "Cinemarxis: Rancière and Godard," in Paul Bowman ed., *Rancière and Film*, Edinburgh: Edinburgh University Press, 2013, p. 143。
③ ［法］雅克·朗西埃：《图像的命运》，张新木、陆洵译，南京大学出版社 2014 年版，第 50 页。
④ 同上书，第 61—62 页。

托邦，这使得对当下治安的抵抗维度消失了。如果戈达尔的这种图像句子的大型并列发生在二十世纪六十年代，朗西埃认为这种异质性将会是对商品和美国梦有力的拆解，但是在八十年代末以来，情势发生变化，商品世界早已不拒绝这种异质性的语言，也就很难称戈达尔的《电影史》为政治了。

从辩证蒙太奇转向象征蒙太奇是戈达尔电影语言的重要转变，朗西埃把影像中能够构建矛盾的审美艺术的尺度称为图像句子，图像句子打破了再现体制的艺术中图像部分作为文本行动的补充地位，句子功能（fonction-phrase）使得"句子正因为它能赋予肉体而起着连接作用"①，图像具有了主动的威力，图像句子是这种图像力量和连接作用两种功能的结合。朗西埃把图像句子的并列句法称为"蒙太奇"，也把这种蒙太奇泛指到文学中。朗西埃所指的辩证蒙太奇和象征蒙太奇不是在电影学中的停留在功能效果方面的剪辑手法，而是一种概念上的、超越了某个学派或学说的术语。他认为辩证蒙太奇使得影像中的异质性存在不仅仅停留于并列的层次，而且相互之间会有撞击，这些撞击可以成为小型的测量工具，可以标刻出异质性事物之间的另一种尺度。例如约翰·哈德菲尔德的照片让金钱出现在阿道夫·希特勒的喉咙里，或者玛莎·罗斯勒把越战图像和广告图像混在一起传到美国的幸福家庭。辩证蒙太奇"关键在于组织一次撞击，上演一种熟悉的新奇，凸显另一种尺度的秩序，而这种秩序只能通过冲突的暴力来揭示"②，能够连接异质物的图像句子揭露了某个世界之内的秘密与自身的距离，显示出另外一个世界的卑

---

① ［法］雅克·朗西埃:《图像的命运》，张新木、陆洵译，南京大学出版社 2014 年版，第 63 页。
② 同上书，第 77 页。

微或荣耀。而象征蒙太奇用象征的方式也可以建立起异质物之间的关系，也能够组装为一台小型机器，但是其中异质的成分之间没有撞击：

> 在陌生的成分之间，它确实会致力于建立一种亲密性，一种偶然的类比，证明一种更为基本的共同归属关系，证明一个共同的世界。在这个世界中，异质物被纳入同一种主要组织，总是可能依据一种新的隐喻的兄弟关系而聚集在一起。①

戈达尔的象征蒙太奇形成一个美学类型，属于批判艺术的一种——神秘，朗西埃认为这种神秘的机器是一台生产共性的机器，而不是对抗世界的机器，在美学体制下诞生的批判艺术与戈达尔有类似命运的还有另外三种类型：第一种是以哈贝马斯为代表的乐观的理性主义，用交往理性来构建共同体；第二种是阿多诺的悲剧和辩证的版本，用美学自律的决绝来拒绝生活的改造；第三种是利奥塔的见证式的版本，艺术是对于崇高的现代性灾难的见证。朗西埃认为这些批判艺术最终还是没有走向生产歧义的政治，而是转向了伦理或宗教的共同体建构。

朗西埃对于电影政治的要求是用辩证蒙太奇的手法在影像之中制造撞击，成为一台政治的小型测试机器，图像句子之间的异质性背后是不同的尺度和不同世界的碰撞，是等级共同体和审美共同体的碰撞。尽管罗兰·巴特认为，安迪·沃霍尔和早期的戈达尔都只

---

① [法]雅克·朗西埃：《图像的命运》，张新木、陆洵译，南京大学出版社2014年版，第77页。

不过是更精致和老练的布莱希特而已①，但是朗西埃认为二十世纪六七十年代的戈达尔还是用辩证蒙太奇拍出了电影的政治。例如在《中国姑娘》中，朗西埃明确指出戈达尔不是去拍政治的电影，而是政治地拍电影。电影介入了生活，让日常的生活感性边界崩塌，这就是电影的政治。

而戈达尔于二十世纪八十年代拍摄的《电影史》中，"象征主义的图像句子吞噬了辩证法的句子。'没有共同的尺度'现在导向了隐喻的巨大亲缘关系或共性"，由于它提供的不是不同尺度之间的对立和拆解，也就缺乏了朗西埃对政治的认定——歧义，"这部不朽之作就像一次永别，一曲献给已经消逝的艺术辉煌和艺术世界的哀歌，就在接近最后的灾难的边缘处"②。如果艺术只是强化自己的审美神圣性，拒绝进入生活的道路，作为电影政治家的戈达尔就会被朗西埃批评为不够政治。

---

① Barthes, *Oeuvres complètes*, V, Paris: Seuil, 2002, p. 887.
② [法]雅克·朗西埃：《图像的命运》，张新木、陆洵译，南京大学出版社 2014 年版，第 91 页。

第五章　文学的政治

第一节　文学的谱系

在朗西埃的理论语境中，文学的概念有特定所指，它是指十九世纪出现的一种新的书写方式，不是文学研究中把文学置于发生学和词源学的双重坐标中指涉的文学，这种文学观强调文学概念的历史连贯性。朗西埃所说的文学，是指西方现代性兴起后出现的一种文类或写作类型，其内涵的演变具有一定的复杂性。文学的历史谱系也能标示出政治的最早介入。这种西方现代性视野下的文学观其实排斥了古代文学和非资本主义国家文学的正当性。正如德里达所言："希腊或拉丁语诗歌、那些非欧洲的东拉西扯的作品，在我看来，严格讲并不属于文学。"[①] 如果忽略了文学的这一现代语境和政治含义，就很难理解朗西埃为什么会把文学视为现代民主和政治的表征之物。

在东西方的文化语境中，文学这一称谓最初出现都具有泛文化的特征，孔子提到"文学：子游，子夏"，文学是基于外交能力的学习，是对于典章制度掌握的能力。在十四世纪，英语中的文学

[①] ［法］雅克·德里达：《文学行动》，赵兴国等译，中国社会科学出版社2000年版，第7页。

literature 出现时指的是"通过阅读得到的高雅知识"。最接近的词源是法文的 literature 和拉丁文的 litteratura，指的是"博学的人和高雅的知识"，十八世纪中叶起 literary 指的是写作的工作或是行业，literature 依然局限在指涉高雅的书本与著作。在法语界，十七世纪出现的纯文学（belles lettres），也被称为美文学，主要是指法国古典主义美学影响下的戏剧文学，按照亚里士多德的诗学原则，遵守着虚构、主题、题材人物的等级性的创作规律。在英语界，十八世纪出现了文学含义具有政治变化的迹象，"'一个国家'拥有'一种文学'，这意涵标示出一个重要的社会、文化发展，也许也标示出一个重要的政治发展"①，而文学指向一种创造性的作品或者写作技艺同样是在十八世纪，"很明显，literature（文学）、art（艺术）、aesthetic（美学的）、creative（具创意的）与 imaginative（具想象力的）所交织的现代复杂意涵，标示出社会、文化史的一项重大变化"②。而文学作为创造性艺术的招牌，以前一直被诗歌（poetry）独享，这种重大的变化昭示着文学、艺术、美学都是现代性兴起的产物，在资产阶级革命的过程中，共同参与了对王权和宗教等级的祛魅。

结构主义思潮兴起以来，法国思想家对于文学的讨论非常多，可以说，朗西埃对于文学的思考建立在同时代众多思想家对文学的论争和阐释的基础上。例如萨特的"文学的介入"、福柯的"知识型"思想、德里达的书写"延异"、罗兰·巴特的"零度写作"等。正是在这些思想家关于文学论述的基础上，朗西埃发展出了自己的文学政治观。文学作为一种书写形式的变化，在福柯的《词与物》

---

① ［英］雷蒙·威廉斯：《关键词：文化与社会的词汇》，刘建基译，生活·读书·新知三联书店 2005 年版，第 271 页。
② 同上书，第 272 页。

中有比较明晰的讨论。福柯在《词与物》中把"知识型"划分为四种类型：文艺复兴知识型、古典知识型、现代知识型和当代知识型。在古典知识型中，语言作为表象，是事物被认识的中介，但是在十九世纪现代知识型诞生过程中，语言开始关注自身，获得了自身的独特性和自主性，拥有了自身的历史、客观性和法则。词与物分离诞生的第一个成果就是语言的自由——文学。正如福柯所言，尽管以前自荷马到但丁就有一种称为文学的语言，但"'文学'这个词的诞生期是新近的"①，福柯认为正是文学把语言从使用的法则带到了赤裸裸的自我言谈的能力中：

> 直到马拉美发现处于无能状态中的词，我们都清楚地看到在19世纪相关于语言之现代存在样式的文学的功能是什么。在这个根本作用的基础上，其余的都是结果：文学愈来愈与观念的话语区分开来，并自我封闭在一种彻底的不及物性中；文学摆脱了所有在古典时代使它能传播的价值（趣味、快乐、自然、真实），并且在自己的空间中使得所有那些能确保有关这些价值之游戏性否认的东西（丑闻、丑恶和不可能的事）得以诞生；文学中断了与有关"体裁"（体裁是作为符合表象秩序的形式）的任何定义的关系，并成了对一种语言的单纯表现……词默默地和小心谨慎地在纸张的空白处排列开来，在这个空白处，词既不能拥有声音，也不能具有对话者，在那里，词所要讲述的只是自身，词所要做的只是在自己的存在中闪烁。②

---

① ［法］米歇尔·福柯：《词与物——人文科学考古学》，莫伟民译，上海三联书店2001年版，第391页。
② 同上书，第392—393页。

福柯此处实际上指出了文学书写的几个特点：文学语言是不及物的；文学既摆脱了古典时代的伦理服务功能，也拒绝了等级再现的要求；文学既是沉默的语言，也是漂浮和过剩的语言。《词与物》发表于1966年，成为法国文化界的重要事件，引起了众多学者的讨论和研读，青年学子将之列在必读书目。朗西埃1965年时还处于阿尔都塞时期，是"读《资本论》"小组研讨班成员，基本遵循着阿尔都塞的思想和方法，但是随后其思想迅速转变，不仅仅是由于学生运动的实践发展，福柯的著作也是一个不可忽视的因素。对于《词与物》中内容的熟稔说明朗西埃曾认真研读过此书。而朗西埃后来在论述自己的文学观时，照单全收了福柯对于现代知识型中文学出现的特征的描述，并且把它融合到对于政治的独特理解中。

朗西埃把文学视为一种建制或独立写作领域，具有重要的政治意味，这在德里达那里也有相似的论述："让我们弄清楚这个问题。我们所说的文学（并非美文学或诗歌），世界是作家被给予特许，他可以讲述他想要讲或能够讲的一切，而同时得到保护，免受一切检查，无论是宗教的还是政治的。"① 德里达认为文学是超越了宗教和政治管制的书写，它不属于亚里士多德诗学范畴的诗歌和美文学，脱离了再现的等级对应，但是他也认识到这种文学的权利由于自身的特殊性而又有所打折，"在西方，这种语言离开了政治、审查制度及审查的撤消与文学的起源和建制之间的联系，便毫无意义。说到底，文学的这种批评—政治作用在西方一直是很不明确的。讲述一切的自由是一种十分有力的政治武器，但这种武器又可以作为虚构而顷刻失效"②。语词的自由同时意味着语词与物的脱离，而这使得

---

①② ［法］雅克·德里达：《文学行动》，赵兴国等译，中国社会科学出版社2000年版，第5页。

文学只能停留在虚构的领域，也即只能存在于自我指涉的领地。文学的政治能力也处于这样的一种悖论之中。另外德里达也明确表述了文学这一书写形式与法国大革命和西方现代性之间的内在属性，人们在谈论文学的时候，并没有考虑东方特殊的文化以及特殊的现代性道路，德里达此处所说的文学，正是一种具有平等、自由、解放属性的文学，也就是朗西埃所说的美学体制下产生的文学。

罗兰·巴特提出的"零度写作"是针对萨特的文学"介入式"写作的质疑，当萨特要求文学介入政治斗争，作为作者在政治活动中的姿态和立场的时候，巴特认为文学语言要从这种文学语用学中抽身而出，"即创造一种白色写作，它摆脱了特殊语言秩序中的一切束缚。……零度写作根本上是一种直陈式写作，或者说，非语式的写作"①。这样的写作抛弃了作者的主体意图，旨在释放语言的自由，文学的语言应该是自由和自主的，"它全面贯穿于作家的言语表达之中……语言结构含括着全部文学创作，差不多就像天空、大地、天地交接线为人类构成了一个熟悉的生态环境一样"②。这种文学其实是以自身的拒绝介入而表达政治，语言的自主性正呼应着福柯所说的"人之死"，即对应于文学，就是"作者之死"。其实萨特被自己的晚辈如罗兰·巴特诟病他的"介入"写作时，是存在一些被冤枉的因素的。萨特在关于文学的论争中，也并没有完全让文学语言"介入"，他明确把诗歌语言归入音乐、美术、建筑一类，就是看到了诗歌语言其实是一种不及物的、获得了自我指涉能力的语言。他对于诗歌语言的描述，已经接近罗兰·巴特和朗西埃等人对于文学语言的看法。

---

① ［法］罗兰·巴尔特:《写作的零度》，李幼蒸译，中国人民大学出版社2008年版，第48页。
② 同上书，第15页。

法国思想家眼中的文学基本上是指从十八世纪以来出现的浪漫主义和现实主义作家和作品,以伏尔泰、卢梭、狄德罗为开端,以及十九世纪以来的雨果、司汤达、巴尔扎克、福楼拜、马拉美等作家,而且文学也不仅仅圈定在诗歌、小说和戏剧上,具有创造性的写作有时也被视为文学,例如萨特就把哲学、美学、精神分析、伦理学等视为文学。朗西埃在《文学的政治》中也讨论弗洛伊德的理论产生的文学真理。文学的边界并非清晰明确,这也是由于它始终处于与语言自由的关联中。

朗西埃对于文学的识别基本也是遵照着这一观点,他认为如果要厘清像萨特那样对于文学"介入"与文学自主性的矛盾关系时,首先要考虑的问题是"'作为文学的文学'究竟意味着什么"[1],而且他明确认为:"'文学'并不是一个跨历史的术语,去指称语言和写作艺术的整体生产:该词只是在晚近以来才具有如今这个普及的意义。在欧洲各国,'文学'这个词直到十九世纪才脱离了其古老的文人学识的意义,以指称写作艺术本身。"[2] 斯塔尔夫人于 1800 年出版的《从文学与社会制度的关系论文学》一般被认为是"文学"出现的宣言。所以朗西埃讨论文学的角度既不是我们从文学史意义上把文学延伸到古代的视角,也不是从现代主义的视角出发以文学语言的自主性为基点,而是提出了极具特色的观察文学的视角——政治。"简言之,文学是对写作艺术进行识别的一个新制度。一种艺术的识别制度是一个关系体系,是实践、这些实践的可见性形式和可理解性模式之间的关系体系。"[3] 在讨论文学的政治时,朗西埃借

---

[1] Jacques Rancière, "The Politics of Literature," *Substance*, Vol. 33, No. 1 (2004), p. 10.
[2] Ibid., p. 10, 18.
[3] Ibid., p. 18.

助了文学性这一概念中介，达到了文学之政治的内在同一性。

第二节 文学的政治之一——文学性

正如朗西埃的研究者萨缪尔·钱伯斯所说，文学性（literarity）这一概念尽管在朗西埃的理论文本中没有政治、平等、感性的分配等概念词汇出现得那么频繁，但是文学性却处于其整体思想的核心地带。朗西埃对于政治的独特理解，正是以文学性为其内核而组建的，也就是说文学性是哲学一直想包融却始终无法达到的缺憾，其政治概念与其他政治哲学家对于政治理解的差异的核心就在于他所说的政治是一种具有文学性品质的政治。朗西埃对于文学性的思考并不是以现代主义出现后文学语言的自律性为出发点，而是以古希腊的政治哲学中的逻各斯和语言的关系为起点，"过量的词"就是文学性的标志。朗西埃正是在对于柏拉图和亚里士多德语言和书写（speech and writing）的描述中发展出了文学性这一特殊的概念。

柏拉图对于语言和书写的论述成为众多哲学家讨论的一个焦点，他在《斐德若篇》（274 ff.）这篇对话录及《第七封信》（341 ff.）中对书写的著作提出了严厉的批判，认为书写给人带来了惰性和依赖性，让人忘记了有声音的诵读，只依赖于一些陌生的、外在的符号来提醒自己。书写缺乏生命力，它只有一成不变的面貌，面对那些不理解它的人，有的是固定的内容、固定的论争、固定的方式。柏拉图对于书写的不信任本质上是与书写的"无主性"有关，口头的话语直接联系于说话主体，哲学家"辩证式"的交谈就是把语言写在主体的灵魂上，而诗人和作家所写的那些文字由于"无主性"而无法寻找到与之对应的灵魂，对话主体的高低贵贱标示出柏拉图所说的生而不同的灵魂，"对于复杂的灵魂施以复杂而广泛的言论，对于单纯的灵魂施以简单的言谈"① （277b），而且"懂得根据场合不同，是选择言谈还是沉默"② （276a）。柏拉图《斐德若篇》笔下的苏格拉底说："文字好像有知觉在说话，但是等你想要向它们请教，请它们把某句所说的话解释明白一点，它们却只能重复原来的那同一套话。还有一层，一篇文章写出来之后，就一手传一手，传到能懂的人们，也传到不能懂的人们，它们自己不知道它的话应该向谁说，和不应该向谁说。"③ 这正是朗西埃解构柏拉图的核心之处——不平等。"生而平等"的自然法观需要的正是灵魂的平等以及语言和书写的平等。柏拉图对于言说与书写之间的区分，在德里达那里被重新解释为语音中心主义即逻各斯中心主义对于书写的压制，他把书写视为一种无限的延异和标示"踪迹"的过程，但是朗西埃没有走向这一方向，他认为书写的"无主性"恰恰可以使得书写语言被"没有逻各斯的人"④ 遇到、接受，柏拉图所设定的灵魂中分别包含金、银、铜、铁的等级观点在书写的平等性前失效了。这正是书写的平等和政治。

亚里士多德对于政治的论述起始于对于语言能力的理解，"人天生是政治的动物"是因为"人是唯一具有语言（logos）的动物"，动物的声音只能表达苦乐，而人的语言可以表达利弊以及正义与非正义，"他具有善与恶，公正与不公正以及诸如此类的感觉；家庭和城

---

① 参见［古希腊］柏拉图：《柏拉图文艺对话集》，朱光潜译，人民文学出版社1959年版，第173页。
② 同上书，第171页。
③ 同上书，第136页。
④ 如果从亚里士多德的文本本意上来理解，这句话也可以被理解为"不懂语言的人"。引文出自：Jacques Rancière, *The Philosopher and His Poor*, ed. and trans. by Andrew Parker, trans. by Corinne Oster, John Drury, Durham: Duke University Press, 2004, p. 40。

邦乃是这类生物的结合体",① 朗西埃追问的是那些居住在城邦里的却没有被视为拥有语言（logos）的人是不是政治的动物，奴隶和贫民的语言被视为动物的嘶吼，他们既不是荷马所说的"无主、无家、无法之人"，也不是真的动物，那他们为什么不能拥有辨别正义与非正义的逻各斯（logos）呢？在亚里士多德这里，语言和逻各斯是一体的，它划定了人拥有政治可能性的前提，朗西埃正是从这个尽人皆知的角度，标示出了自己的政治。朗西埃认为："亚里士多德把言语（speech）与声音（voice）相互对立起来，前者是政治能力的表现，而后者是动物性快感和痛苦的表达。"② 朗西埃认为恰恰是在共同体中没有自己语言的奴隶和贫民才是政治主体，他们动物性的嘶吼被视为具有辨别公正与善恶能力的语言时，才是政治。

由此，朗西埃对"文学性"的解释是，"我所说的'文学性'指的是被写下的词语的状态，它的流通不再遵照合法化的体系，这种体系规定了词语的发出者和接受者之间的关系。我在此指的是柏拉图所定下的一种对立，即来自教师并在弟子心中播种的'活生生的'词语与来回游荡不知道该向谁倾诉的被写下的、无声的词语之间的对立"③。这里"'活生生的'词语"就是指柏拉图极力推崇的口头传授和交谈，在朗西埃看来，这就是预设和一种主体可以通过对话（discourse）达到相互认同的一致性，而这也是朗西埃对于哈贝马斯的交往理论的质疑之处，作为文学性的书写，"它是很明确对立于

---

① ［古希腊］亚里士多德:《政治学》，颜一、秦典华译，中国人民大学出版社 2003 年版，第 4 页。
② Jacques Rancière, "A Few Remarks on the Method of Jacques Rancière," *Parallax*, Vol. 15, No. 3 (2009), p. 121.
③ 朗西埃在访谈中说，"过量的词"就是我所谓的"文学性"。参见: Jacques Rancière, Solange Guénoun and James H. Kavanagh, "Jacques Rancière: Literature, Politics, Aesthetics: Approaches to Democratic Disagreement," *Substance*, Vol. 29, No. 2 (2000), pp. 7 - 8。

'对话伦理'的方法,这种方法试图救赎自由主义的制度实践。文学性的政治形塑出自由主义政治和朗西埃的民主政治的沟壑,就像没有哲学律令可以包含过量的词一样"①。交往理论建构出的恰恰是一种共识伦理,自由主义政治的边界其实还是共识的边界,而不是歧义的共同体。而文学性生产的是误识,是歧义,是非同一性,文学性的政治不是自由主义的政治,而是一种无政府主义的政治,文学的自由始终是城邦中"无分者之分"的自由,其被理解为无意义声音转化为可被他人理解的平等的声音和权利。

"过量的词"(excess of word),就是不遵循柏拉图对话原则的文字,被那些共同体中没有语言的成员获得的语言,它代表的是政治性的获得。朗西埃认为"文学性"的意思,就是"过量的语词"②,这样看来"文学性并不是政治的辅助和附属,过量的词也不是朗西埃第二位思考的,或者仅仅是在讨论文学和电影是所关系的道德,毋宁说,没有文学性就没有政治"③。"过量的词"有几个特点是引发朗西埃关于政治思考的起点:第一,"过量的词"是一个悖论,它不属于对话却拥有可以被理解的可能性,毋宁说,它是穷人的逻各斯;第二,"过量的词"犹如一个政治的漂浮瓶,它破坏了对话主体的等级,谁都可以获得,成为它的主人;第三,"过量的词"本质上是一种哑言,它不会为自己的意义做更多的解释,而只是重复,这就需要遇到它的人以自己生活为起点做出不同阐释。

当我们把朗西埃所说的文学性置于现代语境中时,首先需要辨析的是它与以俄国形式主义学派为代表的流派提出的"文学性"之间的

---

①② Jacques Rancière and Davide Panagia, "Dissenting Words: A Conversation with Jacques Rancière," *Diacritics*, Vol. 30, No. 2 (2000), p. 115.
③ Chambers, Samuel A., *The Lessons of Rancière*, Oxford: Oxford University Press, 2012, p. 91.

异同，朗西埃的"文学性"本质上就是他所描述的政治的政治性，而俄国形式主义和布拉格语言学派提出的"文学性"是要通过文学的自律和自身的特殊性拒绝现实政治的腐蚀。例如什克洛夫斯基的名言"艺术永远是独立于生活的，它的颜色从不反映飘扬在城堡上空的旗帜的颜色"，他提倡用"陌生化"（defamiliarization）手法使得事物能以新的感性形式被呈现，"陌生化"主要强调的是艺术形式和材料的维度。罗曼·雅各布森也在《现代俄国诗歌》中说："文学科学的对象不是文学，而是'文学性'，也就是说使一部作品成为文学的东西。"① 使文学成为文学，在语言学派看来更多的是从修辞手法、语言的陌生化、文本自身的自足出发，使文学和艺术免于政治的遣使，形式主义思想影响文学、艺术、电影等领域，也影响到稍后出现的表现主义、达达主义等，在布莱希特身上也能看到它的影子。

俄国形式主义和布拉格语言学派通过"文学性"所对抗的政治，其实也就是朗西埃所说的治安，治安的伦理就是要把艺术和文学视为等级和统治的一部分，从这个角度看，此种自律的文学性属于朗西埃所说的政治的文学性的一种类别，文学把自身封闭在自身形式和材料的特殊性中，这也类似于阿多诺的批判艺术观。朗西埃对之有更为辩证的解释，"不存在自律艺术与他律艺术之别"②，马拉美的诗歌作为纯艺术的代表，与贝伦斯的工业设计遵循着相同的理念，都是将现实生活抽象出新的形式，并以此来构建自己的世界。巴尔扎克作为时代的书记员，记录下的不仅仅是华丽雄辩的文字，更是社会阶层的等级划分在文学中的无效。文学平等记录了这种混乱的民

---

① 转引自［俄］艾亨鲍姆：《"形式方法"的理论》，［法］托多罗夫编选《俄苏形式主义文论选》，蔡鸿滨译，中国社会科学出版社1989年版，第24页。
② Jacques Rancière, *The Future of the Image*, trans. by Gregory Elliott, London: Verso, 2009, p.106.

主时代，形成了与治安对话的歧义。文学的文学性是要把沉默的书写变成肉体的书写，成为行动。朗西埃的文学性不是对于治安统治的拒绝，而是对它的拆解、消解，使之呈现出无效和不平等的面相。

无疑，当代文学理论需要为文学锚定一个位置或者赋予一种属性的"文学性"的存在。文学的定义是困扰理论家们的一个难题，形式主义和语言学派提出的"文学性"已经不能再被视为界定文学的原则，对于当代的文学理论家，"'文学'一词颇似'杂草'一词：杂草并不是一种具体的植物，而只是园丁出于某种理由想要除掉的任何一种植物"①。艾里斯这个文学和杂草的比喻，同时被乔纳森·卡勒所挪用，他也认为，"文学也许就像杂草"②，使用这个比喻实际上是对于文学边界不断游移的无奈之举，文学的无规定性也许正是文学的宿命。但是，我们可以看到，朗西埃所说的文学性不仅仅存在于文学的写作中，它是更为广泛的一种写作艺术，艺术、电影都可能有文学性的存在，这个词与朗西埃所说的政治概念有一定的重合度，只是在针对不同的论述领域时有所侧重，也有所偏差。

对于朗西埃来说，能够被他视为文学的写作恰恰就是一种无属性的写作，但是他没有把它视为"杂草"。朗西埃讨论的正是文学这种无属性的政治效应。对于文学作为虚构，朗西埃引用了约翰·塞尔关于文学的讨论："'我怎样才能辨识出真正的虚构行动'，为了寻找区分虚构行动的一致性的特征，就要把两种缺乏区分性特征的情况排除在外。首先被排除的就是文学的概念。第二种被排除的是文本自身。文本自身没有体现出其虚构性的内在特征。"③ 朗西埃实际

---

① [英] 伊格尔顿：《二十世纪西方文学理论》，伍晓明译，陕西师范大学出版社1987年版，第11页。
② [美] 卡勒：《当代学术入门：文学理论》，李平译，辽宁教育出版社1998年版，第23页。
③ [法] 雅克·朗西埃：《政治的边缘》，姜宇辉译，上海译文出版社2007年版，第91页。

上排除了文学的约定俗成，即用作者和读者之间的默契来为文学定义，也排除了文学文本自主的文学性观念，"在这里所排除的，是那些拥有我将称为特有的非固有属性的事物：即，一种既非内在也非外在的属性，它既不是事物的一种属性，也不是对于事物的判断的一种特征。存在着某种类型的被拒斥的存在：它徘徊于内在和外在之间、实体性和实体的缺失之间。这种类型的存在，我们至少可以对其进行类比性的理解：它就像是柏拉图用来和活生生的逻各斯相对立的那种坚决保持沉默而又无可救药地饶舌的文字的存在"①。如果说有一种文学的属性的话，它不存在于文学的内部或外部，而是文学本身的"多余"和"过量"，是对于逻各斯话语的例外和多余。

朗西埃建议界定一种无属性的话语存在模式，即文学，把它和共同体中无法律节制的"多"相联系。"这就预设了一种文学的'无政府主义'，它可以被总结为：文学是这样一种话语模式，它瓦解了现实和虚构、诗歌和散文、固有的属性和非固有的属性之间的分配格局。"② 朗西埃没有按体裁分类文学，而是指出文学的属性恰恰打乱了文学虚拟和现实的边界、文学体裁的分类以及属性的模糊，他的文学性就是对于当下治安政体的骚扰和消解，为抵抗获得合法性。从这个角度看，现实主义的批判性介入和现代主义的文学自律也是有问题的，因为现实主义所再现的还是一个不平等的共同体，即使它是批判的姿态还是更改不了其服务于某种等级统治的命运。而现代主义的审美自律性把自己封闭于艺术自身，无法介入和改变现实统治的感性秩序，最终还是维持了原有的统治秩序。

朗西埃解读文学作品一般都是聚焦于文学如何去生产政治，如

---

① ［法］雅克·朗西埃：《政治的边缘》，姜宇辉译，上海译文出版社 2007 年版，第 92 页。
② 同上书，第 98 页。

何使统治的等级秩序失效,如何把诗歌和散文作品中隐含的不平等摧毁,"这种隐含的等级使得具有不确定性的实体文字成为一种比虚构所具有的欺骗性实体更可怕的祸害"①,朗西埃借用了塞万提斯的堂吉诃德作为例子,人们把骑士故事当作消遣,视骑士时代为一个带着黄昏余光消逝的时代。我们在一般意义上把文学视为封闭在虚构中的故事,堂吉诃德却以行动践行了这一虚构,他就是朗西埃所说的文学,他的行动打破了人们对于可说和可做之间的感性分配,现实认为这是骑士故事性的虚构,堂吉诃德却投身而入,在虚拟性中行动,他创造出了两种荒谬感,即骑士时代的荒谬和现实的荒谬,成为现实秩序不可面对的书写。"面对戏剧的规则和普遍性的话语约定,漂泊骑士的攻击充分象征着一种文学的存在方式,即对于话语的悬置。"②

第三节 文学的政治之二——哑言

朗西埃在《文学的政治》一书的开篇就区分了文学的政治并非作家的政治,文学的政治"不涉及作家对其时代的政治或社会斗争的个人介入。它也不涉及作家在自己的书本中表现社会结构、政治运动或各种身份的方式"③。对于作家来说,热衷参与政治实践还是远离政治,以及作品中是否描写和再现了社会和政治运动,这都不是文学的政治。那么文学的政治在哪里发生呢?朗西埃认为:"它假设在作为集体实践的特殊形式的政治和作为写作艺术的确定实践的

---

① [法]雅克·朗西埃:《政治的边缘》,姜宇辉译,上海译文出版社2007年版,第92页。
② 同上书,第99页。
③ Jacques Rancière, The Politics of Literature, Cambridge: Polity Press, 2010, p. 3.

文学之间，存在着一种固有的联系。"① 集体实践的政治和写作艺术的实践之间的联系，其实还是设定了文学必须与时代的政治状况有关联性和参与性。文学的政治来自文学自身，同时与特殊的政治有隐秘的联系，这需要的不是写作内容中体现的作者倾向以及写作的主题，这种联系依赖于文学表达的特殊性。

文学的政治就是自身特殊的语言、特殊的表达。朗西埃为这种特殊的语言提供了一个概念：哑言。哑言来自朗西埃对于柏拉图和亚里士多德关于书写和语言的独特理解，柏拉图对于书写的贬斥中就提到，当人们向书写的文字提出问题的时候，书写的文字只会重复自己，不能提供任何新的意义，"书写是无声的话语（discourse）……它们不知道如何回答问题，不像活生生的对话（discourse）"②，其实就是说这种"过量的词"是一种无法说出自己的文字。而亚里士多德的关于语言与逻各斯的关系，指出没有逻各斯的贱民只能发出快乐或痛苦的嘶吼，传到拥有政治能力的人耳朵里，这种声音只能是无意义的哑言。也有学者认为朗西埃使用哑言也可能受维科的启发，因为维科在《新科学》中提到言语是由逻各斯演变而来，而"在希腊，寓言（fable）也被称为 mythos，神话，来自拉丁文的 mutus，即沉默（mute）。因此，言语作为一种精神语言诞生于无声的年代"③。维科其实指出逻各斯最早融合在神话和感性之中，诗人不能区分感性和理性及虚构和真实的边界，沉默（mute）就是诗歌没有从生活和神话的具象思维中独立出来的状态。

---

① Jacques Rancière, *The Politics of Literature*, Cambridge: Polity Press, 2010, p. 3.
② Jacques Rancière, *The Philosopher and His Poor*, ed. and trans. by Andrew Parker, trans. by Corinne Oster, John Drury, Durham: Duke University Press, 2004, p. 40.
③ Giambattista Vico, *New Science: Principles of the New Science Concerning the Common Nature of Nations*, trans. by David Marsh, Harmondsworth: Penguin, 2001, p. 157.

朗西埃在《历史之名》的书里就把这种哑言带来的效应视为他的另一个重要概念——"文学性"。对于文学写作,朗西埃也是从哑言所具有的能力和效应来阐释文学的政治。

朗西埃在论述文学的政治时所列举的例子既有十九世纪的作家,如福楼拜、托尔斯泰、马拉美等,也包括一些二十世纪的作家,如普鲁斯特、布莱希特、博尔赫斯,以及理论家弗洛伊德等。通过对于这些作家作品的具体论述,朗西埃一再表达出他对文学的政治的独特理解:文学以哑言的方式生产出与时代和社会密切关联的政治。我们可以用朗西埃多次使用过的三个文学例子来理解哑言的独特内涵:一是围绕福楼拜的书写风格的评论,二是巴尔扎克的古董店的隐喻,三是巴尔扎克的小说《乡村牧师》中维罗妮卡犯下的文学的罪与哑言的救赎。

作为法国十九世纪继雨果、司汤达、巴尔扎克之后又一位伟大的作家,福楼拜得到了很高的评价:"司汤达深刻,巴尔扎克伟大,但福楼拜完美。"[①] 这与他对于小说语言的贡献有密切的关系。福楼拜在小说《包法利夫人》中把小说语言的精致发展到一种极致,遵循"好的上帝在细节之中"的原则,巨细靡遗地投入对于小说中的物和细节的描写,呈现了不介入、不带个人感情、不做价值判断的现实主义风格,以至于作者仿佛遗忘了故事情节的推进和人物的在场。另外福楼拜的叙述力求一种冰冷的客观,把作者的态度抽离在小说叙述声音之外,这种语言特征被批评家称为"石化"的语言。例如巴尔贝·德·奥莱维利[②]说福楼拜将他的句子推向前方,就像挖土工用独轮车往前推送石头一样。

---

① 李健吾:《福楼拜评传》,广西师范大学出版社 2007 年版,第 2—3 页。
② 巴尔贝·德·奥莱维利(Jules Barbey d'Aurevillly, 1808—1889 年),法国作家。

对于福楼拜的批判和分析贯穿了萨特的一生，他从九岁开始读《包法利夫人》，晚年还在写作研究福楼拜的《家中的低能儿》，福楼拜的这种写作风格被萨特解读为一种石化的语言："福楼拜写作是为了摆脱人和物。他的句子围住客体，抓住它，使它动弹不得，然后砸断它的脊梁，然后句子封闭合拢，在变成石头的同时把被关在里面的客体也化成石头。福楼拜的句子既聋又瞎，没有血脉，没有一丝生气。"① 这种语词的不及物性是与萨特对散文（prose）② 语言的要求相悖的，萨特基于两个理论观点对福楼拜做了分析，从马克思主义阶级观出发，他认为福楼拜和马拉美对于语言的不及物使用是资产阶级在面对无产阶级的斗争时梦想回到一个贵族时代，资产阶级作家把语言净化为"世外桃源"的净土，实质是资本主义私有制的投射。而从精神分析的角度，萨特认为福楼拜由于幼年生活中的压抑经验，处于一种被动式的精神症状，这种自我封闭式的特征转化到了他的文学写作中，也就是对于语言沟通的抵触和拒绝，体现为冰冷的书写风格，这是一种神经官能症的表现。

朗西埃不同意萨特的分析，他指出在福楼拜的时代就有批评家认为，虽然福楼拜出身资产阶级又抱有贵族的政治立场，敌视巴黎公社，但是他的文字却不自觉体现出了平等和民主。在一些批评家看来，福楼拜冷漠的叙述就是民主的标志，他的小说抹去了高贵和低贱的区分，用史诗式的精致语言描写了艾玛以及围绕着她的一系列平庸的小人物的生活，史诗式的写作与以往对于英雄和尊贵的人的书写相比，打乱了小说主题、文体和人物的社会等级的对应关系，

---

① Jacques Rancière, *The Politics of Literature*, Cambridge: Polity Press, 2010, p. 7.
② 萨特所说散文（prose）是指除诗歌之外的书写语言，包括文学、哲学、美学、精神分析，等等，他是以语词文字的表意与否来判定是否是文学，诗歌、绘画和音乐属于不表意的语言，小说语言属于这种表意的文字。

朗西埃认为这就是文学的政治。萨特对于福楼拜的政治性的批判错误就在于没有看到，福楼拜受到责难是因为他打破了旧时代的感性分配体系，也就是亚里士多德的再现体制，这不仅仅是文学艺术的体系，也是社会行动的体制，在那个时代这种等级体制已经丧失了支持人对行动和意义的感觉。福楼拜语言的不及物性就是政治的哑言，它既不服务于等级体制（既包括资产阶级也包括贵族等级），也不仅仅把自己封闭在无声中，认为把"冷漠和平等"置于人们的感觉系统就是"民主"。朗西埃认为："民主不仅是一种社会状态，它是一种特殊的感性分配，一种讲话的特殊领域，它的效应是搅乱任何存在于说的方式、做的方式和存在方式之间的稳定关系，在这个意义上文学反对它自身民主地去再现等级分配。"① 这样，在朗西埃的眼中，福楼拜的写作事业其实和巴黎公社街道战站在了一起，都是对于既有的不平等体制的行动和拆解，工人的巷战就是把不能被视为平等的人的声音书写在巴黎的街道上。

　　哑言的第二种存在的方式，可以用巴尔扎克的《驴皮记》中的古董店做比喻。如果说福楼拜的写作风格是语言"石化"的哑言，是民主和平等的标志，那么巴尔扎克的古董店中的古董是一种"化石"的哑言，它代表的是历史的诗学打破现实秩序。《驴皮记》中年轻的主人公贵族拉斐尔·瓦朗坦在生活潦倒、走投无路时无意进入了一家古董店，一张印有天竺文字的驴皮改变了他的命运。古董商赠予他的驴皮可以实现任何愿望，但是要以他的寿命为代价，当他获得财富和心仪的女人时，死神将会降临。拉斐尔走进古董店时，迎面而来的家具、各种发明、服装、艺术品和古代遗迹的海洋，仿

---

① Jacques Rancière, *The Politics of Literature*, Cambridge: Polity Press, 2010, p. 11.

佛为他构成了一首没完没了的诗篇，各种形态、颜色、思想，全都在这里复活了。朗西埃指出古董店里的各种物件都隐藏着不同的历史、文化和社会现实，古董店如同博物馆，古董既是艺术品，又是丧失了交换价值的商品，"这个混杂的奇特商店使所有的物体和影像平等。更为甚者，它使每一个物体成为一个诗的要素，像符号构造体一样的敏感形式，所有这些物体之上都披着历史的外衣"①。每一个走进这家古董店的人都应该做一名诗人，用这些商品的化石可以随意书写诗篇，复活古董所包含的历史和真实，重新组建新的生活。古董作为哑言符号，摆脱了亚里士多德再现诗学中的等级对应和行动的要求，成为新生活诗篇的元素，在这一点上，朗西埃认同巴尔扎克对于拜伦和居维叶的比较，居维叶通过物的化石再现了历史书写的真实，较之拜伦，更像是一位时代的诗人。

相似的论述也出现在朗西埃对于雨果的判断中，雨果在《巴黎圣母院》中大量描写了建筑，他的评论者居斯塔夫·普朗什（Gustave Planche）说："在雨果先生的笔下，石头有了生命而且仿佛带有人类的感情。这种想象，一开始令人眩晕，让人以为这是思想领域的扩展以及通过智力生活对物质的征服。但是人们会很快发现，物质只不过是人被石化了。"② 朗西埃却提出相反的看法，他认为"雨果的句子将石头激活，让它说话和动作"，这正是对于亚里士多德故事的行动逻辑的终止，"语言用它庄严神奇的'物质部分'取代了'精神部分'，把那些词语从属于思想的表达以及行动的逻辑秩序

---

① Jacques Rancière, *The Politics of Literature*, Cambridge: Polity Press, 2010, p. 15.
② Gustave Planche, "Poètes et romanciers modernes de la France: M. Victor Hugo," *Revue des deux mondes*, Vol. 1, 1838, p. 757. 转引自：Jacques Rancière, *Mute Speech: Literature, Critical Theory, and Politics*, trans. by James Swenson, New York: Columbia University Press, 2011, pp. 42-43。

的句式中解放了出来"①。

作为"古董""石头""化石"的哑言,其实存在着一种自身的悖论,那就是如何让它说话,如同商品的二重性,它们既是平凡之物,又是感觉的异质之物,这就需要一种特殊的症候阅读法、阐释法,朗西埃认为:"从这一矛盾出发,它创造了一种自身特有的政治——或者可以说元政治。这种元政治是一种符号阐释学。'平常'之物变成历史符号,必须被解码。所以,诗人不仅成为挖掘化石并释放其诗意的潜能的博物学家或考古学家,他也还成为某种症状学家,探究社会的幽暗深层或无意识,解码日常物身体上铭写的信息。"② 这说明作为"化石"的哑言,需要一种阐释学,那么什么人才能成为这些新生活诗歌要素的主人呢?按照朗西埃对于政治主体的描述,这是一个空位,是为那些共同体中"无分者之分"的人民设置的位置。那么如何才能获得这种阐释的能力呢?朗西埃认为是审美的发生,也就是被奴役的身体从被分配的时间和空间中解放出来的时候。这种情形可以在另一个文学的例子——维罗妮卡的故事中得到体现。

从文学书写到身体的书写,即从文字到行动,这就是哑言第三种存在的方式,也是哑言的宿命。朗西埃认为文学书写既是一种"过量"的语言,又是一种沉默的语言,这一双重特征使得文学的哑言具有了"道成肉身"的可能性,也就是由词语化为行动。当柏拉图认为书写的文字对逻各斯而言只是一种毫无裨益的描画,朗西埃

---

① Jacques Rancière, *Mute Speech: Literature, Critical Theory, and Politics*, trans. by James Swenson, New York: Columbia University Press, 2011, p. 43.
② [法]雅克·朗西埃:《审美革命及其后果》,汪民安、郭晓彦主编《生产·第八辑:忧郁与哀悼》,江苏人民出版社2012年版,第222页。

却认为"被书写的文字就像一幅无声的画,它在自身躯体上所保持的那些运动,激发了逻各斯的活力,并把它带向了它的目的地"①。所谓逻各斯的目的地就是词语的"道成肉身",词语从仅仅是精神和思想的场所奔跑到了行动领域,这就是"文本化成肉身,赋予自身以躯体的这样一种方式……在那里言语化成了行动,占有了灵魂,带来了躯体与躯体行进的韵律"。②

文学如何转化为具有血肉的词语,这在朗西埃所举的维罗妮卡的例子中得到体现,维罗妮卡是巴尔扎克的小说《乡村牧师》的女主人公,她是一位废铁收购商的女儿,希望追求理想的爱情,结果却是情人因为杀人被判死刑,而她在守寡之后带着银行家丈夫的遗产回到家乡,造福乡里。朗西埃对于这一故事的解读独特而又吸引人,他认为维罗妮卡作为乡村的少女,她的美好命运应该是作为一个庸俗商人的女儿和贪婪银行家的妻子度过一生,但是,文学却让她偏离了正常生活秩序,维罗妮卡在书店里买了一本装帧着漂亮版画的爱情小说,"拿在手里的洁净而又朴素的书和纯洁而又质朴的女孩思想和在一起变成了危险的毒药"③,文学这种沉默的书写流传到维罗妮卡的心里,她向往着本不该属于她的浪漫爱情。后来她不愿做银行家的妻子,想要和情人——一个有高尚诚实品格的陶工私奔,她的爱人为了他们的私奔而犯下了杀人罪,被处以绞刑。这位忠诚于爱情的陶工即使被送上绞刑架,也没告发和牵连维罗妮卡。在朗西埃看来,文学哑言被维罗妮卡获得,改变了她对于生活的感觉,触发了她苛求平等的享有最美好事物的愿望,由此导致了现实秩序

---

①② [法]雅克·朗西埃:《词语的肉身:书写的政治》,朱康、朱羽、黄锐杰译,西北大学出版社 2015 年版,第 7 页。
③ Jacques Rancière, "The Politics of Literature," Substance, Vol. 33, No. 1 (2004), p. 15.

的紊乱以及爱人的悲剧。但是文学语言犯下的罪孽不能用语言忏悔来救赎，维罗妮卡后来向乡村牧师忏悔，牧师告诉她需要用另外一种语言来忏悔，那就是用书写在山川大地、田野沟渠的文字来忏悔，维罗妮卡用银行家的遗产把故乡贫瘠的土地改为富饶的田园，这是另外一种哑言，是身体的语言——行动。

"行动"这种哑言在朗西埃看来就是文学哑言的最后声音，拥有神奇的力量，它改变了原有的生活逻辑。在原有的生活秩序中，银行家是不会为乡村施舍的，而一个爱情破灭的寡妇也不会成为一位圣人式的人物，并且能够书写历史。"引起罪恶的是一种建立在文学民主基础上的特殊的可感分配，而罪行的救赎却是另一种可感的分配。"① 这种语言"是一种新的力量"，不是等级体制下由统治阶级的代言人说出的那种教诲式的语言，这种语言的"无声"代表了其平等性。"它的意义被书写于'真实事物'的特定编织中，它可以治愈由民主的沉默文字犯下的罪孽，是另一种沉默的书写。"② 由文学的哑言转化为行动的语言，以改变原有的治安秩序。

维罗妮卡其实也类同于艾玛·包法利，她们都是被文学制造的浪漫爱情冲昏了头脑，在生活中寻找这种不切实际的美感，这种状态被朗西埃称为"民主"，即底层的人开始不切实际地想要拥有具有精神性的爱情、文学和幸福，这也是文学带来的平等观，打破了再现/诗学体制的等级分配。

罗克希尔在《哑言》一书的英译本导言中提到哑言有两种形式，一种是"世界上万事万物所发出的巨大声音"，另一种是"来自书写

---

①② Jacques Rancière, "The Politics of Literature," Substance, Vol. 33, No. 1 (2004), p. 15.

的既无声又喧嚣（mute-loquacious）的声音"①，这一观点其实缺少了一个比较重要的环节，就是艺术、文学的哑言如何才能够化身为世界万物的声音，而这些世界万物的声音其实也是历史的声音，是被压抑在治安秩序下的现实。行动把这两种哑言连接起来，形成哑言的第三种存在形式，这才是朗西埃文学的政治以及艺术的政治的核心，而这就需要那些能够平等倾听艺术和文学的哑言的"人民"，即无数的维罗妮卡和包法利夫人，在现实中确证自己具有平等的能力，成为"政治"和"审美"的主体。

第四节　文学的政治之三——民主与平等

朗西埃在《政治的十个主题》中认为："民主不是一种政治制度，作为对统治逻辑——也即通过支配权参与统治的逻辑——的断裂，民主乃是政治本身的规定，政治本身乃是规定着某具体主体的关系形式。"② 朗西埃认为民主不仅不是政治管理中的政体制度，而且也不是一种生活形式，民主的特点有两个：一是与统治逻辑的断裂，二是关联着政治主体形式的生产。朗西埃对于民主的理解来自对亚里士多德的民主政体论述的改造，亚里士多德的平民政体还是以平民的财产和出身来划定平民的管理，朗西埃把这一标准和条件废除，他说："我们知道，民主是其反对派，即那些有着统治'资格'——年长、出身、财富、力量或知识——的人发明出来的词。

---

① Gabriel Rockhill, "Introduction: Through the Looking Glass," in Jacques Rancière, *Mute Speech: Literature, Critical Theory, and Politics*, trans. by James Swenson, New York: Columbia University Press, 2011, p. 17.
② 汪民安、郭晓彦主编《生产·第八辑：忧郁与哀悼》，江苏人民出版社2012年版，第174页。

这些反对派在嘲讽的意义上使用民主一词，他们以此来强调事物秩序的史无前例的颠倒。"① 朗西埃为民主正名，不仅仅是肯定性的价值判断，更是指出民主涉及使人民得以显现。人民是一个居间概念，它并不是指社会底层的人，也不是指财产缺乏的人，而是指共同体中"那些无关紧要的人、那些没有任何资格行使统治权力的人，他们被认为是无足轻重的"。朗西埃假设了这样一个位置，一旦在社会实践中某些被歧视和被排斥的人通过抗争获得认同和参与政治权力的分配，按照朗西埃的逻辑，这部分人民就会被马上清除出人民的范畴，人民的这种存在以及其拥有的权力是一种潜在的权力，人民始终是一个没有被确认的部分，而民主就是人民要求平等权力的实行，以及由此产生的统治关系的断裂。

文学的民主就是这种与统治逻辑断裂的现象，亚里士多德的再现/诗学体制实际上与他的政治学是一体的，也是今天政治的象征。再现的等级实际上是指，为了城邦或共同体的善和绝大部分人的利益，需要优秀的人来统治共同体。今天的自由主义的选举民主制度，在朗西埃看来也是亚里士多德的民主政体的翻版，资产阶级的统治就是按照亚里士多德的诗学等级体制建立起来的。那么文学的政治势必就是朗西埃所说的美学体制对于诗学体制的瓦解和取代。这一内在思考理路也是朗西埃在评论文学时的论述逻辑。朗西埃对于文学的民主的论述可以分为两个维度：其一体现为作者与其人物之间出现的民主症候，其二体现为作者对于文学再现中各种事物与感觉的平等态度。这两种民主的症候体现在朗西埃对于一系列作家作品的批评中，例如对于福楼拜的《包法利夫人》、

---

① 汪民安、郭晓彦主编《生产·第八辑：忧郁与哀悼》，江苏人民出版社2012年版，第175页。

司汤达的《红与黑》、普鲁斯特的《追忆似水年华》以及马拉美的诗歌的具体批评。

理查德·罗蒂在《偶然、反讽与团结》中认为，普鲁斯特的《追忆似水年华》是作者通过不断的叙述来赢得主体性的过程，是对于曾有的生活表象的重新叙述，普鲁斯特"赢得了自主性，并把权威性还原为一种共在的偶然性"①。但是在朗西埃看来，罗蒂的观点实质把普鲁斯特的书写表述成一种与共识同谋的文学，即使这种文学具有反抗的姿态也只能是无所作为，"即把文学和一种反抗或嘲弄权力的政治品格联系在一起。然而从这一点看文学什么也做不了"②。文学叙述不是获取权力而是瓦解共识。获取权力是亚里士多德的类政治中允诺的对于统治者位置竞争的认可。亚里士多德从不同政体的合法性嬗变中指出，为了城邦的最大利益，对统治权的争夺和斗争是合理的。朗西埃认为普鲁斯特的叙述不是要争取原初的欲求，比如玛德莲娜夫人的小蛋糕，以及以隐秘的方式换取母亲的睡前之吻，而是对于原初诱惑的放弃和修正。如果叙述者和主人公可以被看作讲述或写作的一个缔约者，他的任务是重现原初的话，那么，普鲁斯特是用叙述引入了一个他者，并破坏了这一契约。这个异质性的他者被朗西埃称为平等，"正是在这里存在着把文学的问题和民主的问题联系在一起的东西""平等以悬置性存在的形式在社会之中产生作用，此种悬置性可以被称为文学或无产阶级"。③ 朗西埃的表述尽管比较晦涩，但他实际所指的就是：普鲁斯特将大量的回忆和感觉式的探究作为小说叙事的内容，这种书写的形式的效果，正是切断了驱使叙述者走向原初欲望的道路。例如马塞尔对于阿尔

---

①② ［法］雅克·朗西埃：《政治的边缘》，姜宇辉译，上海译文出版社2007年版，第100页。
③ 同上书，第101页。

贝蒂尼的渴望，通过叙述被分解为纷繁多样的感觉，这样的阿尔贝蒂尼被"回归到一种语言的象征状态之中，而其肉体，在叙述者的汽车里被拒绝"①，"文学特有的非固有属性把它和民主联系起来"②。文学就是离乡的经验，是对于平常物的多样性的体验。

一些批评家认为普鲁斯特对于一些小细节不厌其烦的追忆是不符合文学的整体性和有机性的，朗西埃对之做出完全相反的文学价值判断，他认为亚里士多德的再现/诗学体制要求的文学文本像是完整的身体，故事服务于主题，语言服务于题材，像人的身体，管理者是大脑，被压迫者是四肢，而普鲁斯特和福楼拜的书写是一种植被式书写，植物以无政体形态的方式漫山遍野地生长，打破了身体和话语之间的固定关系，这种书写就是文学的民主和平等，"福楼拜和普鲁斯特的小说见证了新的社会领域和书写领域的平等——时间和空间的无差别存在，此存在以此被称为民主"③。

如果说朗西埃把感觉的多样性视为民主的话，在《处死艾玛·包法利：文学、民主和疾病》一文中，他形象地把包法利夫人视为得了"民主病"的症候性人物。朗西埃认为艾玛·包法利之死不能直接归咎于社会，如男女的不平等以及教育等问题，这样会把小说中发生的事都归咎为社会原因。朗西埃认为，艾玛的死是福楼拜对于人物命运的安排，他在创作时并不关心时事政治，他要写的是纯粹的小说，"艾玛的自杀，简而言之，表现为一系列最初的幻象破灭的逻辑后果，这些最初的幻象就是过度的想象，艾玛混淆了文学和真实的生活"，④ 艾玛不是分不清文学和生活，而是要文学艺术直接

---

① [法]雅克·朗西埃：《政治的边缘》，姜宇辉译，上海译文出版社 2007 年版，第 102 页。
② 同上书，第 103 页。
③ Jacques Rancière, *The Politics of Literature*, Cambridge: Polity Press, 2010, p. 40.
④ Ibid., p. 49.

融合于生活,或者把生活当作艺术和文学,这是一种"兴奋",是一种时代病,是法国十九世纪五六十年代的整个社会的症候。路易十六时期的法国,原有的社会等级和秩序——君权、宗教、贵族政体等级森严地把社会个体安置在相应的位置上,"可惜这种秩序后来被打破了,先是法国大革命,后来是工业革命,再后来是新式的媒体:报纸、平面印刷等,新媒体让词和图像、梦和欲望从上到下人手可得。社会热闹起来了,个体自由平等了,大家都被卷入这个无底旋涡里,整个社会机体的骚动没有停息也没有目的,这种骚动传染到个体身上就成了那种兴奋"①。朗西埃认为这种社会的"兴奋"就是"民主"。统治者可以镇压底层人民的革命,但是这种弥散在社会中的平等欲求是没法管理的。福楼拜被当时的批判者指责塑造了一个"感知和想象过度发达"的"民主病"患者——包法利夫人,而他作为作者似乎没有意识到此种问题的严重性,他塑造的艾玛不过就是要把任何美好的东西转换为生活,但是这就是一种"民主"式的人物特性。按照亚里士多德的诗学体制,只有社会中的行动者,如帝王将相和英雄,才能用如此精致的文字来再现,妇女只是服务于社会行动者的配角,是不值得花这么多笔墨描写的,福楼拜的任性写作就是他的民主罪,他打破了再现体制,呈现出美学体制对于事物的平等态度,但是他没有意识到自己的"民主病",无意识地把包法利夫人的"民主病"写在小说里,并安排了她自杀的结局,以此平息了自己和人物共同的欲望,那种冲破等级、要求平等和民主的欲望。

朗西埃之所以把艾玛混淆了生活和审美、浪漫爱情与平凡生活

---

① Jacques Rancière, *The Politics of Literature*, Cambridge: Polity Press, 2010, p. 52.

的精神状态视为"民主",是因为艾玛对于社会给予她的感性分配的位置持拒绝态度,这是对统治逻辑的中断和拒绝。福楼拜的小说情节安排和叙事口吻表面上对这种态度给予了批判,即艺术和生活不能混为一体。但是当他在全情投入书写这部小说的时候,他的笔触却是民主的另一种形式,他打破了书写的再现体制的等级,并且在小说中细致描绘出多样的感觉,这其实犯下了和包法利夫人一样的"罪",就是文学的平等和民主。

朗西埃对于文学的批评基本是把作品还原到其产生的具体时代语境中,他关注的是某个时代逐渐出现的社会感知形态。福柯的"知识型"概念划定了一个时代中人的感知边界和感知方式,决定着人的价值、行动、言说的关联。朗西埃发展了这一思考方式,他的政治概念更加灵活和动态,集中于"知识型"之间或者说"感知型"之间的对抗、断裂。这一思考的路径,使得朗西埃始终把文学作品的论述与具体的时代和社会的关联相结合。这种文学的研究视角既是外部的也是内部的,既是形式的也是内容的,却区别于我们理解的马克思主义的经济基础与上层建筑关系的阐释模型。这种文学阐释的内外关联性更多的是从福柯的知识系谱学的视角,来综合社会的各种言说方式,可看、可说、可感的关系。文学的民主与平等在他看来内在于社会的民主与平等。

结　语

　　2009年和2010年，法国著名期刊《争鸣》先后两次组织"西方左派的衰落"[①] 主题讨论，意大利学者哈法勒·西蒙尼认为欧洲左派政党全面退败，不仅是因为欧洲思想的右转，更深层的原因是左派政党的原有理想已经丧失，它的内部纷争不断，成为一个丧失了价值、伦理原则的政治实用主义政党。左派领导集团在智识上日趋平庸化。西蒙尼也指出一个左派对于当下现状的共识，那就是传统的左派社会基石——无产阶级，越来越蜕变为消费社会的消费者，已经淡忘了被统治和被支配的现实处境，而新自由主义主导的文化模式又得到消费大众的认同。基于这些原因，左派政党的边缘化似乎是必然的结果，但是，与平庸的左派政党不同的是西方文化左派，在这一"历史终结"的时刻，始终坚信一种未到来的解放和抗争，不幸的是，文化左派的思想尽管葆有理想的圣光，可惜只是处于学术象牙塔的狭窄空间，和政治左翼一样，他们既没有唤醒沉睡在"共识"世界中的普罗大众，也没有把自己的激进思想转化为有效的行动，不管是政治左派还是文化左派，都处于一种尴尬的时代处境中。

---

① 《〈争鸣〉：西方左派的衰落》，《文化纵横》2010年第4期。

华东师范大学政治学系教授约瑟夫·格里高利·马奥尼撰文批评了当代左派在各方面呈现出的一些问题①，他同意理查德·沃林对于巴迪欧和齐泽克等"后马克思主义者"的批判，认为这些激进的左派理论家不但没有推动左翼政治实践，反而阻碍了政治实践中的左派运动。在理论和实践两个方面，左派都没有达到期望的目标，在他看来左派大多是"口头的激进者、行动上的侏儒"，这一点其实也说明在二十世纪八十年代之后，左派愈来愈适应和依赖资本主义体制内的教职生涯，他们的抗议和表态也往往被限定在无伤大雅的范围内。在理论上，像齐泽克这样具有流行文化批判特征的左派理论最后自身也沦为一种通俗文化，他对资本主义的批判犹如电影《搏击俱乐部》中的主角，只是在幻觉中完成了对资本世界的摧毁。通俗文化式的理论批判也成为一种幻觉式的批判，实际是一种理论和实践上行动潜能的双重缺失。

朗西埃的理论思考在左派之中比较特殊，很少有左派理论家会把"如何抵抗"作为自己整个理论的核心。作为"五月风暴"遗产的继承者，朗西埃思想在二十一世纪以来受到重视有其特殊的时代原因。当我们把朗西埃的理论置于当代西方政治哲学的视野中时，它对自由主义的民主政治观具有振聋发聩的颠覆效应。所谓的当代西方民主其实是一种没有政治的治安秩序，这对于左派理论如何与社会行动相结合具有重要的启发作用。

首先，朗西埃"感性的分配"概念尽管受福柯启发，但是这一概念的核心潜台词在于：抵抗何以可能。这是当代左派的命脉所在，改变就在于对当下可感性秩序的打乱，解放不再等待未来，这是朗

---

① ［美］约瑟夫·格里高利·马奥尼：《迷茫的西方左翼》，2014 年 8 月 15 日，https: // www. thepaper. cn/ newsDetail_ forward_ 1261294。

西埃这一概念重要性之所在。朗西埃充分发展了福柯的"哪里有权力,哪里就有反抗"这一名言的精髓,将之改造为"哪里有治安,哪里就有政治",并赋予它以可操作性。而我们所拥有的现实感恰恰是一种被治安逻辑统治的感觉部署或感觉分配,它给予每一个共同体成员固定的位置,成员在此位置上被赋予能否说话和说什么的权利,以及被决定了能做什么的可能性。通过打破现实的处境,自由和解放其实就在我们身边。

朗西埃认为"政治"就在治安逻辑被打破的时候发生,正如《晶报》记者对他的采访标题"真实在现实打破之处"。治安秩序之所以能够被打破,是因为它的起点是对现代社会的平等观的践行,或者说把现代社会的平等观视为展开言说的假设前提,"人生而平等"不仅仅是一句口号,更是需要在实践中时时刻刻验证的血肉之物,它要使只会嘶吼的动物变为能够说出话语的人民,这就是朗西埃所说的美学的政治。这种验证其实具有很强的操作性,它经常以改变我们日常时空的原有存在形态而发生。例如民工劳作的工地是工作的场所,但是民工在这一场所以平等者的姿态和资本家对话的时候,这一劳作的场所就转化为政治的场所。

其实如果我们进一步思考政治与治安的关系的话,会发现政治不仅仅是对治安的消解、扰乱,而且它其实附着在治安之上。朗西埃理解的解放不是要消除治安,政权的更迭和生产方式的变革都不足以完成解放,需要再加上"感性的革命"和"平等"的践行,才能完成这一理想。朗西埃辩证地承认西方资本主义治安秩序的存在,但是他并不要求一种传统革命式的解放,这种解放只是要求"无分者之分"成为可以平等存在的共同体成员。从这个角度看,朗西埃并没有提出治安消亡的前景,相反,正是它的存在才构成了解放和斗争的平台。

其次，朗西埃尽管没有为自己的政治主体找与之对应的具体社会阶层，但是他用的"人民"却更有理论上的阐释力和实践上的指导性。"人民"是一个虚位以待的位置，正如后现代主义话语中"主体"也是一个位置一样，但是当阿尔都塞认为社会个体被质询为意识形态臣民的时候，朗西埃反其道而行，用"平等"这一现代性共同成果，把所有被排斥、被剥夺了平等说话权利的人招至其位，使其成为政治的主体。社会个体可以以平等、自由、审美等为起点，"政治"则必须依赖于"人民"的显现。政治主体化就是政治，也就是说，众多的社会阶层人员都是"人民"的潜在生成者，这也是朗西埃非常反感左派政治精英主义的原因，即使他们是他的左派战友："齐泽克、巴迪欧总喜欢说，民众所谓的民主和文化，其实只是一种消费。好像工人和民众都是傻瓜一样。如果民众都是傻瓜，谁来搞革命呢，巴丢自己一个人来革命吗？"① 被认为具有民粹色彩的朗西埃始终没有放弃对于"人民"的信念，他并没有把"无主体"和"人之死"的思想带入他的政治话语中。

最后，朗西埃把民主以及政治的起点设定为一种对平等的践行，可以说这是他理论的起点，而这个平等起点也被大多数西方马克思主义学者视为资产阶级意识形态的一个幌子。但朗西埃不这么看问题，他把法国大革命的遗产视为人类的共同成果，平等、民主不仅仅属于资产阶级，它也是无产阶级斗争的起点和条件。当代社会由于资本的全球化，财富、资源、权力严重分配不均，许多左派用意识形态理论视平等与民主为资本的遮羞布，但是朗西埃的创造复活

---

① ［法］雅克·朗西埃、殷罗毕：《朗西埃：真实在现实打破之处》，《晶报》2013年6月1日。

了平等与民主的生命力。平等就是一个假设,是一个被现代性赋予的共识,以此可在社会实践中寻找到与这一共识产生悖论的时刻,并验证平等的必然性。例如他列举了法国工人罢工时用宪法赋予的平等权为自己的行动辩护。平等是一个时代的政治无意识,只有这样抵抗和斗争,才能找到突破的契机。这也是为什么美国黑人在反抗歧视时把警察的暴力视为治安的政治,而不是自己的政治,黑人必须把自己视为平等者,否则,斗争就不能获得政治性。

朗西埃的这种理论特色,既不同于齐泽克的马克思主义精神分析式批判,也不同于巴迪欧新柏拉图式的激进政治。朗西埃之所以被称为激进左派,是因为他是如此不遗余力地推崇社会底层人民,用理论的呼号鼓舞他们成为政治主体,他理论的激进程度在于,几乎把所有现存都视为治安。但是,唯其如此,他所倡导的抵抗和行动才能在当下发生。一场游行、一个艺术创作活动、一个涉及压迫与剥削的法律诉讼都可以生产出"歧义"之政治。换言之,朗西埃把政治的普遍性、抽象性与政治的具体性和特殊性非常好地结合起来,他没有抛弃任何形式的微小抵抗,黑人抵抗、妇女解放、街头抗议都被视为有效的政治斗争。关键的地方在于,他以一种自己创造的政治观来为这些微观抵抗正名,使之具有了普遍性。这样看来,朗西埃的思想和言说从介入现实的角度看,是比较接地气的。

朗西埃搭建出了一个政治解放模式,即以平等假设为起点,它是无条件的。对此平等的验证践行可以被视为解放。具体的操作路径是把"无政府主义"式的民主与审美融合为一体,改造被统治逻辑塑形的"感性配置"体制,而这一过程依赖于"人民"的实体化,也就是政治的主体化,由此辨识出了三种政治:原政治、类政治、元政治。朗西埃所说的政治其实就是人的解放,而后三种政治分别在此构架中可以被区分出来。柏拉图式的原政治是毫无平等可言的治安统治，更谈不上对平等的验证。而亚里士多德的类政治承认了平等这一理念，但是它并不设定平等是政治的起点，而是把平等视为有待实现的目标，把平等托付给了虚构、叙事和未来。马克思主义的元政治终于把平等作为无条件的起点，它要求的是直接实现此种平等，而不是通过验证的方式，它不是在一次次对治安秩序的改写中实现解放，而是要求以绝对对抗的姿态铲除治安。在朗西埃看来，马克思主义的元政治所采用的是通过全面的抵抗，拒绝在治安的现状中寻求解放。朗西埃明确表示："至于现代的元政治乌托邦，我并不是要设计一个理想共同体的方案。对我来说，乌托邦并不是一个哪儿都不存在的场所，而是在话语空间与地域空间之间进行搭接的能力，是对于一个知觉（perceptif）空间的认同：这是人们带着共同体的主题（topos）行走时所发现的空间。"① 朗西埃把共产主义元政治的远大理想转化为时时刻刻可以出现于当下的知觉空间，实质上就是美学的空间。于是在这三种政治（原政治、类政治、元政治）中，前两者和朗西埃所言的政治又可以分别对应于三种艺术体制，即影像的伦理体制、艺术的再现/诗学体制、艺术的美学体制。这一思想被朗西埃广泛应用于美学、文学、艺术、电影等批评中，由于他的政治之核心就是"感性分配"，是可听、可说、可行之间的关系，这就让美学成为他思想的又一个栖身之所。"美学乌托邦"的空间也是感性平等、"自由显现"的空间。在涉及具体的批评时，朗西埃把影像的伦理体制、艺术的再现/诗学体制、艺术的美学体制视为三种政治的话语形象，体现于作品内部的感性划定关系，这样就

---

① ［法］雅克·朗西埃：《词语的肉身：书写的政治》，朱康、朱羽、黄锐杰译，西北大学出版社 2015 年版，第 28—29 页。

把文学、艺术、影像与政治关联在一起，把民主、平等带入了艺术领域。

我们也看到，朗西埃在近些年来的思考愈来愈把政治的可能性寄托于艺术和美学的能力，通过艺术解放生活，或者把现实生活当作艺术。朗西埃的理论之路似乎也走向了传统左派如法兰克福学派的道路，把解放的火种置于美学和艺术之中。虽然朗西埃一再强调艺术和生活两者可以不断互相转化，审美和政治本就是一体，但是，我们也还是从中看到西方左派偏重于理论之"意翻空而易奇"的特征。朗西埃的理论和其他左派思想家理论一样，还是偏重于宏大而晦涩的哲学、美学，而对社会学的统计研究、经济学的模型研究比较隔膜（社会学正是他反对的）。在当代主流的学术视野以及大众的接受期待中，建立在科学性和经验性上的研究著作更能够获得读者青睐，当托马斯·皮克迪的新书《二十一世纪的资本》用翔实的统计数据证明资本主义是如何产生不平等以及摧毁民主时，西方左派学者的回应却只能是感谢。今天的左派思想家已经不能像马克思那样对具体的经济数据进行分析批判了，这只能说是西方左派式微的一个表征吧。

参考文献

一、外文文献

(一) 朗西埃法文文献

Lire le Capital (et Louis Althusser), PUF, 1965.

La Leçon d'Althusser, Gallimard, Idées, 1975.

Le philosophe et ses pauvres, Paris: Fayard, 1983.

L'Empire du sociologue, Paris: Editions la Découverte, 1984.

Le philosophe plébéien (édition de Jacques Rancière), Paris: Presses Universitaires de Vincennes, 1985.

Le maître ignorant: cinq leçons sur l'émancipation intellectuelle, Paris: Fayard, 1987.

Courts voyages au pays du peuple, Paris: Editions du Seuil, 1990.

Les noms de l'histoire: essai de poétique du savoir, Paris: Editions du Seuil, 1992.

La politique des poètes: pourquoi des poètes en temps de détresse? (et Alain Badiou), Paris: A. Michel, 1992.

La mésentente: politique et philosophie, Paris: Galilée, 1995.

Mallarmé: la politique de la sirène, Paris: Hachette Littératures, 1996.

La nuit des prolétaires: archives durêve ouvrier, Paris: Hachette, 1997.

La chair des mots: politiques de l'écriture, Paris: Galilée, 1998.

La parole muette: essai sur les contradictions de la littérature, Paris: Hachette Littératures, 1998.

Le partage du sensible: esthétique et politique, Paris: Fabrique: Diffusion Les Belles Lettres, 2000.

L'inconscient esthétique, Paris: Galilée, 2001.

La Fable cinématographique, Paris: Editions du Seuil, 2001.

Les scènes du peuple: Les révoltes logiques, *1975 – 1985*, Lyon: Horlieu, 2003.

Le destin des images, Paris: Fabrique éditions, 2003.

Aux bords du politique, Paris: Gallimard, 2004.

Malaise dans l'esthétique, Paris: Galilée, 2004.

L'Espace des mots: de Mallarmé à Broodthaers, Nantes: Musée des Beaux-Arts, 2005.

Chroniques des temps consensuels, Paris: Editions du Seuil, 2005.

La haine de la démocratie, Paris: Fabrique, 2005.

Politique de la littérature, Paris: Galilée, 2007.

Le Spectateur émancipé, Paris: Fabrique, 2008.

Démocratie, dans quel état? (avec Giorgio Agamben, Alain Badiou, Daniel Bensaïd, Wendy Brown, Jean-Luc Nancy, Kristin Ross et Slavoj Zizek), Paris: Fabrique, 2009.

Et tant pis pour les gens fatigués, Paris: Éditions Amsterdam, 2009.

Les Écarts du cinéma, Paris: La Fabrique, 2011.

Béla Tarr, le temps d'après, Nantes: Capricci Editions, 2011.

Aisthesis, Paris: Galilée, 2011.

La méthode de l'égalité, Paris: Bayard Jeunesse, 2012.
Figures de l'histoire, Paris: Presses Universitaires de France, 2012.
Les bords de la fiction, Le Seuil, 2017.

(二) 朗西埃著作英译本

The Nights of Labor: The Workers' Dream in Nineteenth-Century France, trans. by John Drury, Philadelphia: Temple University Press, 1989.

The Ignorant Schoolmaster: Five Lessons in Intellectual Emancipation, trans. by Kristin Ross, Stanford: Stanford University Press, 1991.

The Names of History: On the Poetics of Knowledge, trans. by Hassan Melehy, Minneapolis: University of Minnesota Press, 1994.

Short Voyages to the Land of the People, trans. by James Swenson, Stanford: Stanford University Press, 2003.

Disagreement: Politics and Philosophy, trans. by Julie Rose, Minneapolis: University of Minnesota Press, 2004.

The Flesh of Words: The Politics of Writing, trans. by Charlotte Mandell, Stanford: Stanford University Press, 2004.

On the Shores of Politics, trans. by Liz Heron, London: Verso, 2007.

The Future of the Image, trans. by Gregory Elliott, London: Verso, 2009.

The Emancipated Spectator, trans. by Gregory Elliott, London: Verso, 2009.

The Aesthetic Unconscious, Cambridge: Polity Press, 2010.

Chronicles of Consensual Times, trans. by Steven Corcoran, London: Continuum, 2010.

The Politics of Literature, Cambridge: Polity Press, 2010.

Dissensus: On Politics and Aesthetics, ed. & trans. by Steven Corcoran, London: Continuum, 2010.

Althusser's Lesson, trans. by Emiliano Battista, London: Continuum, 2011.

Mallarmé: The Politics of the Siren, trans. by Steven Corcoran, London: Continuum, 2011.

Mute Speech: Literature, Critical Theory, and Politics, trans. by James Swenson, New York: Columbia University Press, 2011.

Staging the People (Volume 1): The Proletarian and His Double, trans. by David Fernbach, London: Verso, 2011.

Staging the People (Volume 2): The Intellectual and His People, trans. by David Fernbach, London: Verso, 2012.

Aisthesis: Scenes from the Aesthetic Regime of Art, trans. by Zakir Paul, London: Verso, 2013.

Moments Politiques, New York: Seven Stories Press, 2014.

Figures of History, Hoboken: John Wiley & Sons, 2014.

Methods of Equality: Interview with Laurent Jeanpierre and Dork Zabunyan, Cambridge: Polity Press, 2016.

Jacques Rancière and Peter Engelmann, *Politics and Aesthetics*, Cambridge: Polity Press, 2019.

The Edges of Fiction, Cambridge: Polity Press, 2020.

(三) 朗西埃论文及访谈

"Mode d'emploi pour une réédition de Lire le Capital," *Les Temps Modernes*, mai, 1973.

"Sur la théorie de l'idéologie politique d'Althusser," *L'Homme et société*,

No. 27 (1973), pp. 31 - 61.

"On the Theory of Ideology," *Radical Philosophy*, Vol. 7, 1974, pp. 2 - 15.

"The Concept of 'Critique' and the 'Critique of Political Economy' (from the 1844 Manuscript to Capital)," *Economy and Society*, Vol. 5, No. 3 (1976), pp. 276 - 352.

"The Myth of the Artisan: Critical Reflections on a Category of Social History," *International Labor and Working-Class History*, No. 24 (Fall 1983), pp. 1 - 16.

"A Reply," *International Labor and Working-Class History*, No. 25 (Spring 1984), pp. 42 - 46.

"The Homeward Path: Fragments of Journeys into New Worlds," *New Formations*, No. 3 (1987), pp. 59 - 81.

"After What," *Topoi*, No. 7 (1988), pp. 181 - 185.

"Overlegitimation," *Social Text*, No. 31 - 32 (1992), pp. 252 - 257.

"Politics, Identification, and Subjectivization," *October*, Vol. 61, No. 1 (1992), pp. 58 - 64.

"The Cause of the Other," *Parallax*, Vol. 4, No. 2 (1998), pp. 25 - 33.

"Ten Theses on Politics," *Theory & Event*, Vol. 5, No. 3 (2001).

"Prisoners of the Infinite," *Counter Punch*, No. 30 (April 2002).

"The Saint and the Heiress: A Propos of Godard's Histoire (s) du cinema," *Discourse*, Vol. 24, No. 1 (2002), pp. 113 - 119.

"The Aesthetic Revolution and Its Outcomes," *New Left Review*, No. 14 (Mar - Apr 2002), pp. 133 - 152.

"Comment and Responses," *Theory&Event*, Vol. 6, No. 4 (2003).

"The Order of the City," *Critical Inquiry*, Vol. 30, No. 2 (2004), pp. 267 – 291.

"The Politics of Literature," *Substance*, Vol. 33, No. 1 (2004), pp. 10 – 24.

"Introducing Disagreement," *Angelaki: Journal of the Theoretical Humanities*, Vol. 9, No. 3 (2004), pp. 3 – 10.

"On War as the Ultimate Form of Advanced Plutocratic Consensus," *Contemporary French and Francophone Studies*, Vol. 8, No. 3 (2004), pp. 253 – 258.

"Who is the Subject of the Rights of Man?" *The South Atlantic Quarterly*, Vol. 103, No. 2/3 (2004), pp. 297 – 311.

"From Politics to Aesthetics?" *Paragraph*, Vol. 28, No. 1 (2005), pp. 13 – 25.

"Literary Misunderstanding," *Paragraph*, Vol. 28, No. 2 (2005), pp. 91 – 103.

"The Ethical Turn of Aesthetics and Politics," *Critical Horizons*, No. 7 (2006), pp. 1 – 20.

"Thinking between Disciplines: An Aesthetics of Knowledge," *Parrhesia*, No. 1 (2006), pp. 1 – 12.

"Democracy, Republic, Representation," *Constellations*, Vol. 13, No. 4 (2006), pp. 297 – 308.

"What Does it Mean to be *Un*?" *Continuum: Journal of Media & Cultural Studies*, Vol. 21, No. 4 (2007), pp. 559 – 569.

"Aesthetic Separation, Aesthetic Community: Scenes from the Aesthetic Regime of Art," *Art&Research: A Journal of Ideas, Contexts and

Methods, Vol. 2, No. 1 (2008), pp. 1 – 15.

"Why Emma Bovary had to be Killed," *Critical Inquiry*, No. 34 (2008), pp. 233 – 249.

"The Aesthetic Dimension: Aesthetics, Politics, Knowledge," *Critical Inquiry*, No. 36 (2009), pp. 1 – 19.

"Do Pictures Really Want to Live?" *Culture Theory & Critique*, Vol. 50, No. 2 – 3 (2009), pp. 123 – 132.

"Notes On the Photographic Image," *Radical Philosophy*, Vol. 156, 2009, pp. 8 – 16.

"A Few Remarks on the Method of Jacques Rancière," *Parallax*, Vol. 15, No. 3 (2009), pp. 114 – 123.

"What Medium can Mean," *Parrhesia*, No. 11 (2011), pp. 35 – 43.

Jacques Rancière, with Philippe Lacoue-Labarthe, Jean-Francois Lyotard, Liminaire sur l'ouvrage d'Alain Badiou, "L'etre et l'evenement," *Le Cahier*, No. 8 (1989), pp. 201 – 225, 227 – 245, 247 – 268.

——with Davide Panagia, "Dissenting Words: A Conversation with Jacques Rancière," *Diacritics*, Vol. 30, No. 2 (2000), pp. 113 – 126.

——with Solange Guénoun, "An Interview with Jacques Rancière: Cinematographic Image, Democracy, and the 'Splendor of the Insignificant'," *The Journal of Twentieth-Century/Contemporary French Studies revue d'études françaises*, Vol. 4, No. 2 (2000), pp. 249 – 258.

——with Solange Guénoun and James H. Kavanagh, "Jacques Rancière: Literature, Politics, Aesthetics: Approaches to Democratic

Disagreement," *Substance*, Vol. 29, No. 2 (2000), pp. 3 - 25.

——with Francois Noudelmann, " La communauté comme dissentiment," *Rue Descartes*, No. 42 (2003), pp. 86 - 99.

——with Peter Hallward, "Politics and Aesthetics an Interview," *Angelaki: Journal of the Theoretical Humanities*, Vol. 8, No. 2 (2003), pp. 191 - 212.

——with Radmila Djordjevic, "Is There a Deleuzian Aesthetics?" *Qui Parle*, Vol. 14, No. 2 (2004), pp. 1 - 14.

——with Max Blechman, Antita Chari, Rafeeq Hasan, "Democracy, Dissensus and the Aesthetics of Class Struggle: An Exchange with Jacques Rancière," *Historical Materialism*, Vol. 13, No. 4 (2005), pp. 285 - 301.

——with Lie, Truls, "Our Police Order: What can be said, seen, and done," *Le Monde diplomatique*, (Oslo) 8 (November 2006).

——with McNamara, A. & Ross, T., "An Interview with Jacques Rancière on Medium Specificity and Discipline Crossovers in Modern Art," *Australian and New Zealand Journal of Art*, Vol. 8, No. 1 (2007), pp. 99 - 101.

——with Todd May, Benjamin Noys and Saul Newman, "Democracy, Anarchism and Radical Politics Today: An Interview with Jacques Rancière," trans. by John Lechte, *Anarchist Studies*, Vol. 16, No. 2 (2008).

——with Chto Delat, "You can't Anticipate Explosions," *Rethinking Marxism*, Vol. 20, No. 3 (2008), pp. 402 - 413.

——with Marie-Aude Baronian and Mireille Rosello, "Jacques Rancière and Interdisciplinarity," *Art & Ideas: A Journal of Ideas, Contexts and Methods*, Vol. 2, No. 1 (2008).

——with Sudeep Dasgupta, "Art is Going Elsewhere: And Politics has to Catch it: An Interview with Jacques Rancière," *Krisis: Journal for Contemporary Philosophy*, Vol. 9, No. 1 (2008), pp. 70 – 77.

——with Anne Marie Oliver, "Aesthetics against Incarnation," *Critical Inquiry*, Vol. 35, No. 1 (2008).

——with Volker and Ruda, " Politique de l'indétermination esthétique," in Jérôme Game and Aliocha Wald Lasowski eds., *Jacques Rancière et la politique de l'esthétique*, Paris: Editions des Archives Contemporaines, 2009.

——with Nina Power, "Interview with Jacques Rancière," *Ephemera: Theory & Politics in Organization*, Vol. 10, No. 1 (2010), pp. 77 – 81.

——with Maria Kakogianni, " A Precarious Dialogue," *Radical Philosophy*, Vol. 181, 2013, pp. 18 – 26.

——with Javier Bassas Vila, "The Power of Political, Militant, 'Leftist' Cinema. Interview with Jacques Rancière," *Comparative Cinema*, No. 2 (2013), pp. 9 – 17.

(四) 相关外文著作及论文

1. 著作

Adorno, Theodor, *Aesthetic Theory*, London: Continuum, 2002.

Adorno, Theodor and etc., *Aesthetics and Politics*, London: Verso, 2007.

Althusser, Louis, *Essays in Self-Criticism*, trans. by Grahame Lock,

London: New Leshan Books, 1976.

Aron, Raymond, *The Elusive Revolution: Anatomy of a Student Revolt*, New York: Praeger, 1969.

Bérubé, Michael, *The Aesthetics of Cultural Studies*, Malden: Blackwell Publishing Ltd., 2004.

Bingham, Charles, *Jacques Rancière: Education, Truth, Emancipation*, New York: Continuum, 2010.

Bourdieu, Pierre, *Distinction: A Social Critique of the Judgement of Taste*, trans. by Richard Nice, Cambridge: Harvard University Press, 1984.

—— *Sociology in Question*, trans. by Richard Nice, London: Sage Publications, 1993.

Bourdieu, Pierre, Darbel, Alain, and Schnapper, Dominique, *The Love of Art: European Art Museums and Their Public*, Cambridge: Polity Press, 1990.

Bowman, Paul, *Rancière and Film*, Edinburgh: Edinburgh University Press, 2013.

Bowman, Paul, and Stamp, Richard, eds., *Reading Rancière*, London: Continuum, 2011.

Chambers, Samuel A., *The Lessons of Rancière*, Oxford: Oxford University Press, 2012.

Cooper, Barry, *Michel Foucault: An Introduction to the Study of His Thought*, New York and Toronto: Edwin Press, 1981.

Cornu, Laurence and Vermeren, Patrice, *La philosophie déplacée: Autour de Jacques Rancière*, Horlieu Éditions, 2006.

Davis, Oliver, *Jacques Rancière*, Cambridge: Polity Press, 2010.

—— *Rancière Now*, Cambridge: Polity Press, 2013.

Deleuze, Gilles, *Cinema 1: The Movement-Image*, trans. by Hugh Tomlinson and Barbara Habberjam, Minneapolis: University of Minnesota Press, 1986.

—— *Cinema 2: The Time-Image*, trans. by Hugh Tomlinson and Robert Galeta, Minneapolis: University of Minnesota Press, 1989.

Déotte, Jean-Louis, *Qu'est-ce qu'un appareil: Benjamin, Lyotard, Rancière*, Paris: L'Harmattan, 2007.

Deranty, Jean-Philippe, *Jacques Rancière: Key Concepts*, Durham: Acumen Publishing Ltd., 2010.

Derrida, Jacques, *Dissemination*, trans. by Barbara Johnson, London: Athlone Press, 1981.

Foucault, Michel, *Politics, Philosophy, Culture: Interviews and Other Writings 1977 - 1984*, ed. by Lawrence Kritzman, New York: Routledge, 1990.

Gramsci, Antonio, *Selections from the Prison Notebooks of Antonio Gramsci*, ed. and trans. by Quintin Hoare and Geoffrey Nowell Smith, New York: International Publishers, 1971.

Gramsci, Antonio, *Selections from the Cultural Writings*, London: Lawrence & Wishart, 1991.

Greenberg, Clement, *The Collected Essays and Criticism IV*, Chicago: University of Chicago Press, 1995.

Hall, Stuart, *Media, Culture and Society*, London: Sage Publications Ltd., 1980.

Hewlett, Nick, *Badiou*, *Balibar*, *Rancière: Re-thinking Emancipation*, New York: Continuum, 2007.

James, Ian, *The New French Philosophy*, Cambridge: Polity Press, 2012.

Jones, Steve, *Antonio Gramsci*, New York: Routledge, 2006.

Kritzman, Lawrence D., *The Columbia History of Twentieth-Century French Thought*, New York: Columbia University Press, 2006.

May, Todd, *The Political Thought of Jacques Rancière: Creating Equality*, Pennsylvania: Pennsylvania State University Press, 2008.

—— *Contemporary Political Movements and the Thought of Jacques Rancière: Equality in Action*, Edinburgh: Edinburgh University Press, 2010.

McGuigan, Jim, *Cultural Populism*, London and New York: Routledge, 1992.

Miller, James, *The Passion of Michel Foucault*, New York: Simmon & Schuster, 1993.

Nordmann, Charlotte, *Pierre Bourdieu/Jacques Rancière*, Paris: Editions Amsterdam, 2006.

Robson, Mark, *Jacques Rancière: Aesthetics, Politics, Philosophy*, Edinburgh: Edinburgh University Press, 2006.

Rockhill, Gabriel and Watts, Philip, eds., *Jacques Rancière: History, Politics, Aesthetics*, Durham: Duke University Press, 2009.

Ross, Alison and Deranty, Jean-Philippe, *Jacques Rancière and the Contemporary Scene*, New York: Continuum, 2012.

Ross, Kristin, *May' 68 and Its Afterlives*, Chicago: University of

Chicago Press, 2002.

Ruby, Christian, *L'interruption: Jacques Rancière et la politique*, Paris: La Fabrique Editions, 2009.

Sartre, Jean-Paul, *The Communists and Peace: With a Reply to Claude Lefort*, trans. by Martha H. Fletcher, John R. Kleinschmidt, and Philip R. Berk, New York: George Braziller, 1968.

—— *Between Existentialism and Marxism*, London: Verso, 1974.

Simons, Jon, *From Agamben to Zizek: Contemporary Critical Theorists*, Edinburgh: Edinburgh University Press, 2010.

Smith, Jason and Weisser, Annette, *Everything is in Everything: Jacques Rancière between Intellectual Emancipation and Aesthetic Education*, Art Center Graduate Press, 2012.

Tanke, Joseph, *Jacques Rancière: An Introduction*, London: Continuum, 2011.

Vico, Giambattista, *New Science: Principles of the New Science Concerning the Common Nature of Nations*, trans. by David Marsh, Harmondsworth: Penguin, 2001.

Webb, Jen, Schirato, Tony and Danaher, Geoff, *Understanding Bourdieu*, London: Routledge, 2002.

Williams, Raymond, *Marxism and Literature*, Oxford: Oxford University Press, 1977.

—— *The Long Revolution*, New York: Broadview Press, 2001.

2. 论文

Adorno, Theodor, "Commitment," *New Left Review I*, No. 87 – 88 (1974).

Aimée, Israel-Pelletier, "Godard, Rohmer, and Rancière's 'Phrase-Image'," *Substance*, Vol. 34, No. 3 (2005), pp. 33 - 46.

Althusser, Louis, "Problèmes étudiants," *La Nouvelle Critique*, No. 152 (1964), pp. 80 - 111.

—— "Student Problems," trans. by Bateman, *Radical Philosophy*, No. 170 (2011).

Bell, David, "Writing, Movement/Space, Democracy: On Jacques Rancière's Liberty History," *Substance*, Vol. 33, No. 1 (2004), pp. 126 - 140.

Biesta, Gert, "A New Logic of Emancipation: The Methodology of Jacques Rancière," *Educational Theory*, Vol. 60, No. 1 (2010).

Bourdieu, Pierre, "The Forms of Capital," in John Richardson, *Handbook of Theory and Research for the Sociology of Education*, New York: Greenwood, 1986, pp. 241 - 258.

Chambers, Samuel, "The Politics of Literarity," *Theory & Event*, Vol. 8, 2005.

—— "Jacques Rancière and the Problem of Pure Politics," *European Journal of Political Theory*, Vol. 10, No. 3 (2011), pp. 303 - 326.

Conley, Tom, "A Fable of Film: Rancière's Anthony Mann," *Substance*, Vol. 33, No. 1 (2004), pp. 91 - 207.

—— "Cinema and Its Discontents: Jacques Rancière and Film Theory," *Substance*, Vol. 34, No. 3 (2005), pp. 96 - 106.

Deotte, Jean-Louis, and Lapidus, Roxanne, "The Differences between Rancière's 'Mesentente' (Political Disagreement) and Lyotard's 'Differend'," *Substance*, Vol. 33, No. 1 (2004), pp. 77 - 90.

Deranty, Jean-Philippe, "Jacques Rancière's Contribution to the Ethics of Recognition," *Political Theory*, Vol. 31, No. 1 (2003), pp. 136 – 156.

Dikeç, Mustafa, "Police, Politics and the Right to the City," *GeoJournal*, Vol. 58, No. 2/3 (2002), pp. 91 – 98.

Dillon, Michael, "A Passion for the (Im) possible: Jacques Rancière, Equality, Pedagogy and the Messianic," *European Journal of Political Theory*, Vol. 4, No. 4 (2005), pp. 429 – 452.

Fisher, Tom, "Making Sense: Jacques Rancière and the Language Poets," *Journal of Modern Literature*, Vol. 36, No. 2 (2013), pp. 156 – 174.

Foucault, Michel, "Omnes et Singulatim: Towards a Criticism of 'Political Reason'," in James D. Faubion, ed., *Power: The Essential Works of Michel Foucault 1954 – 1984*, Vol. 3, trans. by Robert Hurley, New York: The New Press, 2001.

Garneau, Michele, and Cisneros, James, "Film's Aesthetic Turn: A Contribution from Jacques Rancière," *Substance*, Vol. 33, No. 1 (2004), pp. 108 – 125.

Guénoun, Solange, and Cassidy, Richard, "Jacques Rancière's Freudian Cause," *Substance*, Vol. 33, No. 1 (2004), pp. 25 – 53.

Honig, Bonnie, "Antigone's Two Laws: Greek Tragedy and the Politics of Humanism," *New Literary History*, Vol. 41, No. 1 (2010).

Johnson, Christopher, "Response to J. Rancière, 'Le Mythe de L'Artisan'," *International Labor and Working-Class History*, No. 24 (1983), pp. 21 – 25.

Kollias, Hector, "Taking Sides: Jacques Rancière and Agonistic Literature," *Paragraph*, Vol. 30, No. 3 (2007), pp. 82 - 97.

Langer, Susan, "On Significance in Music," in Lee A. Jacobus, *Aesthetics and the Arts*, New York: McGraw Hill, 1968.

Lewis, John, "The Althusser Case I, " *Marxism Today*, No. 1 (1972).

—— "The Althusser Case II," *Marxism Today*, No. 2 (1972).

May, Todd, "Jacques Rancière and the Ethics of Equality," *Substance*, Vol. 36, No. 2 (2007), pp. 20 - 36.

Mechoulan, Eric, "Introduction: On the Edges of Jacques Rancière," *Substance*, Vol. 33, No. 1 (2004), pp. 3 - 9.

Newman, Edgar Leon, "Response to J. Rancière 'The Myth of the Artisan'," *International Labor and Working-Class History*, No. 25 (1984), pp. 37 - 38.

Newman, Saul, "Anarchism, Poststructuralism and the Future of Radical Politics," *Substance*, Vol. 36, No. 2 (2007), pp. 3 - 19.

Papayanis, Nicholas, "Response to J. Rancière 'The Myth of the Artisan'," *International Labor and Working-Class History*, No. 25 (1984), pp. 39 - 41.

Peterson, Richard A., and Kern, Roger M., "Changing Highbrow Taste: From Snob to Omnivore," *American Sociological Review*, Vol. 61, No. 5 (1996).

Phillips, John, "Art, Politics and Philosophy: Alain Badiou and Jacques Rancière," *Theory Culture & Society*, Vol. 27, No. 4 (2010), pp. 146 - 160.

Ross, Alison, "The Aesthetic Fable," *Substance*, Vol. 38, No. 1

(2009), pp. 128 - 150.

Ross, Kristin, "Rancière and the Practice of Equality," *Social Text*, No. 29 (1991), pp. 57 - 71.

Schaap, Andrew, "Enacting the Right to Have Rights: Jacques Rancière's Critique of Hannah Arendt," *European Journal of Political Theory*, Vol. 10, No. 22 (2011).

Sewell, William, "Response to J. Rancière 'The Myth of the Artisan'," *International Labor and Working-Class History*, No. 24 (1983), pp. 17 - 20.

Simons, Maarten, and Masschelein, Jan, "Governmental, Political and Pedagogic Subjectivation: Foucault with Rancière," *Educational Philosophy and Theory*, Vol. 42, No. 5 - 6 (2010).

Stoneman, Ethan, "Appropriate Indecorum Rhetoric and Aesthetics in the Political Theory of Jacques Rancière," *Philosophy and Rhetoric*, Vol. 44, No. 2 (2011), pp. 129 - 149.

Tanke, Joseph, "Why Rancière Now?" *The Journal of Aesthetic Education*, Vol. 44, No. 2 (2010).

—— "What is the Aesthetic Regime?" *Parrhesia*, No. 12 (2011), pp. 71 - 81.

Ulary, Georganna, "Rancière, Kristeva and the Rehabilitation of Political Life," *Thesis Eleven*, Vol. 106, No. 23 (2011), pp. 23 - 38.

Warren, Montag, "Introduction to Althusser's 'Student Problems'," *Radical Philosophy*, No. 170 (2011).

Watkin, Christopher, "Thinking Equality Today: Badiou, Rancière, Nancy," *French Studies*, Vol. 67, No. 4 (2013), pp. 522 - 534.

二、中文文献

(一) 著作

[法] 雅克·朗西埃:《政治的边缘》,姜宇辉译,上海译文出版社 2007 年版。

[法] 雅克·朗西埃:《图像的命运》,张新木、陆洵译,南京大学出版社 2014 年版。

[法] 雅克·朗西埃:《哲学家和他的穷人们》,蒋海燕译,南京大学出版社 2014 年版。

[法] 雅克·朗西埃:《词语的肉身:书写的政治》,朱康、朱羽、黄锐杰译,西北大学出版社 2015 年版。

[法] 雅克·朗西埃:《沉默的言语:论文学的矛盾》,臧小佳译,华东师范大学出版社 2016 年版。

[法] 雅克·朗西埃:《美感论:艺术审美体制的世纪场景》,赵子龙译,商务印书馆 2016 年版。

[法] 雅克·朗西埃:《贝拉·塔尔:之后的时间》,尉光吉译,河南大学出版社 2017 年版。

[法] 雅克·朗西埃:《对民主之恨》,李磊译,中央编译出版社 2017 年版。

[法] 雅克·朗西埃:《马拉美:塞壬的政治》,曹丹红译,河南大学出版社 2017 年版。

[法] 雅克·朗西埃:《美学中的不满》,蓝江、李三达译,南京大学出版社 2019 年版。

[法] 雅克·朗西埃:《审美无意识》,蓝江译,南京大学出版社 2020 年版。

[法] 雅克·朗西埃:《无知的教师:智力解放五讲》,赵子龙译,西

北大学出版社 2020 年版。

［美］W. J. T. 米歇尔：《图像理论》，陈永国、胡文征译，北京大学出版社 2006 年版。

［德］阿多诺：《美学理论》，王柯平译，四川人民出版社 1998 年版。

［德］阿伦特编《启迪：本雅明文选》，张旭东、王斑译，生活·读书·新知三联书店 2012 年版。

［美］阿瑟·丹托：《艺术的终结》，欧阳英译，江苏人民出版社 2005 年版。

［美］阿瑟·丹托：《美的滥用》，王春辰译，江苏人民出版社 2007 年版。

［美］阿瑟·丹托：《艺术的终结之后：当代艺术与历史的界限》，王春辰译，江苏人民出版社 2007 年版。

［美］阿瑟·丹托：《寻常物的嬗变——一种关于艺术的哲学》，陈岸瑛译，江苏人民出版社 2012 年版。

［英］安德鲁·海伍德：《政治学（第二版）》，张立鹏译，中国人民大学出版社 2006 年版。

［英］安德鲁·海伍德：《政治学核心概念》，吴勇译，天津人民出版社 2008 年版。

［意］安东尼奥·葛兰西：《狱中札记》，曹雷雨等译，中国社会科学出版社 2000 年版。

［意］安琪楼·夸特罗其、［英］汤姆·奈仁：《法国 1968：终结的开始》，生活·读书·新知三联书店 2001 年版。

［法］安托南·阿尔托：《残酷戏剧——戏剧及其重影》，桂裕芳译，中国戏剧出版社 1993 年版。

［法］巴尔扎克：《人间喜剧（第十九卷）》，人民文学出版社 1994

年版。

［英］保罗·威利斯：《学做工：工人阶级子弟为何继承父业》，秘舒、凌旻华译，译林出版社 2013 年版。

［法］贝尔纳-亨利·雷威：《自由的冒险历程：法国知识分子历史之我见》，曼玲、张放译，中央编译出版社 2000 年版。

［美］贝斯特、［美］凯尔纳：《后现代理论：批判性的质疑》，张志斌译，中央编译出版社 1999 年版。

［德］彼得·比格尔：《先锋派理论》，高建平译，商务印书馆 2002 年版。

［法］伯瑞奥德：《关系美学》，黄建宏译，金城出版社 2013 年版。

［法］布迪厄：《艺术的法则》，刘晖译，中央编译出版社 2001 年版。

［法］布迪厄、［美］华康德：《实践与反思：反思社会学导引》，李猛、李康译，中央编译出版社 1998 年版。

［法］布尔迪厄：《文化资本与社会炼金术》，包亚明译，上海人民出版社 1997 年版。

［法］布尔迪厄：《帕斯卡尔式的沉思》，刘晖译，生活·读书·新知三联书店 2009 年版。

［法］布尔迪约、［法］帕斯隆：《继承人——大学生与文化》，邢克超译，商务印书馆 2002 年版。

［法］布尔迪约、［法］帕斯隆：《再生产——一种教育系统理论的要点》，邢克超译，商务印书馆 2002 年版。

《法国作家论文学》，王忠琪等译，生活·读书·新知三联书店 1984 年版。

［法］福柯：《规训与惩罚》，刘北成、杨远婴译，生活·读书·新知三联书店 2007 年版。

［法］福柯、［德］哈贝马斯、［法］布尔迪厄等：《激进的美学锋芒》，周宪译，中国人民大学出版社2003年版。

［法］高宣扬：《当代政治哲学》，人民出版社2010年版。

［德］黑格尔：《美学（第一卷）》，朱光潜译，商务印书馆1979年版。

［法］洪席耶：《歧义：政治与哲学》，刘纪蕙等译，麦田出版社2011年版。

［法］洪席耶：《影像的宿命》，黄建宏译，典藏艺术家庭股份有限公司2011年版。

黄晋凯、张秉达、杨恒达主编《象征主义·意象派》，中国人民大学出版社1989年版。

［德］霍克海默、［德］阿道尔诺：《启蒙辩证法》，渠敬东、曹卫东译，上海人民出版社2006年版。

［法］吉尔·德勒兹：《电影2：时间-影像》，黄建宏译，远流出版公司2003年版。

［法］吉尔·德勒兹：《德勒兹论福柯》，杨凯麟译，江苏教育出版社2006年版。

［法］吉尔·德勒兹、［法］菲力克斯·迦塔利：《什么是哲学?》，张祖建译，湖南文艺出版社2007年版。

［美］杰夫瑞·C.亚历山大：《世纪末社会理论：相对主义、化约与理性问题》，张旅平等译，上海人民出版社2003年版。

［美］杰姆逊：《后现代主义与文化理论》，唐小兵译，陕西师范大学出版社1986年版。

［法］居依·德波：《景观社会》，王昭凤译，南京大学出版社2006年版。

［美］卡尔·博格斯：《知识分子与现代性的危机》，李俊等译，江苏人民出版社 2002 年版。

［美］卡勒：《当代学术入门：文学理论》，李平译，辽宁教育出版社 1998 年版。

［德］康德：《论优美感和崇高感》，何兆武译，商务印书馆 2001 年版。

［德］康德：《判断力批判》，邓晓芒译，人民出版社 2002 年版。

《拉鲁斯法汉双解词典》，薛建成等编译，外语教学与研究出版社 2001 年版。

李健吾：《福楼拜评传》，广西师范大学出版社 2007 年版。

［法］利奥塔尔：《后现代状态：关于知识的报告》，车槿山译，南京大学出版社 2011 年版。

刘北成编著《福柯思想肖像》，上海人民出版社 2001 年版。

［法］路易·阿尔都塞：《哲学与政治》，陈越编译，吉林人民出版社 2003 年版。

［法］路易·阿尔都塞：《保卫马克思》，顾良译，商务印书馆 2010 年版。

［法］路易·阿尔都塞：《来日方长：阿尔都塞自传》，蔡鸿滨译，陈越校，上海人民出版社 2013 年版。

［法］路易·阿尔都塞、［法］艾蒂安·巴里巴尔：《读〈资本论〉》，李其庆、冯文光译，中央编译出版社 2008 年版。

［法］罗兰·巴尔特：《写作的零度》，李幼蒸译，中国人民大学出版社 2008 年版。

［法］罗兰·巴特：《明室——摄影纵横谈》，赵克非译，文化艺术出版社 2002 年版。

罗念生、水建馥编《古希腊语汉语词典》，商务印书馆 2004 年版。

［法］洛朗·若弗兰：《法国的"文化大革命"》，万家星译，长江文艺出版社 2004 年版。

［德］马克思、［德］恩格斯：《马克思恩格斯全集》（第二卷），人民出版社 1957 年版。

［德］马克思、［德］恩格斯：《德意志意识形态（节选本）》，中共中央马克思恩格斯列宁斯大林著作编译局编译，人民出版社 2003 年版。

［英］迈克·费瑟斯通：《消费文化与后现代主义》，刘精明译，译林出版社 2000 年版。

［美］门罗·C. 比厄斯利：《西方美学简史》，高建平译，北京大学出版社 2006 年版。

孟登迎：《意识形态与主体建构：阿尔都塞意识形态理论》，中国社会科学出版社 2000 年版。

［法］莫里斯·布朗肖：《文学空间》，顾嘉琛译，商务印书馆 2003 年版。

［英］帕特里克·西尔、［英］摩林·麦康维尔：《1968 年法国革命》，南灿译，信达出版社 1970 年版。

［法］皮埃尔·布吕奈尔等：《19 世纪法国文学史》，郑克鲁等译，上海人民出版社 1997 年版。

［英］齐格蒙特·鲍曼：《流动的现代性》，欧阳景根译，上海三联书店 2002 年版。

［英］齐格蒙特·鲍曼：《共同体》，欧阳景根译，江苏人民出版社 2003 年版。

［法］萨特：《萨特文论选》，施康强选译，人民文学出版社 1991

年版。

［法］萨特：《辩证理性批判》（上），林骧华等译，安徽文艺出版社1998年版。

［法］萨特：《萨特散文》，沈志明、施康强译，人民文学出版社2009年版。

［英］尚塔尔·墨菲：《政治的回归》，王恒、臧佩洪译，江苏人民出版社2005年版。

［法］司汤达：《拉辛与莎士比亚》，王道乾译，上海人民出版社2006年版。

［德］瓦尔特·本雅明：《机械复制时代的艺术作品》，王才勇译，中国城市出版社2002年版。

汪民安主编《生产·第六辑："五月风暴"四十年反思》，广西师范大学出版社2008年版。

汪民安主编《生产·第五辑：德勒兹机器》，广西师范大学出版社2008年版。

汪民安、郭晓彦主编《生产·第八辑：忧郁与哀悼》，江苏人民出版社2012年版。

［德］沃尔夫冈·韦尔施：《重构美学》，陆扬等译，上海译文出版社2006年版。

［德］席勒：《审美教育书简》，冯至、范大灿译，上海人民出版社2003年版。

［古希腊］亚里士多德：《诗学》，陈中梅译注，商务印书馆1996年版。

［古希腊］亚里士多德：《政治学》，颜一、秦典华译，中国人民大学出版社2003年版。

［英］伊格尔顿：《二十世纪西方文学理论》，伍晓明译，陕西师范大学出版社1987年版。

［英］伊格尔顿：《审美意识形态》，王杰等译，广西师范大学出版社2001年版。

［英］伊格尔顿：《理论之后》，商正译，商务印书馆2009年版。

［英］以赛亚·伯林：《浪漫主义时代的政治观念：它们的兴起及其对现代思想的影响》，王岽兴、张蓉译，新星出版社2011年版。

［法］雨果：《巴黎圣母院》，施康强、张新木译，译林出版社1995年版。

周宪：《审美现代性批判》，商务印书馆2005年版。

朱国华：《权力的文化逻辑》，上海三联书店2004年版。

(二) 论文

［法］雅克·朗西埃、殷罗毕：《朗西埃：真实在现实打破之处》，《晶报》2013年6月1日。

［法］雅克·朗西埃、陆兴华：《当代艺术：审美平等下的艺术行动——法国哲学家雅克·朗西埃访谈》，《社会科学报》2013年8月27日。

［法］雅克·朗西埃、陆兴华：《自我解放：将生活当一首诗来写》，《文艺研究》2013年第9期。

冯翊、黄海峙：《朗西埃生命政治哲学的当代论域及其归宿》，《社会科学家》2013年第6期。

蒋洪生：《雅克·朗西埃的艺术体制和当代政治艺术观》，《文艺理论研究》2012年第2期。

李洋：《〈电影寓言〉中的概念与方法》，《电影艺术》2012年第5期。

李洋：《电影的政治诗学：雅克·朗西埃电影美学评述》，《文艺研究》2012 年第 6 期。

陆兴华:《电影就是政治:朗西埃电影理论研究》,《文艺研究》2012 年第 6 期。

陆兴华:《影像生产平等——应该将民工"拍"成啥?》,《文艺研究》2012 年第 10 期。

[法]尼古拉斯·布瑞欧:《未稳定的建构——关于艺术与政治的问题:回应雅克·朗西埃》,黄建宏译,《新美术》2013 年第 2 期。

饶静:《知识的帕索斯——评雅克·朗西埃〈审美无意识〉》,《文艺研究》2013 年第 12 期。

王开琼:《朗西埃生命政治哲学及其中国化研究》,《求索》2013 年第 8 期。

王伟:《文学性、反本质主义及空间转向》,《文艺理论研究》2012 年第 5 期。

夏开丰:《雅克·朗西埃的设计表面理论和艺术的生活化》,《装饰》2013 年第 7 期。

[俄]雅各布森:《现代俄罗斯诗歌》,[爱沙尼亚]扎娜·明茨、[爱沙尼亚]伊·切尔诺夫编《俄国形式主义文论选》,王薇生编译,郑州大学出版社 2005 年版。

张一兵:《走向感性现实:被遮蔽的劳动者之声——朗西埃背离阿尔都塞的叛逆之路》,《马克思主义与现实》2012 年第 6 期。

张一兵:《无分之分:治安构序逻辑断裂中生成的失序政治——朗西埃后马克思生命政治哲学的异质走向》,《社会科学研究》2013 年第 1 期。

后　记

　　一篇后记预示着一本书的结束，像一段旅程结束后标志性的挥手告别。这篇后记一拖再拖，源自某种潜意识的拒绝告别，或者还有一层含意就是，这本书的写作不尽如人意，以至后记的写作也颇费周折。在此要感谢的是上海社会科学院出版社的两位编辑，包纯睿女士和刘欢欣女士，感谢她们认真负责的审核和校对，还有不辞劳苦的催稿。2022年5月1日的时候我曾答应完成后记，那时候上海已经从疫情的网格化管理转向静态管理了，当然管理方式的名称不一而足。疫情形势的发展让人陷入了精神困顿，也激起了我希望从熟悉的理论中反思它的需求。

　　新冠肺炎疫情在全球暴发初期，很多左翼思想家发声，阿甘本继续谴责资本主义国家治理术变本加厉地利用"例外转态"摧毁着人民的日常生活。南希则认为这种"例外转态"不过是资本主义产生以来，"人类世"的必然结果。朗西埃似乎对于这种宏大的批评不太满意，有一篇对他的访谈，标题为"急于发言的哲学家都是冒牌货"，这样的标题可能是为了激起思想交锋的传播策略，但是朗西埃在访谈中指出，疫情中需要被关注的核心对象，既不是管理者也不是理论家，而是那些由于疫情不得不改变自己生活秩序的普通人，那些不得不从停滞的日常时间中发明出新的时间，能把旧有的室内、街道、十字路口改造为新的歧义空间的人民。朗西埃一如既往地拒绝做思想导师，而是把赞誉和希望赠予填充了"无分者之分"位置的人民。这让我也理解了一座城市中数千万人的工作与奉献，以及他们各自应对疫情的表达的必要性。而我作为志愿者，除了偶尔出去做点分发物资的小活，也与邻居们逐渐相熟。楼下的53平方米的小套间里住了8位打工者，一位做服务业的小老板在静默前夕将自己的工人接到这后自己离开。接下来的两个多月里，楼下时不时传来男女老少的聊天声音，有两位大姐急着复工赚钱，接济老家的儿女。一个小哥经常在小院子里大声聊天，说他要找的女朋友，是要能孝顺父母的，其他都不是什么问题。断断续续的语音让我感觉生活还在充满希冀和有秩序的轨道上前进。单元楼住户建了微信群，邻里之间偶尔互通有无，也都习惯了互相帮忙。我被五楼的大姐投食过好几次上海葱花饼，没有一丝葱花的那种，我团购的盲盒绿叶菜和发的物资也时不时传递到了楼上或楼下的八口之家。对于他们来说，政治就是能够尽快获得一份工作，让原来的生活尽快步入正轨。

2013年5月20日，朗西埃先生把自己中国之行的最后一站安排在了华东师范大学中北校区的《文艺理论研究》编辑部，校园里草长莺飞、碧水盈盈。那是一个小型的内部会议，会议结束时，我向朗西埃先生问好，师弟王嘉军帮我翻译，告知朗西埃先生我在研究他。朗西埃先生对我说了句"good luck"。这句多义的客套话鼓舞了我很长时间。这位当代法国思想家、阿尔都塞的学生、福柯的战友，在我看来代表的是一个思想辉煌的时代、一座华丽无比的精神殿堂。座谈会后有一个小型招待，我的导师朱国华先生叮嘱做同声翻译的嘉军师弟一定要请教一下朗西埃先生，请他推荐一本研究他

朗西埃先生与笔者的合影

本人思想的著作。那个时候我的师长和同门对我的无私帮助让我惭愧又无以回报。朗西埃先生做学生时就是一名"学霸",阿尔都塞准备开始举办"读《资本论》"研讨班时,其实没有做多少准备工作,他建议让学生先来导读,朗西埃自告奋勇做了第一位导读者,他认真深入的准备工作让后续研讨得以顺利进行,给阿尔都塞留下很好的印象,尽管其后出版的《读〈资本论〉》一书删除了朗西埃的文章,那是他严格应用阿尔都塞科学马克思主义观的解读《资本论》的文章。"五月风暴"中朗西埃批评了阿尔都塞的政治立场,但是他作为一名优秀学生的品质是毋庸置疑的。阿尔都塞在自己的回忆录《来日方长》中多次提到朗西埃,对朗西埃的批评做了辩解,流露出被质疑后的委屈,但是措辞中对朗西埃充满尊敬。朗西埃在一次访谈中说自己没有多选福柯的课程,是因为自己很忙。实际上福柯对于朗西埃的影响巨大，他对于朗西埃的指导可能已经不需要通过上课的方式来进行了。朗西埃的工人档案研究工作得益于福柯的提议，而其夫人曾是福柯的秘书，他们有多次私人聚餐。朗西埃对于福柯的思想可谓熟稔于心，他对于福柯"权力"概念的泛化和神秘化产生了质疑，经过创造性的改造，提出了"政治"与"治安"的概念。朗西埃关注的核心是"抵抗"何以可能，这让他始终坚定地一次次从他人的思想体系中穿越，思想的运动最后汇聚于"平等政治"这一主题下。这位阿尔都塞优秀的学生最后成为一名当代优秀的思想家，却始终拒绝被传媒塑造为导师的形象。他可能更希望自己的书写作为未来的"无分者之分"的政治主体生产的思想工具吧。

朗西埃的大部分著作已经在国内翻译出版，国外研究朗西埃的专著不少，国内翻译出版的不多。朗西埃作为当代左翼批评理论家，国内的研究方兴未艾，但是研究专著不多。陆兴华教授的《艺术—政治的未来：雅克·朗西埃美学思想研究》已经珠玉在前，本人这本小书希望能继续抛砖引玉。此书的写作过程得到了诸多帮助。感谢我的老师朱国华先生，每每想起老师眷顾还是感激万分，他从英国曼城一家名叫"水滴石穿"的书店为我购回的朗西埃研究专著还醒目地摆在书架上。也要谢谢我的师弟王嘉军教授，时时提供相关资料。他和朗西埃先生保持着电邮联系，让我能得知疫情期间朗西埃先生和夫人过着安宁的生活，其思想还在蓬勃生长，写作力惊人。在此遥祝朗西埃先生和夫人身体安康，快乐安享晚年。

也要感谢我的一些画家朋友，徐宗儒、荆红星、程百卷、范小镇、董亮、胡小军、李晏葶等，他们十余年间穿梭于城市与原始老林之间，虽然各有职业，但是把绘画作为私人事业，用写生的方式探索当代油画创作的可能性，在对于艺术、哲学的探讨和争执过程中，不经意形成了微小的审美共同体。他们对于中西绘画的探讨，以及对于德勒兹、福柯、朗西埃的讨论，让我看到他们是如何通过绘画这一技艺获得画家感知的自由和现代人存在的尊严的，感谢他们用身体书写的方式帮我理解了很多玄奥的理论概念。从这点看，朗西埃先生的"感性的分配"变化其实于每个阶层、每个人身上都可能在细微地发生着，它是生命的需求，也是时代变化的感知。

　　本书力求客观地梳理朗西埃思想形成的知识背景和时代背景，也概要性地阐释了他的美学思想的轮廓。书中涉及的中国的论述，可能存在不符合实际情况的内容，是西方左派理论家为我所用的误读，我们对之需要有清醒的本土意识和批评态度。朗西埃先生的很多独创性的概念根植于其学术传统，并不具有普遍性，文中对其理论观点的呈现，也不代表本人的观点。

　　本书的出版受到国家社科基金重大项目"人类命运共同体视域下的21世纪西方激进左翼文论批判研究"（20 & ZD290）的资助，感谢项目负责人韩振江教授。感谢我的单位上海第二工业大学文理学部主任郑佩芸教授的指导和关爱，感谢通识中心戴从喜副教授，也是我的华东师范大学的学兄，用有限的经费支持了这本书的出版。感谢我的妻子李晓燕女士和两个女儿，为生活留下了无数美好的记忆。Good luck！我的亲人、我的师长和朋友们。

图书在版编目(CIP)数据

感性分配的政治：朗西埃美学思想研究 / 吕峰著. — 上海：上海社会科学院出版社，2022
ISBN 978-7-5520-3968-9

Ⅰ.①感… Ⅱ.①吕… Ⅲ.①雅克·朗西埃—政治哲学—美学思想—研究 Ⅳ.①B565.6

中国版本图书馆 CIP 数据核字(2022)第 174089 号

感性分配的政治——朗西埃美学思想研究

著　　者：吕　峰
出 品 人：佘　凌
责任编辑：包纯睿
装帧设计：夏艺堂艺术设计＋夏商 xytang@vip.sina.com
出版发行：上海社会科学院出版社
　　　　　上海顺昌路 622 号　邮编 200025
　　　　　电话总机 021-63315947　销售热线 021-53063735
　　　　　http://www.sassp.cn　E-mail：sassp@sassp.cn
排　　版：南京展望文化发展有限公司
印　　刷：上海龙腾印务有限公司
开　　本：890 毫米×1240 毫米　1/32
印　　张：8.25
插　　页：1
字　　数：200 千字
版　　次：2022 年 12 月第 1 版　2022 年 12 月第 1 次印刷

ISBN 978-7-5520-3968-9/B·326　　　定价：59.00 元

版权所有　翻印必究